Sabine Gilcher

England Süd

Zwischen London, Dover, Jurassic Coast und Exmoor

56 ausgewählte Touren

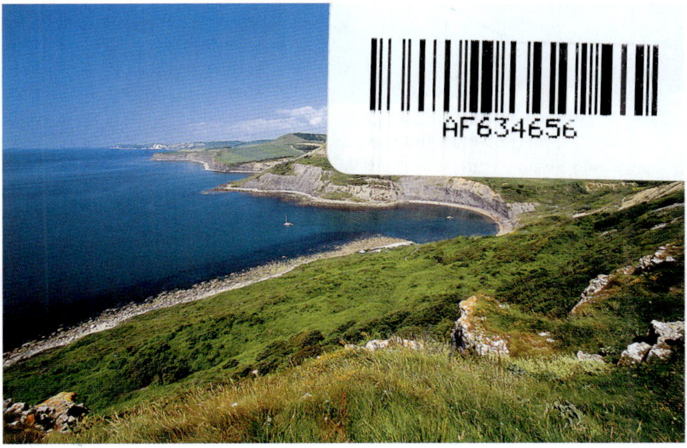

BERGVERLAG ROTHER GMBH • MÜNCHEN

ROTHER WANDERFÜHRER

Abruzzen
Achensee
Adlerweg
Ahrsteig
Albsteig
Algarve
Allgäu 1, 2, 3, 4
Allgäuer Alpen
AlpeAdriaTrail

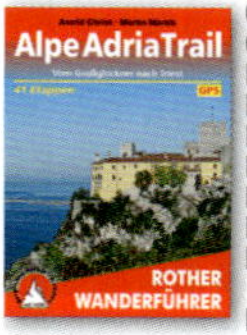

Altmühltal
Altmühltal-Panoramaweg
Andalusien Süd
Annapurna Treks
Antholz - Gsies
Aostatal
Appenzellerland
Apulien
Ardennen
Arlberg - Paznaun
Arnoweg
Asturien
Augsburg
Außerfern
Australien
Auvergne
Azoren
Baskenland
Bayerische Alpen Trekking
Bayerischer Wald
Berchtesgaden -Lienz
Berchtesgadener Land
Bergisches Land
Berlin
Bern
Berner Oberland Ost
Berner Oberland West
Bodensee Nord, Süd
Bodensee - Rätikon
Böhmerwald
Bolivien
Bozen - Kaltern
Brandnertal
Bregenzerwald
Bremen - Oldenburg
Brenta
Bretagne
Bulgarien
Burgund
Cevennen
Chalkidiki - Thassos
Champagne - Ardennen
Chiemgau
Chiemsee
Chur - Hinterrhein
Cilento
Cinque Terre
Comer See
Cornwall-Devon
Costa Blanca
Costa Brava
Costa Daurada
Côte d'Azur
Dachstein-Tauern Ost
Dachstein-Tauern West
Dänemark-Jütland
Dalmatien
Dauphiné Ost, West
Davos
Dolomiten 1, 2, 3, 4, 5, 6, 7, 8
Dolomiten-Höhenwege 1-3, 4-7, 8-10
Donausteig
E5 Konstanz - Verona
Ecuador
Eifel
Eifelsteig
Eisenwurzen
El Hierro
Elba
Elbsandsteingebirge
Elsass
Emmental
Ober-, Unterengadin
England Mitte, Nord, Ost, Süd
Erzgebirge
Fichtelgebirge
Fränkische Schweiz
Fränkischer Gebirgsweg
Frankfurt
Franziskusweg
Freiburg
Friaul-Julisch Venetien
Fuerteventura
Galicien
Gardaseeberge
Garhwal - Ladakh
Garmisch - Brixen
Gasteinertal
Genfer See
Georgien
Gesäuse
Glarnerland
Glockner-Region
Goldsteig
La Gomera
Gotthardweg
Gran Canaria
Grazer Hausberge
Grenzgänger-Weg
Gruyère - Diablerets
GTA
Hamburg
Harz
Haute Route
Hawaii
Hochkönig
Hochschwab
Hohenlohe
Hunsrück
Ibiza
Innsbruck
Irland
Isarwinkel
Island
Israel
Istrien
Jakobsweg - Camino Primitivo
Jakobsweg - Caminho Português
Jakobsweg - Camino del Norte
Französischer Jakobsweg Le Puy - Pyrenäen, Straßburg - Le Puy
Jakobsweg Marburg - Vézelay
Jakobswege Österreich
Jakobswege Schweiz
Spanischer Jakobsweg
Südfranzösischer Jakobsweg - Via Tolosana
Südwestdeutsche Jakobswege
Julische Alpen
Jura, Französischer
Jura, Schweizer
Kärntner Seen
Kalabrien
Kanadische Rocky Mountains
Karawanken
Karnischer Höhenweg
Karwendel
Kaunertal
Kitzbüheler Alpen
Kleinwalsertal
Korfu
Korsika
Korsika - GR 20

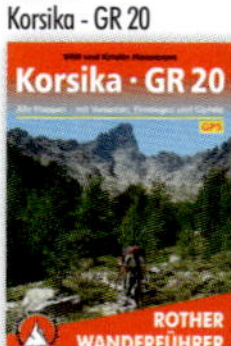

Korsika - Mare e Monti
Kraichgau
Kreta
Kurhessen
La Palma
La Réunion
Lahnwanderweg
Lago Maggiore
Languedoc-Roussillon
Lanzarote
Lappland
Lechweg
Lesbos - Chios
Limesweg
Lofoten
Lothringen
Lungau
Luxemburg - Saarland
Madeira
Mallorca
Malta - Gozo
Marken - Adriaküste
Marokko
Masuren
Maximiliansweg
Mecklenburgische Seenplatte
Menorca
Meran
Mont Blanc
Montafon
Montenegro
Mosel
Moselhöhenweg
Moselsteig
Mühlviertel
München
München - Venedig
Münsterland
Neanderlandsteig
Golf von Neapel
Neckarweg
Neuseeland
Neusiedler See
Niedere Tauern Ost
Niederlande
Niederrhein
Nockberge
Normandie
Norwegen Mitte, Süd, Jotunheimen
Nürnberg
Oberlausitz
Oberpfälzer Wald
Oberschwaben
Odenwald
Ötscher
Ötztal
Ötztal - Pitztal Trekking
Ossola-Täler
Ostfriesland
Ostseeküste
Ost-Steiermark
Osttirol Nord, Süd
Patagonien
Peaks of the Balkans
Peloponnes
Peru
Pfälzer Weinsteig
Pfälzerwald
Pfaffenwinkel
Picardie
Picos de Europa
Piemont Nord, Süd
Pinzgau
Pitztal
Portugal Nord
Provence
Pyrenäen 1, 2, 3, 4
Pyrenäen - GR 11
Regensburg
Rheinhessen
Rheinsteig
Rhodos
Rhön
Riesengebirge
Rom - Latium
Route de Ländle
Rügen

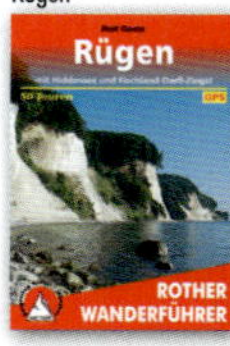

Ruhrgebiet
Rumänien - Südkarpaten
Saar-Hunsrück-Steig
Salzalpensteig
Salzburg
Salzburg - Triest
Salzkammergut Ost, West
Sardinien
Sauerland
Savoyen
Schaffhausen
Schottland
Schwabenkinder-Wege Oberschwaben, Schweiz - Liechtenstein, Vorarlberg
Schwäbische Alb Ost
Schwäbische Alb West
Schwarzwald Fernwanderwege
Schwarzwald Mehrtagestouren Mitte/Nord, Süd/Mitte
Schwarzwald Nord, Süd
Schweden Mitte, Süd
Seealpen
Seefeld
Sierra de Gredos
Sierra de Guadarrama
Sizilien
Spessart
Steigerwald
Steirisches Weinland
Sterzing
Stubai - Wipptal
Trekking im Stubai
Stuttgart
Südafrika West
Surselva
Sylt, Amrum, Föhr
Tannheimer Tal
Tasmanien
Hohe Tatra
Tauern-Höhenweg
Hohe Tauern Nord
Tauferer Ahrntal
Taunus
Tegernsee
Teneriffa
Tessin
Teutoburger Wald
Thüringen Mitte/Nord
Thüringer Wald
Tiroler Höhenweg
Toskana Nord, Süd
Türkische Riviera
Uckermark
Umbrien
Ungarn West
Usedom
Vanoise
Veltlin
Vía de la Plata
Via Francigena
Via Gebennensis
Vierwaldstätter See
Vinschgau
Vizentiner Alpen
Vogelsberg
Vogesen
Vogesen Mehrtagestouren
Vogesen-Durchquerung
Vogtland
Wachau
Waldviertel
Wales
Oberwallis
Unterwallis
Walliser Alpen
Weinviertel
Welterbesteig Wachau
Weserbergland
Westerwald
Westerwald-Steig
Wien
Wien - Lago Maggiore
Wiener Alpenbogen
Wiener Hausberge Nord, Süd
Wilder Kaiser
Zillertal
Trekking im Zillertal
Zürichsee
Zugspitze
Zypern

Vorwort

Idyllische Landschaften, vielgestaltige Küsten und eine Fülle kultureller Schätze machen Südengland zu einem äußerst attraktiven Urlaubsziel. Wer eine Kulturreise mit Wanderausflügen in anregender Landschaft anreichern oder kulturelle Highlights erwandern möchte, findet hier dafür die besten Voraussetzungen.
Der räumliche Bogen spannt sich dabei von Kent, dem »Garten Englands« im Osten, über die klimatisch begünstigte Isle of Wight, Dorset mit der spektakulären Jurassic Coast (Weltnaturerbe) und Wiltshire mit seinen prähistorischen Zeugnissen bis zum einsamen Exmoor im äußersten Westen von Somerset. Das landschaftliche Spektrum ist vielfältig: Ausgeprägte Hügellandschaften wechseln sich ab mit sanft gewellten Landstrichen und spannenden Küstenabschnitten. Für ein hohes Maß an englischem Flair sorgt vielerorts ein dichtes Netz von Strauch- oder Baumhecken, zudem setzen blütenreiche Wiesen der Kalkhügelländer und Heideflächen farbige Akzente. Viele kulturelle Sehenswürdigkeiten liegen unmittelbar am Weg: Das bedeutendste steinzeitliche Bauwerk Europas, Stonehenge, ist ebenso Wanderziel wie die riesigen Scharrbilder der Kreidehänge und der mythenumsponnene Glastonbury Tor. Natürlich kommen auch das römische Erbe, mittelalterliche Burgen und grandiose Herrenhäuser nicht zu kurz, ebenso wenig wie die Gärten und Parks, deren Pracht sich in Südengland in Vollendung entfaltet. Historische Städte, hübsche Dörfer, strohgedeckte Cottages und urige Pubs runden so manche Wanderung ab.
Dieser Wanderführer stellt anhand ausgesuchter Touren die unterschiedlichen Landschaften und Regionen Süd- und Südostenglands vor und möchte Lust darauf machen, sie ausgiebig zu erkunden. Dabei sollen sowohl diejenigen angesprochen werden, die längere Wanderungen planen, als auch solche, die eher kürzere Runden bevorzugen. Die Vorschläge reichen daher vom einfachen Spaziergang für die ganze Familie bis zur anspruchsvollen Tagestour. Viele der Wanderungen lassen sich zudem – den individuellen Vorlieben entsprechend – verkürzen oder verlängern.
Mein Dank gilt allen, die durch ihre Beiträge, Hinweise und ihre Unterstützung zum Gelingen dieses Wanderführers beigetragen haben. Über Ihre Rückmeldung an den Verlag freue ich mich!

Viel Freude beim Wandern, viel Spaß beim Entdecken!

Freiburg, im Sommer 2018 — Sabine Gilcher

Inhaltsverzeichnis

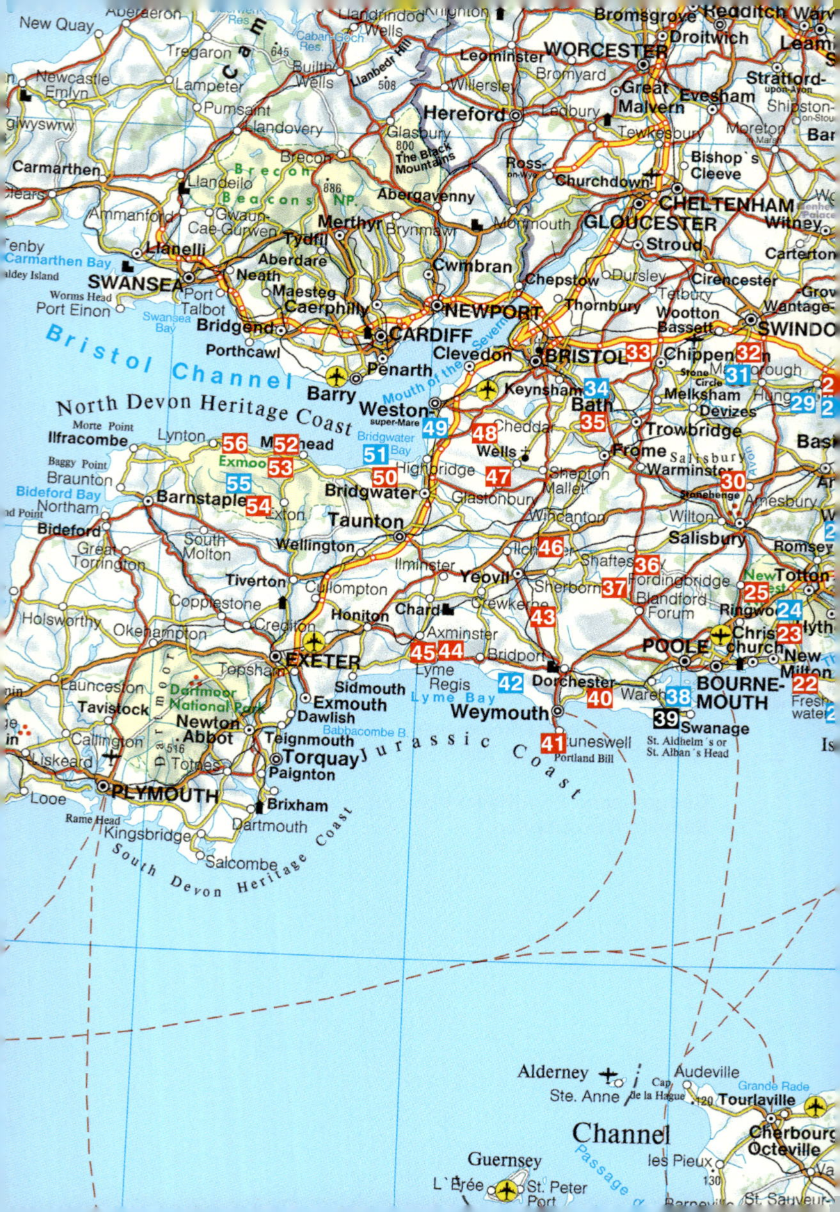

New Quay
Tregaron
Newcastle Emlyn
Lampeter
Pumsaint
Llandovery
Builth Wells
Llandrindod Wells
Leominster
Bromsgrove
Redditch
Droitwich
WORCESTER
Bromyard
Great Malvern
Evesham
Stratford-upon-Avon
Hereford
Ledbury
Tewkesbury
Bishop's Cleeve
Glasbury
The Black Mountains
Brecon
Brecon Beacons NP.
Carmarthen
Llandeilo
Ammanford
Abergavenny
Ross-on-Wye
Churchdown
CHELTENHAM
GLOUCESTER
Witney
Merthyr Tydfil
Brynmawr
Monmouth
Stroud
Carterton
Tenby
Carmarthen Bay
Llanelli
SWANSEA
Neath
Aberdare
Cwmbran
Chepstow
Dursley
Cirencester
Worms Head
Port Einon
Port Talbot
Maesteg
Caerphilly
NEWPORT
Thornbury
Tetbury
Wootton Bassett
SWINDON
Swansea Bay
Bridgend
CARDIFF
BRISTOL
Chippenham
Porthcawl
Penarth
Clevedon
Marlborough
Bristol Channel
Barry
Mouth of the Severn
Keynsham
Bath
Melksham
Devizes
North Devon Heritage Coast
Weston-super-Mare
Cheddar
Trowbridge
Morte Point
Ilfracombe
Lynton
Minehead
Bridgwater Bay
Wells
Frome
Exmoor
Highbridge
Shepton Mallet
Warminster
Baggy Point
Braunton
Bideford Bay
Barnstaple
Exton
Bridgwater
Glastonbury
Stonehenge
Amesbury
Northam
Bideford
Taunton
Wincanton
Wilton
Salisbury
South Molton
Wellington
Great Torrington
Ilminster
Shaftesbury
Romsey
Tiverton
Yeovil
Sherborne
Fordingbridge
Totton
Cullompton
Crewkerne
Blandford Forum
Ringwood
Copplestone
Chard
Holsworthy
Okehampton
Crediton
Honiton
Axminster
Christchurch
POOLE
EXETER
Bridport
Topsham
Lyme Regis
Dorchester
BOURNE-MOUTH
New Milton
Launceston
Dartmoor National Park
Sidmouth
Lyme Bay
Wareham
Exmouth
Weymouth
Tavistock
Newton Abbot
Dawlish
Babbacombe B.
Swanage
Callington
Teignmouth
Jurassic Coast
Easton
Portland Bill
St. Aldhelm's or St. Alban's Head
Liskeard
Torquay
Totnes
Paignton
PLYMOUTH
Looe
Brixham
Rame Head
Kingsbridge
Dartmouth
Salcombe
South Devon Heritage Coast
Alderney
Audeville
Cap de la Hague
Ste. Anne
Grande Rade
Tourlaville
Channel
Cherbourg Octeville
les Pieux
Guernsey
L'Erée
St. Peter Port

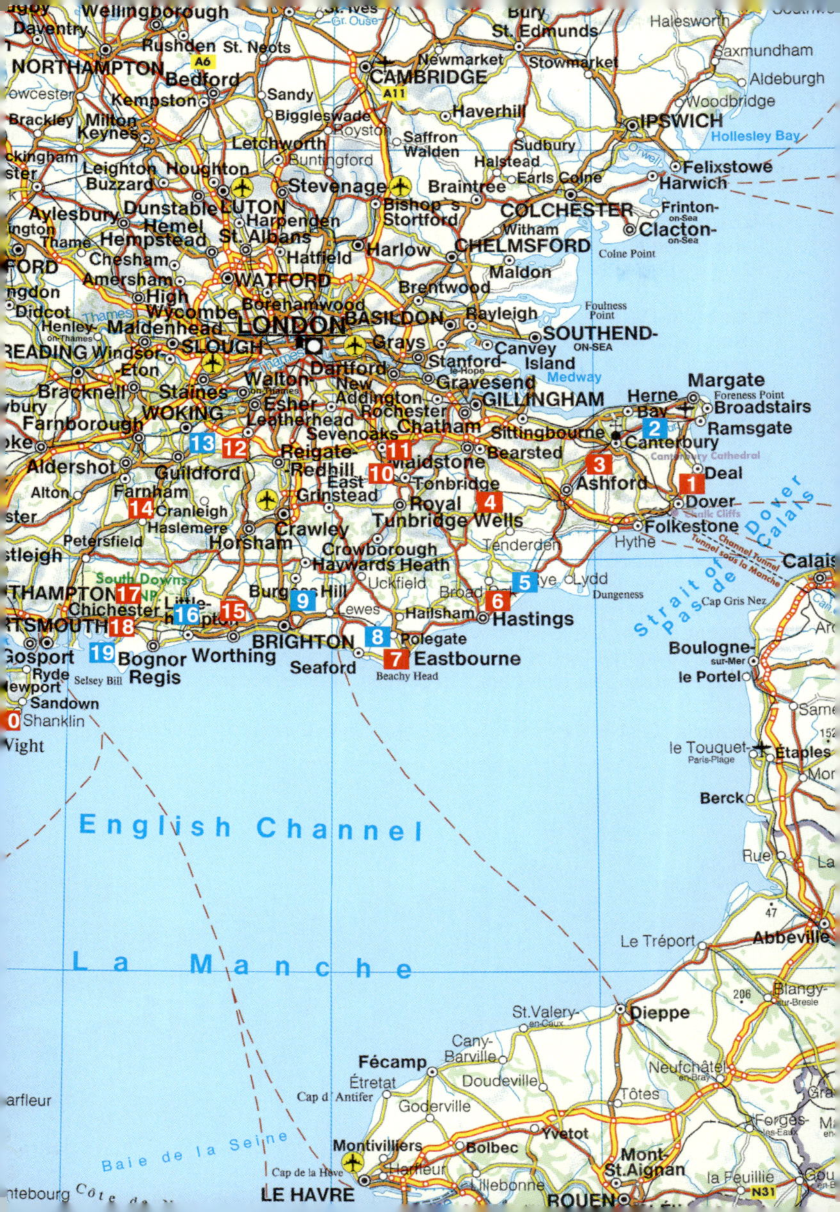

Wellingborough
Daventry
Rushden
St. Neots
A6
NORTHAMPTON
Bedford
Kempston
Sandy
Biggleswade
Brackley
Milton Keynes
Royston
Letchworth
Buntingford
Leighton Buzzard
Houghton
Stevenage
Aylesbury
Dunstable
LUTON
Harpenden
Hemel Hempstead
St. Albans
Thame
Chesham
Hatfield
Amersham
WATFORD
High Wycombe
Borehamwood
Didcot
Thames
Henley-on-Thames
Maidenhead
LONDON
READING
Windsor-Eton
SLOUGH
Bracknell
Staines
Walton-on-Thames
Esher
Farnborough
WOKING
Leatherhead
Aldershot
Guildford
Alton
Farnham
Cranleigh
Haslemere
Petersfield
Horsham
Crawley
Reigate-Redhill
East Grinstead
South Downs NP
Chichester
Littlehampton
Burgess Hill
Worthing
Bognor Regis
Gosport
Ryde
Selsey Bill
Sandown
Shanklin
Vight
BRIGHTON
Lewes
Seaford
Haywards Heath
Crowborough
Uckfield
Hailsham
Polegate
Eastbourne
Beachy Head
Hastings
Tunbridge Wells
Royal
Tonbridge
Maidstone
Sevenoaks
Dartford
Grays
BASILDON
Stanford-le-Hope
Gravesend
New Addington
Rochester
Chatham
GILLINGHAM
Sittingbourne
Bearsted
Ashford
Tenterden
Rye
Lydd
Dungeness
Hythe
Folkestone
Dover
Chalk Cliffs
Deal
Canterbury
Canterbury Cathedral
Herne Bay
Margate
Foreness Point
Broadstairs
Ramsgate
Canvey Island
Medway
SOUTHEND-ON-SEA
Foulness Point
Rayleigh
Brentwood
Harlow
CHELMSFORD
Maldon
Colne Point
Clacton-on-Sea
Frinton-on-Sea
COLCHESTER
Witham
Bishop's Stortford
Braintree
Halstead
Earls Colne
Sudbury
Saffron Walden
Haverhill
CAMBRIDGE
A11
Newmarket
Gr. Ouse
Bury St. Edmunds
Stowmarket
Halesworth
Saxmundham
Aldeburgh
Woodbridge
IPSWICH
Hollesley Bay
Orwell
Felixstowe
Harwich
Strait of Dover
Pas de Calais
Channel Tunnel
Tunnel sous la Manche
Calais
Cap Gris Nez
Boulogne-sur-Mer
le Portel
le Touquet-Paris-Plage
Étaples
Berck
Rue
Abbeville
Le Tréport
Blangy-sur-Bresle
Dieppe
St.Valery-en-Caux
Cany-Barville
Fécamp
Étretat
Cap d'Antifer
Doudeville
Goderville
Neufchâtel-en-Bray
Tôtes
Yvetot
Bolbec
Montivilliers
Harfleur
Lillebonne
Cap de la Hève
LE HAVRE
Baie de la Seine
Mont-St.Aignan
Forges-les-Eaux
la Feuillie
ROUEN
N31
English Channel
La Manche
1
2
3
4
5
6
7
8
9
10
11
12
13
14
15
16
17
18
19

Allgemeine Hinweise

Tourenauswahl und -planung

Jede der aufgeführten Touren hat ihren Reiz, aber nicht für jeden in gleichem Maß und nicht zu jedem Zeitpunkt. Als Entscheidungshilfen dienen eine Einführung und ein Steckbrief, der die wesentlichen Elemente und Besonderheiten der jeweiligen Wanderung beschreibt sowie die Anforderungen definiert:

- **Gehzeit:** Da Kondition, Wetter und Zustand des Wegs erheblich auf die Gehgeschwindigkeit Einfluss nehmen können, sind die Gehzeiten nur als grober Anhaltspunkt zu verstehen. Um die Gesamttourdauer abschätzen zu können, müssen zur angegebenen reinen Gehzeit individuelle Pausen und Fotostopps (erfahrungsgemäß ca. 10–30 % zzgl. zur reinen Gehzeit) sowie idealerweise eine Reserve addiert werden.
- **Höhenunterschied:** Bei den Höhenmetern im Auf- und Abstieg ist die Bruttodifferenz – also die tatsächlich zu bewältigenden Höhenmeter einschließlich Zwischenaufstiegen – aufgeführt.
- **Schwierigkeit:** Steilheit, Exponiertheit und Wegbeschaffenheit bestimmen die Schwierigkeit einer Wanderung. Steiles, steiniges und wetterausgesetztes Gelände stellt höhere Anforderungen an die Trittsicherheit, exponierte Grate und Steilküsten erfordern Schwindelfreiheit.
- **Orientierung:** Die Erkennbarkeit und Verfolgbarkeit von Wegen im Gelände sowie die Dichte und Qualität von Wegweisern und Markierungen sind Faktoren, die sich darauf auswirken, welche Anforderungen an das

Gemütliche Pubs und Gasthöfe laden zur Einkehr, hier »The Anchor« (Tour 13).

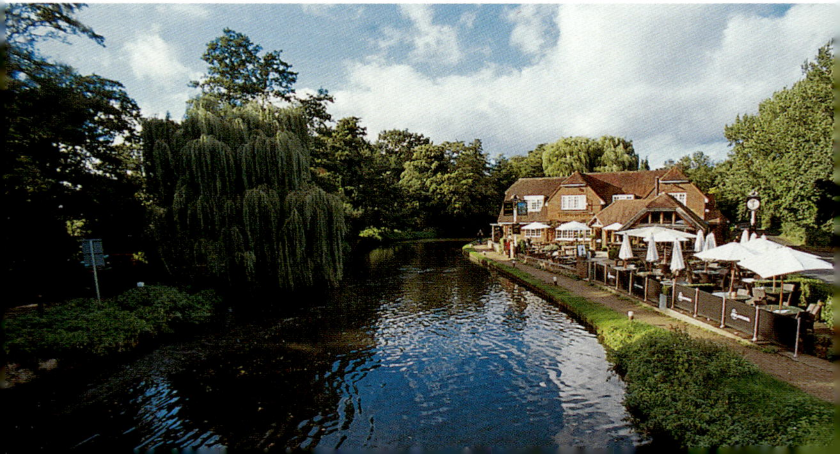

Orientierungsvermögen gestellt werden bzw. welcher Aufwand bezüglich der Orientierung getrieben werden muss.

Die genannten Aspekte führen zu einer Gesamtcharakteristik, die sich in drei Wegkategorien niederschlägt. Bitte bedenken Sie, dass dieser Einstufung nur diejenigen Merkmale zugrunde liegen, die den Weg in einer »durchschnittlichen« Situation charakterisieren. Ungünstige Bedingungen können dazu führen, dass sich der Schwierigkeitsgrad erhöht.

Leicht Wanderungen mit geringen bis mäßigen Höhenunterschieden auf Teersträßchen, Feld- und Graswegen oder Trampelpfaden mit allenfalls einzelnen oder kurzen steileren Abschnitten. Überwiegend einfach zu verfolgender Wegverlauf, jedoch sind auch Teilstrecken mit undeutlicher Wegspur über Wiesen und Weiden möglich. Gut ausgebaute oder leicht überwindbare Trittleitern oder Überstiege.

Mittel Wanderungen mit mäßigen Höhenunterschieden auf mitunter schmalen und steilen Wegen und Pfaden, die unebene, steinige und feuchte Abschnitte aufweisen können. Die Überwindung von Hindernissen mittels Überstiegen, Trittleitern oder Stepping Stones kann etwas Geschicklichkeit erfordern. Weglose Abschnitte können vorkommen. Die Touren setzen Trittsicherheit sowie ein gewisses Maß an Orientierungssinn und Umsicht voraus.

Schwierig Anspruchsvolle und lange Touren mit erheblichen Höhenunterschieden, mit schwierigen Passagen und/oder ausgesetzten Wegstrecken. Neben Trittsicherheit, Schwindelfreiheit und Umsicht kann ein guter Orientierungssinn erforderlich sein.

Viele Touren können durch eine alternative Wegwahl verlängert oder verkürzt werden, sodass ein individueller Zuschnitt der Wanderungen möglich ist. Für individuell verkürzte oder verlängerte Touren kann die jeweilige Gesamtcharakteristik abweichen.

Wegerechte

Hinsichtlich der Zugänglichkeit der Landschaft existieren in England verschiedene Regelungen, die sich deutlich von mitteleuropäischen Verhältnissen unterscheiden.

Public Right of Way: Das Vorliegen eines Wegerechts bedeutet, dass ein Grundstück entlang des Wegerechts unabhängig von der Nutzung zu jeder Jahreszeit betreten werden darf (Ausnahme: Militärübungsplätze; auf ihnen darf das Wegerecht nur zu festgesetzten Zeiten ausgeübt werden). Wegerechte bestehen in Form von Fußwegen (»footpaths«), Saumpfaden (»bridlepaths, bridleways«) und Fahrwegen (»byways«). Während erstere nur von

Fußgängern begangen werden dürfen, können Saumpfade auch von Reitern und Radlern genutzt werden. Die Grundstücke dürfen nur an den dafür vorgesehenen Stellen, z. B. durch Tore, Trittleitern oder Durchlässe, betreten oder verlassen werden. Weicht man von der Wegerechtlinie ab, ist dies ein unzulässiges Eindringen (»trespassing«), das als Verstoß gegen die guten Sitten gilt. Gewöhnungsbedürftig ist, dass nicht alles, was wie ein Weg aussieht, Wanderern zur Verfügung steht und andererseits ein in den Karten dargestelltes Wegerecht nicht automatisch bedeutet, dass sich dort auch tatsächlich ein erkennbarer Weg befindet! Wenn Sie das Wegerecht in Anspruch nehmen, tun Sie es freundlich, höflich und zuvorkommend, auch wenn der Grundstücksbesitzer davon wenig begeistert ist.

Concessionary (permissive) paths: Die Benutzung dieser Wege ist nur aufgrund des Entgegenkommens des Landeigentümers möglich. Es ist nicht ausgeschlossen, dass die Wege zeitweilig gesperrt sind.

Right to roam und Open access land (OAL): Durch den »Countryside and Rights of Way Act« (CROW-Act) wurden Landflächen und Gebiete definiert, in denen der Wanderer sich im Gelände frei bewegen kann (Open access land). Meist handelt es sich um Heide-, Moor- oder Ödlandflächen oder Gebirge. »Open access land« ist auf der Karte im Maßstab 1:25.000 dargestellt.

Dieses (Step-)Stile am Southwest-Coast-Path ist leicht zu überwinden.

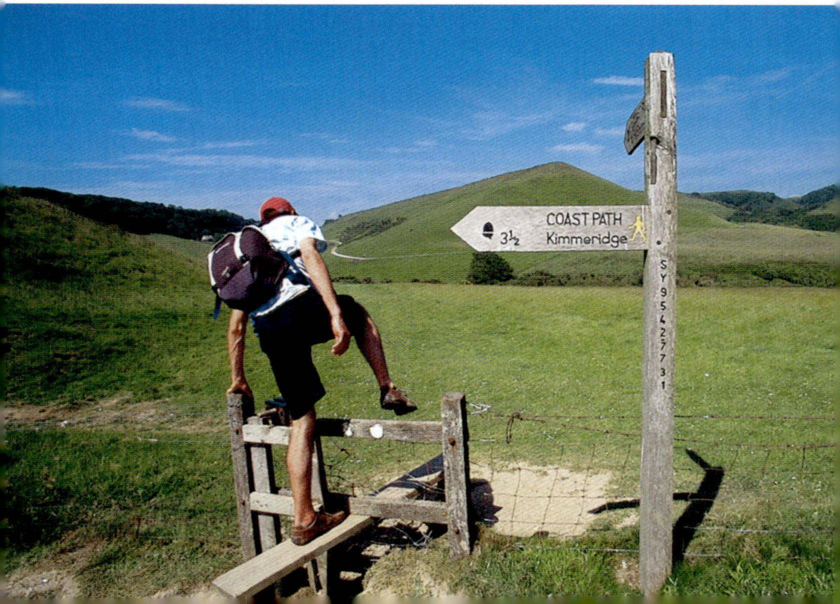

Top-Touren in Südengland

Seven Sisters und Beachy Head

Die grandiose Schnittstelle zwischen den South Downs und dem Meer beeindruckt durch kilometerlange Steilküsten; der Badeort Eastbourne setzt einen stilvollen Schlusspunkt (Tour 7, 5.45 Std.).

Ightham Mote und Knole House

Zwei sehr gegensätzliche Herrenhäuser bilden die Eckpunkte dieser Wanderung, die durch Wald und kleinräumige Kulturlandschaft führt und auch famose Ausblicke bietet (Tour 11, 3.15 Std.).

Chichester Harbour

Die durch weit ins Land hinein reichende Meeresarme gegliederte Küste ist ein interessantes Wanderrevier für Naturliebhaber und weist auch einige kulturelle Höhepunkte auf (Tour 18, 4.15 Std.).

Von Yarmouth zu den »Needles«

Diese Tour vereint mit River Yar, der Freshwater Bay, der Steilküste, den »Needles« und dem Farbspektakel der »Coloured Sands« die Highlights im Westen der Isle of Wight (Tour 22, 3.30 Std.).

Latchmore Bottom und Fritham Plain

Im Nordwesten des Nationalparks New Forest lassen sich weite Heideflächen, idyllische Niederungen und alter Wald entdecken, die von New-Forest-Ponies bevölkert werden (Tour 25, 4.15 Std.).

Stonehenge

Mit dem Steinkreis von Stonehenge steht bei dieser Tour das beeindruckendste neolithische Bauwerk Europas auf dem Programm. Ein Erlebnis mit hohem Gänsehautfaktor (Tour 30, 5.30 Std.)!

Studland

Die Wanderung führt am Meer und am Strand entlang, durch Dünen und Heide zu einem bemerkenswerten Aussichtspunkt und lädt zu lustvoller Erkundung ein (Tour 38, 3.00 Std.).

Kimmeridge Bay und St. Aldhelm's Head

Dies ist einer der attraktivsten Küstenabschnitte Dorsets mit spektakulären Ausblicken auf Meer und Küste, die darauf wartet, entdeckt zu werden (Tour 39, 7.15 Std.).

Chesil Beach und Abbotsbury

Die Wanderung bietet eine Fülle an Attraktionen, z. B. Chesil Beach, The Fleet, St. Catherine's Chapel und das Örtchen Abbotsbury. Zudem ist der Panoramablick von der Höhe eine Wucht (Tour 42, 3.00 Std.)!

Cadbury Castle

Durch eine englische Bilderbuchlandschaft mit grünen Hügeln, weiten Tälern und schnuckeligen Dörfern geht es zu einem Hügelfort mit möglicherweise sagenhaften Wurzeln (Tour 46, 3.45 Std.).

Quantock Hills

Diese Hügellandschaft ist ein »Exmoor im Kleinen« mit tief eingeschnittenen bewaldeten Tälern und Heiden auf den Anhöhen, die Ausblicke in fast alle Richtungen gewähren (Tour 50, 3.30 Std.).

River Barle bei Simonsbath

Nur auf schmalen Pfaden lässt sich dieses abgelegene Tal entdecken, wo sich ein kleiner Fluss in ausgeprägten Bögen durch die Hügellandschaft des Exmoors windet (Tour 55, 3.20 Std.).

Der Zugang zu OAL kann zu bestimmten Zeiten eingeschränkt sein (z. B. während der Vogelbrutsaison, zur Durchführung von Bewirtschaftungsmaßnahmen, aus Feuerschutzgründen), worüber man sich im Internet vorab ein

Bild machen kann (s. Nützliche Links). Im Gelände wird man durch Aushänge informiert.

Sonstiges zugängliches Land: Öffentliche Parks und ausgewiesene Erholungsbereiche sind zugänglich. Ebenso steht ein Teil des Landbesitzes von öffentlichen Einrichtungen wie National Trust, Forestry Commission, RSPB, Woodland Trust und Wildlife Trusts dem Erholungsuchenden offen.

Wege

Wegbeschaffenheit: Bei allen unbefestigten Wegen und Wegverläufen über Wiesen und Weiden ist davon auszugehen, dass sie nach Regen durchnässt sind, Pfützen aufweisen, matschig und schmierig sein können; Eingang in die Wegbeschreibung finden diese Eigenschaften aber nur dann, wenn sie das erwartbare Maß deutlich übersteigen.

Wegweiser: Bei Wegweisern herrscht meist englisches Understatement; niemand soll nämlich durch übermäßige Beschilderung um das Vergnügen gebracht werden, den Weg selbst zu finden (das ist keineswegs ironisch gemeint). Die »Wanderer«-Piktogramme, »Footpath-« oder »FP«-Schriftzüge an den Public Rights of Way zeigen häufig nur das Vorhandensein eines Wegerechts an, während Ziel- und Entfernungsangaben nicht die Regel sind

Besondere Tourenmerkmale und Sehenswürdigkeiten

Tour		Eigenschaften			Merkmale (1–8)
		EK	Ki	ÖNV	
1	Cliffs of Dover	x		x	1, 3, 4, 6
2	Stodmarsh	x	x	(x)	2, 5
3	Crundale und Wye Down		x		3, 5
4	Unterwegs im High Weald	x		x	3, 6, 8
5	Winchelsea Beach und Rye Harbour NR		x	x	1, 4, 5, 6
6	Steilküste zw. Fairlight und Hastings	x		x	1, 3, 4, 5, 8
7	Seven Sisters und Beachy Head	x		x	1, 2, 3, 4, 6, 8
8	Long Man of Wilmington	x	x	x	2, 3, 6, 7, 8
9	Ditchling Beacon		x		3, 5, 7
10	Rund um Penshurst	x		x	2, 6, 8
11	Ightham Mote und Knole House	x	x	(x)	3, 6, 8
12	Ranmore Common und Polesden Lacey	(x)	x		3, 6
13	An der Wey Navigation nach Wisley	x		x	2, 6, 7
14	Devil's Punch Bowl		x	(x)	3, 4, 5
15	Cissbury Ring und Chanctonbury Ring				3, 7
16	River Arun und Arundel Park	x	x	x	2, 5, 6, 8
17	Kingley Vale und The Trundle	x		x	3, 5, 7
18	Chichester Harbour	x		x	1, 4, 5, 8
19	East Head bei West Wittering	x	x	x	1, 4, 5
20	Ventnor und sein hügeliges Hinterland	x		x	1, 3, 6, 8
21	St. Catherine's Oratory	x	x	x	1, 3, 6
22	Von Yarmouth zu den Needles	x		x	1, 3, 4, 5, 6

Tour	Eigenschaften			Merkmale (1–8)
	EK	Ki	ÖNV	
23 New Forest bei Brockenhurst	x	(x)	x	2, 5
24 Portuguese Fireplace und Acres Down		x	(x)	3, 5
25 Latchmore Bottom und Fritham Plain	x	(x)	x	2, 3, 5
26 Winchester	x	x	x	2, 3, 6, 7, 8
27 Kennet & Avon Canal bei Newbury	x	(x)	x	2, 7, 8
28 Walbury Hill		x		3, 5, 7
29 Crofton Pumping Station und Wilton Windmill	x	x	(x)	2, 6, 7, 8
30 Stonehenge	x	(x)	x	2, 5, 7
31 Rund um Avebury	x	x	x	3, 7
32 Marlborough Down				3, 4, 7
33 Castle Combe	x	x	x	2, 8
34 Bath	x	x	x	2, 6, 7, 8
35 Avon und Wellow Valley	x		x	2, 7
36 Westliche Cranborne Chase		(x)		3, 5
37 Hambledon Hill und Hod Hill	x	x	x	2, 3, 5, 7
38 Studland	x	x	x	1, 3, 4, 5
39 Kimmeridge Bay und St. Aldhelm's Head	x		x	1, 3, 4, 6, 8
40 Durdle Door und Lulworth Cove	x		x	1, 3, 4
41 Bill of Portland	x		x	1, 3, 4, 6, 7
42 Chesil Beach und Abbotsbury	x	x	x	1, 3, 4, 6, 7, 8
43 Cerne Abbas Giant	x		x	3, 6, 7, 8
44 Golden Cap mit Hinterland	x		x	1, 3, 4
45 Jurassic Coast bei Lyme Regis	x		x	1, 2, 4, 8
46 Cadbury Castle	x			3, 7, 8
47 Glastonbury Tor	x	x	x	3, 4, 6, 8
48 Cheddar Gorge und Black Down	x		x	3, 4, 5, 7
49 Brean Down und Brean Fort		x		1, 3, 5, 6, 7
50 Quantock Hills		x	x	2, 3, 5
51 Kilve Beach	x	x	x	1, 4
52 Hurlstone Point	x		x	1, 3, 4, 6, 8
53 Horner Wood und Dunkery Beacon			(x)	2, 3, 5
54 Tarr Steps	x			2, 6
55 River Barle bei Simonsbath		x		2, 5
56 Doone Valley und Tom's Hill	x		x	2, 3, 5

EK = Einkehrmöglichkeit: x direkt am Weg, (x) abseits des Wegs (bis 500 m). Ki = Eignung für Kinder: x Tour für Kinder geeignet, (x) für Kinder geeignete Tourvariante vorhanden. ÖNV: = Erreichbarkeit mit öffentlichem Nahverkehr: x direkt erreichbar, (x) mit zusätzlicher Anmarschstrecke erreichbar (hin/zurück bis 4 km).

Besondere Merkmale und Attraktionen: 1 = Küste (Steilküste, Strände, Dünen); 2 = Gewässer (Flüsse, Seen, Kanäle); 3 = Berg, Gipfel, Aussicht; 4 = besondere Geologie oder Geomorphologie; 5 = besondere Pflanzen- oder Tierwelt; 6 = bemerkenswerte Gebäude(-ruinen) oder Bauwerke; 7 = archäologische oder Industrie-Denkmäler; 8 = sehenswerte Städte oder Dörfer.

(wenn Entfernungsangaben vorhanden sind, dann in Meilen: 1 Meile = 1,609 km). Karten im Maßstab 1:25.000 (»Explorer Series«) oder 1:50.000 (»Landranger Series«) sind daher unabdingbar, um sich zurechtzufinden.

Markierungen: Markierungen sind entlang der Wege – wenn überhaupt – nur spärlich vorhanden und zudem recht unauffällig. Dabei handelt es sich meist um runde Plaketten mit ca. 10 cm Durchmesser. Es bedeuten:

- Gelber Pfeil: public footpath (öffentlicher Fußweg)
- Blauer Pfeil: public bridlepath/-way (öffentlicher Saumpfad)
- Roter Pfeil: restricted byway (öffentlicher, eingeschränkter Fahrweg)
- Schwarzer Pfeil: permissive footpath (privater Fußweg)
- Weißer Pfeil: permissive bridlepath/-way (privater Saumpfad)

Aufgrund der geringen Dichte an Wegweisern und Markierungen ist generell mit einem höheren Orientierungsaufwand zu rechnen als in Mitteleuropa.

Weiden, Wiesen, Äcker, Golfplätze: Public Rights of Way führen häufig quer über Weiden und Wiesen, hin und wieder über Äcker sowie mitunter auch über Golfplätze, was einige Besonderheiten nach sich zieht:

- Es ist die Regel, nicht die Ausnahme, dass man beim Überqueren von Weiden dem darauf grasenden Vieh begegnet. Diese aus mitteleuropäischer Sicht ungewohnten Verhältnisse sind typisch für Wanderungen in England und kein Mangel in der Konzeption der Touren. Im Spektrum möglicher Begegnungen kann neben schreckhaften Schafen und neugierigen Kälbern (häufig) u. U. auch eine Rinderherde (ab und zu) einschließlich Stier (selten) auftauchen. Auf Weiden, durch die ein Wege-

Die Wegweisertypen unterscheiden sich von County zu County.

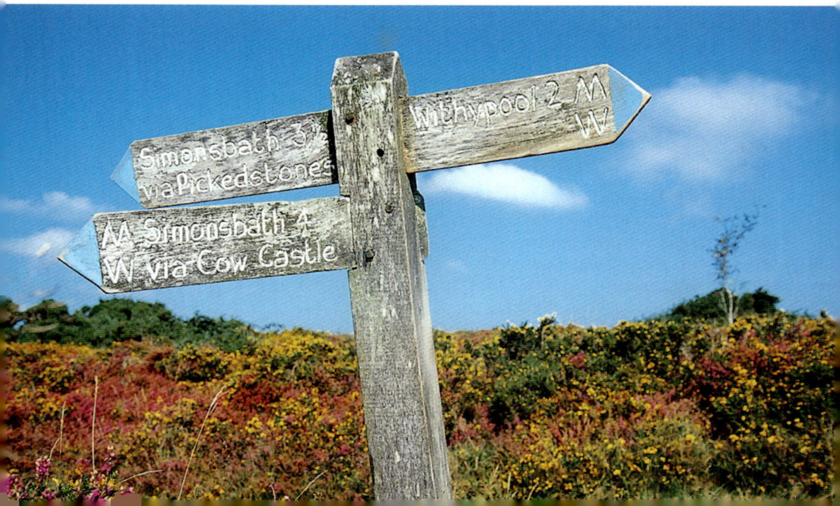

Symbole

	mit Bahn/Bus erreichbar	)(	Brücke
	Einkehrmöglichkeit unterwegs		Kirche, Kapelle
	für Kinder geeignet		Ruine, Fort
	Ort mit Einkehrmöglichkeit		Burg, Schloss
	Einkehrmöglichkeit		archäologische Stätte
	Schutzhaus, Unterstand		Aussichtsturm, Monument
P	eingerichteter Parkplatz		Leuchtturm
	Schiffsanlegestelle		Windmühle
	Busanschluss		Aussichtsplatz
	Bahnanschluss		Abzweigung
†	Gipfel		Bademöglichkeit

recht führt, dürfen zwar keine aggressiven Rinderrassen gehalten werden, dennoch empfiehlt sich ein gewisses Maß an Vorsicht. Achten Sie unbedingt darauf, nicht zwischen Kühe und ihre Kälber zu geraten und versuchen Sie nicht, Tiere zu streicheln.

- Beim Überqueren von Wiesen und Äckern läuft man nicht nebeneinander, sondern hintereinander, um einen möglichst geringen Schaden an Feldfrucht und Aufwuchs zu verursachen.
- Bei Äckern kann die Wegspur nach dem Pflügen (d. h. je nach Feldfrucht im Spätsommer bis Winter) zunächst unkenntlich sein, sodass insbesondere für einen Ortsunkundigen nicht ersichtlich ist, wo das Wegerecht das Betreten erlaubt. Der Landwirt ist jedoch verpflichtet, innerhalb einer gewissen Zeitspanne eine begehbare Oberfläche herzustellen und ggf. Markierungen anzubringen, sodass diese Situation nur selten eintreten dürfte.
- Beim Kreuzen von Golfplätzen ist Vorsicht angesagt: Vor dem Betreten jeder einzelnen Bahn sollte sichergestellt werden, dass sie nicht bespielt wird bzw. kein Abschlag stattfindet. Falls die Bahn bespielt wird, machen sich Wanderer bemerkbar und warten, bis die Spieler ein »OK« signalisieren. Ein laut gerufenes »Fore« von Seiten der Spieler warnt vor fliegenden Bällen.

Gatter, Tore: Häufig finden sich Tore und Gatter, die mit einfachen Schließmechanismen versehen sind. Verbreitet sind auch »Kissing Gates«, Schwingtore zwischen zwei Anschlägen. Gatter und Tore werden so hinterlassen, wie sie vorgefunden werden, es sei denn, ein Schild fordert ausdrücklich zum Schließen auf (»Please close gate«).

Mauer- und Zauntritte, Trittleitern: In Gebieten mit Steinmauern sind Mauertritte und Durchlässe vorhanden, die mitunter sehr schmal sind und etwas Geschicklichkeit erfordern. Zauntritte (»stepstiles«) sind einfache Holzkonstruktionen, auf denen man Zäune übersteigen kann. Trittleitern (»ladder-stiles«) ermöglichen die Überquerung auch höherer Mauern oder Zäune.

Stepping Stones: Eine weitere britische Besonderheit sind »stepping stones«, im Schrittabstand platzierte Trittsteine, auf denen man ein Fließgewässer überqueren kann, was allerdings neben Trittsicherheit eine geringe bis maximal mittlere Wasserführung voraussetzt.

Wege im Tidebereich: Bei einigen Touren führen Wege durch den Tidebereich. In den jeweiligen Toursteckbriefen wird explizit auf diese Tatsache hingewiesen. Gleichzeitig erfolgt eine Angabe, wann – im Verhältnis zum Zeitpunkt des Höchstwasserstands – Wegpunkte spätestens verlassen bzw. erreicht werden sollten, um den betreffenden Abschnitt sicher bewältigen zu können (Beispiel: WP6 nicht früher als 2 Stunden nach dem letzten Höchstwasserstand verlassen und WP7 nicht später als 2 Stunden vor dem nächsten Höchstwasserstand erreichen). Achtung: Diese Angabe deckt nur normale Verhältnisse, nicht jedoch Sturmflutsituationen ab! Machen Sie sich vor einer Tour über die Tidezeiten kundig, um Umwege, Enttäuschungen oder gar Gefahrensituationen zu vermeiden. Wichtig: die Höchst- und Tiefststände wechseln kleinräumig (bereits innerhalb von 20 Kilometern Küstenlinie kann es zu einer zeitlichen Verschiebung von einer Stunde kommen) und verschieben sich von Tag zu Tag; sie sollten daher präzise für das Areal und den Tag der jeweiligen Wanderung abgefragt werden.

Ausrüstung

Schuhe: Für die meisten Wanderungen sind knöchelstabilisierende Leichtbergstiefel/Trekkingstiefel das geeignete Schuhwerk. Eine Goretexmembran ist sinnvoll, da feuchte bis nasse Verhältnisse weit verbreitet sind und nasses Gras allgegenwärtig ist. Einfache und kürzere Wanderungen oder Spaziergänge können bei trockenen Verhältnissen auch in anderen geeigneten Schuhen mit Profilsohle durchgeführt werden. Wanderungen am Sandstrand lassen sich mit Trekkingsandalen oder vergleichbarem Schuhwerk unternehmen.

Kissing Gate.

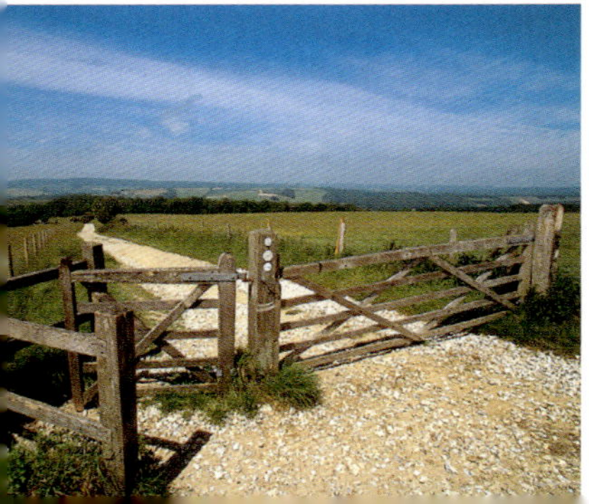

Kleidung: In England muss man auf rasch wechselndes Wetter gefasst sein. Insgesamt sollte man sich auf höhere Windgeschwindigkeiten einstellen als man sie von vergleichbaren Lagen Mitteleuropas gewohnt ist. Auch auf kürzeren Touren sollte wetterfeste Bekleidung im Gepäck nicht fehlen.

Sonstiges: Folgende Ergänzung der Ausrüstung ist sinnvoll:

- Regenhülle für den Rucksack
- Gamaschen
- Wanderstöcke (entlasten nicht nur die Knie beim Abwärtslaufen, sondern verhelfen auch bei einer Begegnung mit Rindvieh zu größerer Autorität)
- Erste-Hilfe-Set

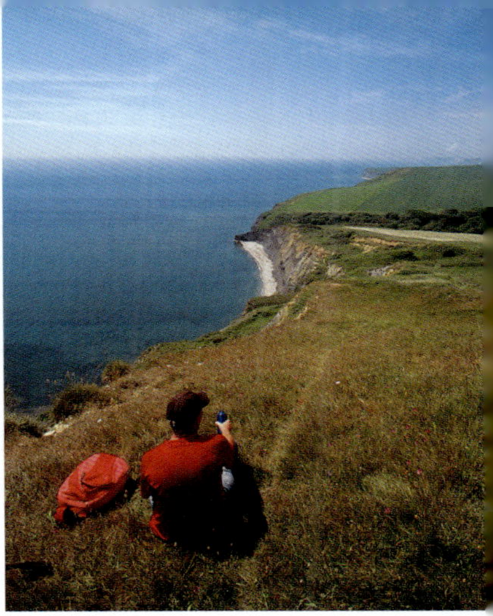

Rastplatz mit grandioser Aussicht.

Wandersaison

Was der einzelne als »beste Wanderzeit« empfindet, ist abhängig von den persönlichen Vorlieben und Interessen. Die nachfolgenden Ausführungen bieten dafür eine Entscheidungshilfe:

- Südengland hat ganzjährig Wandersaison, die Hauptwanderzeit beginnt Anfang April und endet etwa Ende Oktober.
- Zur Vogelbeobachtung sind die Monate März bis Mai, für Liebhaber der Pflanzenwelt und für Gartenenthusiasten Mai bis Juli am besten geeignet.
- Die geringsten Niederschlagsmengen und die geringste Anzahl von Tagen mit Niederschlägen finden sich – statistisch gesehen – zwischen April und August. Der Juli ist der im Mittel trockenste Monat.
- In den Ferien (Bank Holidays, Mid-Term-Break, Sommerferien) können die Haupturlaubsgebiete oder bekannte Attraktionen überlaufen sein.
- Wer Wert auf den Besuch von Museen, Burgen, Schlössern und anderen kulturellen Sehenswürdigkeiten legt, reist zwischen Ostern und Ende September.

Gefahren

Die folgenden Risiken sind unspezifisch und können in Südengland ebenso vorkommen wie in jedem beliebigen anderen Wandergebiet:

- **Absturz und Abrutschen:** Steilküsten und steile Grashänge sind ebenso wie Steinbrüche und Schächte meist ungesichert. Sie bergen die Gefahr abzustürzen oder abzurutschen. Wählen Sie daher Ihre Schritte überlegt und vermeiden Sie Risiken.
- **Schlechtes Wetter:** In England sind kurzfristige Wetterumschläge eine typische Erscheinung. Rüsten Sie sich adäquat aus und zögern Sie auch nicht, die Tour abzubrechen und Schutz zu suchen, wenn Sie von schlechtem Wetter überrascht werden.

- **Nebel und schlechte Sicht:** Durch Nebel und niedrige Wolken können sich die Sichtverhältnisse so verschlechtern, dass die Orientierung erschwert sein kann. Dies ist besonders dort problematisch, wo Wege nicht klar definiert sind, z. B. in Moor- oder Heidegebieten.
- **Erschöpfung:** Viele Unfälle und Verletzungen haben ihre Ursache in Erschöpfung. Beugen Sie deshalb vor: Schätzen Sie Ihre Kondition realistisch ein und überfordern Sie sich nicht. Planen Sie bei allen Touren immer Reservezeiten ein. Unterwegs gilt: Trinken, bevor man durstig ist; essen, bevor man hungrig ist; rasten, bevor man müde ist!

Neben den o. g. Risiken finden sich einige spezifische Gefahrensituationen:

- **Linksverkehr:** Wenn Wanderstrecken auf Straßen entlang führen, denken Sie bitte daran, dass die »richtige« Gehseite üblicherweise rechts ist. In unübersichtlichen Situationen – z. B. vor Kuppen oder engen Kurven – sollte jedoch situationsbezogen entschieden werden, welche Straßenseite man nutzt.
- **Tidenhub:** Der Unterschied zwischen Niedrig- und Hochwasserstand beträgt am Bristolkanal und an der Severn-Mündung durchschnittlich mehr als 8 m. Im Westen der Südküste werden bei Lyme Regis 4 m, im Osten bei Folkestone 7 m erreicht (wer sich dafür interessiert, warum die Tidenhöhen so unterschiedlich sind, findet unter dem Stichwort »Amphidromie« die entsprechenden Informationen). Dies bedeutet ein sehr schnelles Auflaufen der Flut, die unvorsichtige Wanderer vom Land abschneiden kann. Ausflüge im Tidebereich sollten daher nur bei ablaufendem Wasser und mit genauer Kenntnis der Gezeiten durchgeführt werden. Gezeitentabellen hängen üblicherweise bei Tourist-Informationen oder an Häfen aus.
- **Erdrutsche und Felsstürze:** Die Steilküsten Südenglands sind stark der Erosion ausgesetzt, wodurch es zu Erdrutschen und Felsstürzen kommen kann. Daher ist es sinnvoll, sich zu erkundigen, ob exponierte Bereiche ohne erhöhtes Risiko betreten werden können bzw. ob Wege gesperrt oder verlegt wurden. Potenziell gefährdete Bereiche sollten nur mit ausreichendem Abstand zur Steilwand (sowohl unter- als auch oberhalb) betreten werden.
- **Wildlebende Tiere mit Gefahrenpotenzial:** Sowohl in Heide- als auch Moorgebieten ist die Kreuzotter beheimatet, die jedoch selten ist und in der Regel flüchtet. Wer vorsorgen möchte, ist mit festem Schuhwerk und langen Hosen gut beraten.

Notfall

Die in ganz England gültige Nummer für Notfälle jeder Art lautet **999**. Auch die **112** ist möglich. Es ist sinnvoll, sich mit dem englischen Koordinatensystem (British National Grid Reference System) vertraut zu machen, um bei einem Unfall den jeweiligen Standort anhand einer Karte möglichst exakt lokalisieren und den Rettungskräften mitteilen zu können.

Karte, Kompass, GPS

Als Straßenkarten eignen sich die AA Road Map Britain, Blatt 3: South East England (östlicher Teil des Wandergebiets), Blatt 2: Central Southern England (mittlerer bis westlicher Teil) bzw. Blatt 1: West Country & South Wales (äußerster Nordwesten) im Maßstab 1:200.000.

Für die Wanderungen stehen flächendeckend die Kartenreihen »Explorer Series« im Maßstab 1:25.000 und »Landranger Series« im Maßstab 1:50.000 des amtlichen Kartendienstes Ordnance Survey (OS) zur Verfügung. Zur Orientierung im Gelände ist die erste Kartenreihe sehr gut geeignet und man bekommt viel Karte für's Geld (innerhalb dieser Serie gibt es sowohl einfache als auch auf Vorder- und Rückseite bedruckte, mit touristischen Hinweisen versehene Kartenblätter; Letztere tragen die Bezeichnung »OL«). Die »Landranger Series« ist unpräziser, kann jedoch für Wanderungen mit geringeren Ansprüchen an die Orientierung herangezogen werden. In den Toursteckbriefen wird die »Landranger Series« dann angegeben, wenn hinsichtlich der Orientierung keine hohen Anforderungen gestellt werden. Die »Explorer Series« wird aufgeführt, wenn es sinnvoll erscheint, auf eine exaktere Kartengrundlage zurückzugreifen oder wenn eine »OL«-Ausgabe vorliegt, die eine gesamte Wanderregion abdeckt. Wer sich beim digitalen OS-Kartendienst anmeldet, kann Karten als App nutzen oder sich nach kurzer Einarbeitungszeit individuelle Kartenausschnitte der amtlichen Karten herunterladen und ausdrucken (kostenpflichtig). Auch die Homepage »MagicMaps« des DEFRA (s. nützliche Links) ermöglicht den Ausdruck von Kartenausschnitten, jedoch in geringerer Auflösung und Druckqualität. Egal in welcher Form: Karten sollten bei keiner Wanderung im Gepäck fehlen.

Wer in dünner besiedelten Bereichen Touren abseits der Wege plant, braucht zudem Kompass oder GPS-Gerät und sollte mit ihrem Gebrauch vertraut sein.

GPS-Tracks und Koordinaten der Ausgangspunkte

Zu diesem Wanderführer stehen auf der Internetseite des Bergverlag Rother (www.rother.de) GPS-Tracks und Koordinaten der Ausgangspunkte zum kostenlosen Download bereit – Benutzername: **gast** / Passwort: **wfEngLS02m3bf9**

Sämtliche GPS-Daten wurden von der Autorin im Gelände erfasst und anhand einer digitalen Karte überarbeitet. Verlag und Autorin haben die Tracks und Wegpunkte nach bestem Wissen und Gewissen überprüft. Dennoch können wir Fehler oder Abweichungen nicht ausschließen, außerdem können sich die Gegebenheiten vor Ort zwischenzeitlich verändert haben. GPS-Daten sind zwar eine gute Planungs- und Navigationshilfe, erfordern aber dennoch sorgfältige Vorbereitung, eigene Orientierungsfähigkeit sowie Sachverstand in der Beurteilung der jeweiligen (Gelände-)Situation. Man sollte sich für die Orientierung auch niemals ausschließlich auf GPS-Gerät und -Daten verlassen.

Natur und Landschaft – ein Überblick

Geologie und Entstehung

Der Bereich, der dem heutigen England entspricht, war in den unterschiedlichen geologischen Epochen abwechselnd Bestandteil von Flachmeeren und von Festland. Im Verlauf der Sedimentations- und Erosionsprozesse entstanden verschiedene Gesteinsschichten, die in Südengland vorwiegend aus Kalksteinen unterschiedlicher Genese und Ausprägung, aus Ton- und Sandsteinen sowie Lockergesteinen bestehen.
Durch die Senkung der südöstlich angrenzenden Scholle wurde der Bereich leicht nach Südosten gekippt. So entstand ein Schichtstufenland, bei dem von Nordwesten nach Südosten jüngere Schichten an der Oberfläche aufgeschlossen sind. Abweichungen von diesem Schema finden sich im Südosten (High und Low Weald), wo durch Aufwölbung der Gesteinsschichten und anschließende Erosion diese Abfolge unterbrochen wird und ältere Gesteine fensterartig inmitten jüngerer Gesteinsschichten zutage treten.
Die ältesten Gesteinsformationen innerhalb des (von Somerset im Westen bis Kent im Osten reichenden) Wanderführerbereichs entstanden im Devon, einer Periode des Erdaltertums; es sind Sandsteine, die im Bereich des Exmoors, an der Grenze zur Grafschaft Devon, anstehen und einen mittelgebirgsartigen Höhenzug bilden (die Namensgleichheit zwischen der geologischen Formation und der englischen Grafschaft ist dabei nicht zufällig; vielmehr benannten die ersten Geologen die Formationen nach den ihnen bekannten Schwerpunktvorkommen). Daran schließt sich nach Südosten der Bereich des Lias an, auf den Oolithe und Grünsandstein folgen. Weiter im Südosten treten breite Gürtel von Kalksteinen und Kreide an die Oberfläche und bilden Hügelketten unterschiedlicher Ausformung.

Gefaltete Purbeck-Schichten.

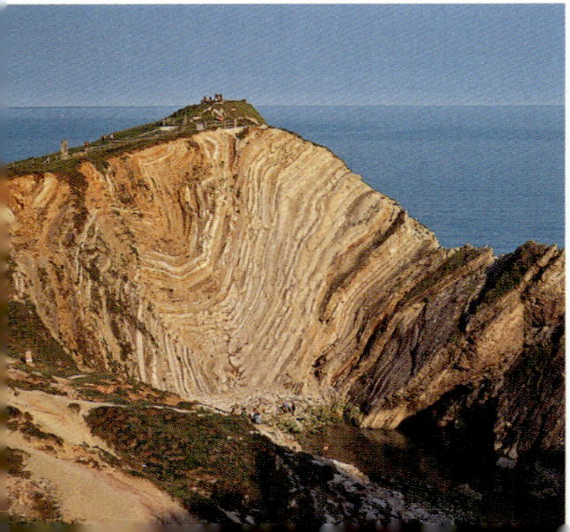

Abdruck eines Ammoniten.

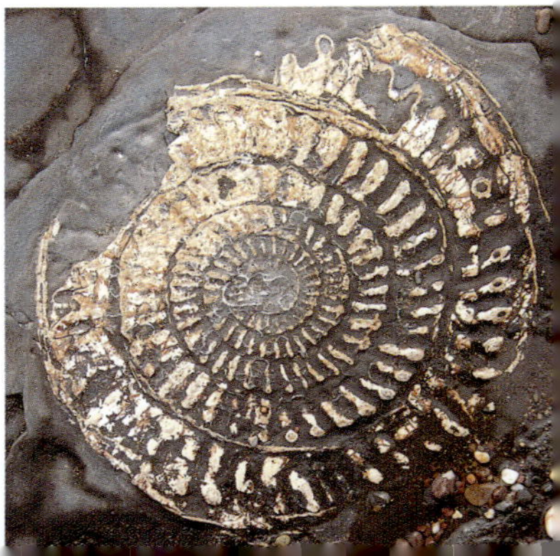

Landschaft

Zwar werden in Südengland bei weitem keine Höhenrekorde erreicht, doch mit rund 520 m (Dunkery Beacon) besitzt das Exmoor im äußersten Westen des Wandergebiets Erhebungen, die Mittelgebirgscharakter besitzen. Weitere ausgeprägte Hügellandschaften sind Quantock Hills, North Downs und South Downs, die sich mehr als 200 m über das umgebende Gelände erheben. Zudem finden sich niedrigere Hügellandschaften unterschiedlicher Ausprägung, die durch größere und kleinere Talräume unterbrochen werden, in denen sich Bäche oder kleine Flüsse dahinschlängeln. Die Flüsse streben im Süden des Wanderführergebiets dem Ärmelkanal zu, im Nordosten und im Zentralbereich der Themse und im Nordwesten – mit Ausnahme der Flüsse Exe und Barle – dem Bristolkanal und bilden im Mündungsbereich ausgeprägte Ästuare.

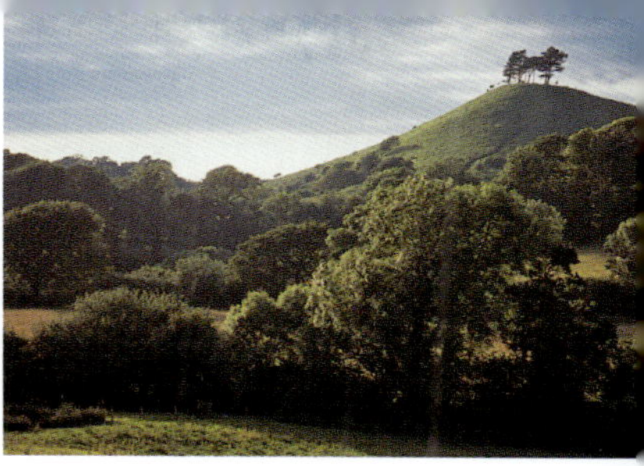

Oben: Hügellandschaft in Dorset.

Unten: Heidelandschaft im Exmoor.

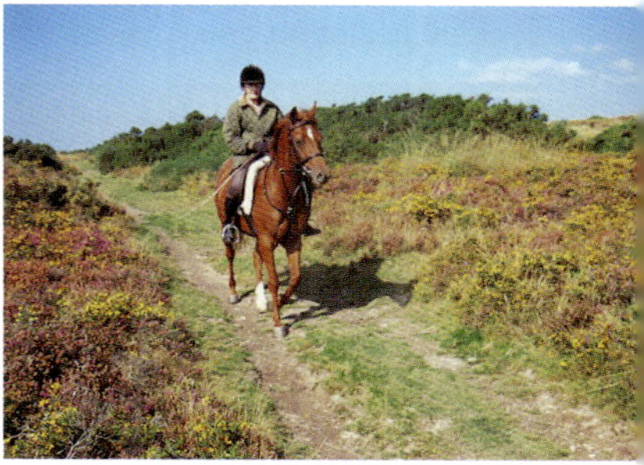

In den Talauen dominiert meist Grünlandwirtschaft, während sich ein Mosaik von oft kleinteiligen Acker- und Wiesenflächen über die Hügel erstreckt, die typischerweise durch ein dichtes Netz an Hecken gegliedert werden. Auf den flachgründigen Böden der Kalkhügelländer findet sich häufig großflächigere Weidewirtschaft. Wo saure Ausgangsgesteine anstehten, existieren Heiden mit sehr extensiver Beweidung.

Weniger stark bewegte Areale finden sich im Bereich tertiärer oder quartärer Ablagerungen. Dies ist z. B. im New Forest oder Schwemmländern wie der Romney Marsh oder den Somerset Levels der Fall.

An der Südküste wechseln sich Abschnitte mit spektakulären Steilküsten (Cliffs of Dover, Seven Sisters, Jurassic Coast), Kiesel- und Sandstränden sowie Marschland und vereinzelt Dünen ab. Zudem geben die zahlreichen Halbinseln, die Ästuare der einmündenden Flüsse sowie die natürlichen Buchten (z. B. Chichester Harbour, Poole Harbour) der Küste ein abwechslungsreiches Gepräge. Auch an der Küste des Bristolkanals im Nordwesten finden sich sowohl felsige Küstenabschnitte mit z. T. hohen Felsklippen als auch Strände.

Klima

Es herrschen ozeanische Klimabedingungen mit kühlen Sommern und milden Wintern. Die Temperaturen liegen insgesamt höher als dies auf diesem Breitengrad erwartet werden kann, was auf das Wirken des Golfstroms zurückzuführen ist. England liegt im Hauptanströmbereich der Westwinde, was zu häufigen Wetterwechseln führt. Unterschiede ergeben sich dadurch auch in Bezug auf die Niederschlagsmenge: Sie ist im Westen (Somerset, Dorset) deutlich höher als im Osten (Kent). Die niedrigsten durchschnittlichen monatlichen Niederschläge und die wenigsten Tage mit Regen finden sich in den westlichen Landesteilen im Juni und Juli, in den östlichen Landesteilen zwischen April und August. Juli und August sind die wärmsten Monate. Völlig zurecht existiert die Einschätzung, dass das einzig Beständige am englischen Wetter dessen Unbeständigkeit ist. Die Prognosen des englischen Wetterdienstes für den Folgetag sind aber ziemlich exakt.

Klimatabelle Eastbourne

	Monat	1	2	3	4	5	6	7	8	9	10	11	12
Temperatur	°C	5,7	5,4	7,1	8,9	12,2	14,8	17,2	17,5	15,3	12,3	8,7	6,8
Niederschlag	mm	81	54	59	48	49	47	49	52	64	105	96	91
Tage mit Regen		13	10	10	9	8	7	7	7	9	12	12	12

Klimatabelle Guildford

	Monat	1	2	3	4	5	6	7	8	9	10	11	12
Temperatur	°C	4,9	5,0	7,2	9,2	12,8	15,8	18,3	18,1	15,2	11,6	7,6	5,8
Niederschlag	mm	62	45	44	47	51	44	46	52	54	77	68	64
Tage mit Regen		11	9	9	9	9	8	7	8	9	11	11	11

Klimatabelle Weymouth

	Monat	1	2	3	4	5	6	7	8	9	10	11	12
Temperatur	°C	6,3	6	7,5	9,2	12,2	14,9	16,8	17	15,5	12,9	9,5	6,6
Niederschlag	mm	78	58	58	49	45	40	36	50	56	85	89	86
Tage mit Regen		13	10	9	8	8	7	6	7	8	11	12	12

Klimatabelle Minehead

	Monat	1	2	3	4	5	6	7	8	9	10	11	12
Temperatur	°C	4,8	4,7	6,5	8,2	11,4	14,1	16,4	16,4	14,1	11	7,6	5,8
Niederschlag	mm	103	71	58	50	62	50	49	46	66	109	104	107
Tage mit Regen		15	11	11	10	10	9	9	8	9	14	14	15

Vegetation

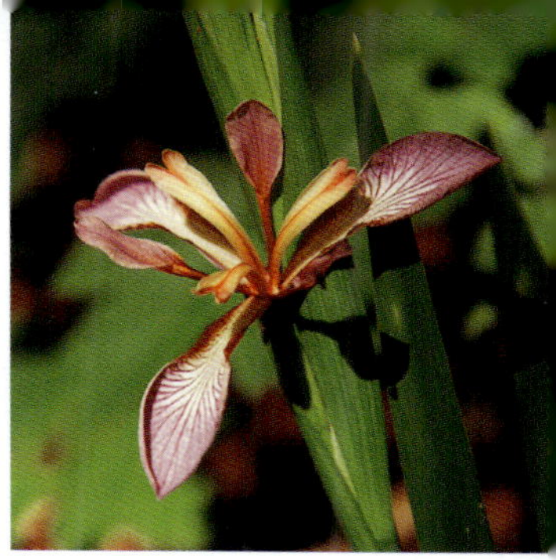

Gladwin-Iris (Iris foetidissima).

Wald: Der Waldanteil Südenglands ist gering. Die ursprünglichen Wälder, nämlich Eichen-Birkenwälder, Buchenwälder, Erlen- oder Edellaubbestände sind zu meist unbedeutenden und verinselten Resten zusammengeschrumpft. Eine Ausnahme bildet der »New Forest«, die größte zusammenhängende Waldfläche Südenglands (südwestlich von Southampton), der auf saurem Untergrund stockt und mit Heiden und Adlerfarnbeständen vergesellschaftet ist. Wälder auf basenreichen Böden bieten hingegen meist optimale Lebensbedingungen für Geophyten wie Blauglocken, Buschwindröschen oder Bärlauch, die im Frühjahr den Waldboden mit ihrem Blütenschleier überziehen.

Hecken und Gebüsche: Im Gegensatz zum Wald sind Strauch- und Baumhecken weit verbreitet und bilden in vielen Gegenden ein dichtes und landschaftsprägendes Netz. In der Strauchschicht dominiert häufig der Weißdorn, begleitet von Schlehe, Hasel und weiteren Büschen. In der Baumschicht sind – neben der Eiche – v. a. Edellaubhölzer wie Ahorn und Esche vertreten. Noch vor wenigen Jahrzehnten galt die Ulme als der typische Heckenbaum Englands, was jedoch durch einen vom Ulmensplintkäfer verbreiteten Pilzbefall ein Ende fand (Ulmensterben); eine aktuelle Bedrohung stellt das »ash die-back« (Eschentriebsterben) dar.

Heiden und Moore: Heiden und Heidemoore mit Besenheide, Erika und Preiselbeere sowie Torfmoosen finden sich v. a. in Bereichen, die von wasserstauenden Schichten, sauren Bodenverhältnissen und Nährstoffarmut geprägt sind, z. B. im Exmoor und im New Forest. In den höheren Lagen des Exmoors sind außerdem Borstgrasrasen und Pfeifengrasbestände vertreten. Die Heiden sind sekundär entstanden, also Folge einer vorausgegangenen Rodung des ursprünglichen Waldes. Liegen die Flächen brach oder werden nur schwach beweidet, breiten sich Adlerfarn und Stechginstergebüsche aus. Ein anderer Moortyp findet sich in den Somerset Levels: Dort handelt es sich um ausgedehnte Niedermoore, die heute jedoch durch Abtorfung, Entwässerung und landwirtschaftliche Nutzung stark überformt sind.

Grünland und Magerrasen: Grünland wird meist intensiv genutzt und beweidet und ist mehr oder weniger artenarm. Artenreicheres Grünland und Magerrasen, die nicht gedüngt und extensiv genutzt werden, finden sich vor allem in Gebieten mit kalkreichem, flachgründigem Untergrund, z. B. dort, wo Jurakalke oder Kreideformationen steile Hänge bilden. Ein hoher Artenreichtum existiert stellenweise in den Mendip Hills, im Kalkgürtel zwischen Weymouth und Newbury sowie in den South Downs und den North Downs.

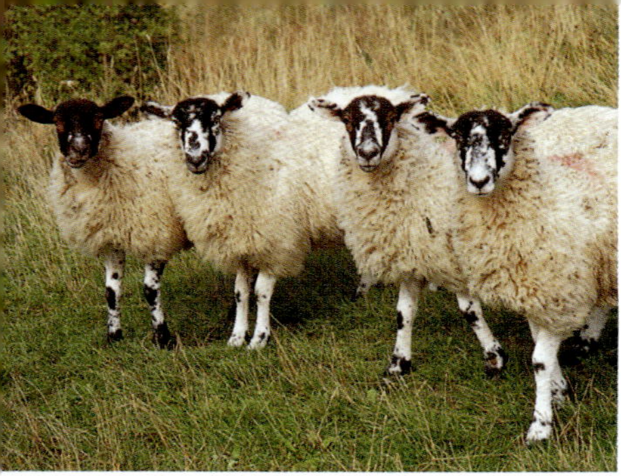

Vierfache Neugier.

Tierwelt

Die Zahl der größeren Säugetierarten ist überschaubar: Dachs, Fuchs, Hase, Reh und Kaninchen sind weit verbreitet, Hirsch und Damhirsch v. a. im New Forest und im Exmoor anzutreffen. Der Fischotter ist nur selten, im Westen Somersets, an der Grenze zu Devon, zu beobachten. Ebenfalls im Nordwesten Somersets verdienen die Lachsvorkommen in den Flüssen East Lynn, Exe und Barle besondere Erwähnung. Südengland weist eine artenreiche Vogelwelt auf, was zum einen der Vielfalt an unterschiedlichen Binnenlebensräumen, zum anderen der langen Küstenlinie geschuldet ist, die einer Vielzahl von Wasser- und Watvögeln als Bruthabitat oder Überwinterungsquartier dient.

- An der Küste trifft man auf ein reiches Arteninventar, von »A« wie Austernfischer, Rotschenkel und Seidenreiher bis zu »Z« wie Zwergseeschwalbe. Auf Felsklippen brüten u. a. Eissturmvögel und Dreizehenmöwen.
- Auf den Binnengewässern sind Haubentaucher, Löffel-, Tafel-, Reiher- und Krickente zu beobachten. In Uferröhricht nisten Teich- und Schilfrohrsänger sowie Rohrschwirle (Letztere nur im Osten Südenglands).
- An Flüssen und Bächen finden sich Gebirgs- und Schafstelze, gelegentlich auch der unverkennbare türkisblaue Eisvogel. An sandigen Prallufern kann man Bruthöhlen der Uferschwalbe entdecken.
- Auf Mooren und Moorheiden tummeln sich Braunkehlchen und Bekassine.
- Auf Grünland und auf Magerrasen brüten Feldlerche und Kiebitz.
- In kleinräumig strukturierter Ackerlandschaft finden sich häufig Rebhuhn, Rothuhn, Wachtel und Fasan.
- Hecken und Gebüsche sind Lebensraum von Nachtigall, Goldammer und Klappergrasmücke, verbuschte Brachflächen beherbergen die Provence-Grasmücke; Letztere stößt an die Nordgrenze ihrer Verbreitung.
- In Baumbeständen leben Bunt-, Klein- und Grünspecht; häufig erklingt der Ruf des Kuckucks aus Feldgehölzen und Baumhecken. In alten Wäldern und in Parks mit altem Baumbestand ist die Hohltaube anzutreffen.
- Turmfalken und Bussarde können häufig beobachtet werden. Gelegentlich kann man sich am Anblick von Baumfalke und Rotmilan freuen.
- Im dörflichen Umfeld bevölkern Rauch- und Mehlschwalben die Lüfte.

Informationen und Adressen

Verkehr

Öffentlicher Nahverkehr (ÖNV): Der öffentliche Nahverkehr ist gut bis sehr gut ausgebaut, sodass viele Touren mit Bus oder Bahn erreichbar sind, wenn auch mitunter zusätzliche Anmarschstecken erforderlich sind oder die Tour von einem anderen als dem angegebenen Ausgangspunkt gestartet werden muss. Wichtig: Um einen Bus zum Halten aufzufordern, muss der Haltewunsch durch Handzeichen signalisiert werden.

Anfahrt mit dem eigenen Auto: Alle Ausgangspunkte sind mit dem privaten Kraftfahrzeug zu erreichen. Überörtliche Straßen sind gut ausgebaut, auf örtlicher Ebene finden sich jedoch häufig einspurige Sträßchen mit Ausweichstellen und unterschiedlichem Ausbau- und Erhaltungszustand, die eine vorsichtige und defensive Fahrweise erfordern. Benutzer eines Navigationsgerätes sollten daran denken, dass Ortsnamen mitunter mehr als einmal vorkommen und sicherstellen, dass sie das richtige Ziel ansteuern.

Parken: In vielen Fällen ist es möglich, gebührenfrei zu parken, doch in touristisch stark frequentierten Bereichen überwiegen kostenpflichtige Parkmöglichkeiten (»pay and display«). In einigen Fällen ist die Zufahrtshöhe zu Parkplätzen durch Querbalken beschränkt, um die Nutzung durch Wohnmobile zu unterbinden. Wenn seitlich am Straßenrand geparkt wird – wie dies bei einigen Touren erforderlich ist – sollte der Außenspiegel eingeklappt werden.

Ein Dampfzug der »Bluebell Railway« verlässt den Bahnhof Sheffield Park.

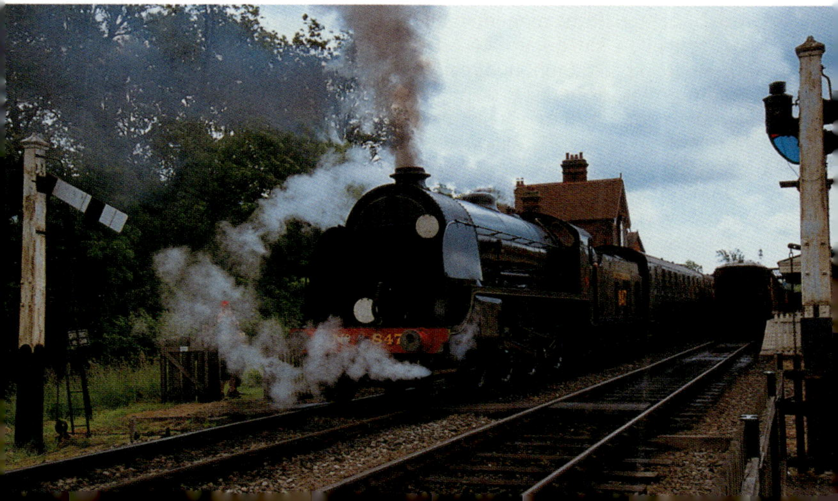

Unterkunft

Südengland verfügt über ein breites Spektrum an Unterkunftsmöglichkeiten. Neben Hotels und Gasthöfen ist vor allem das sehr gute Angebot an Bed & Breakfast (B & B) besonders hervorzuheben.
Entlang der Küste und in den größeren Städten gibt es Jugendherbergen, die nicht nur Jugendlichen, sondern auch budgetbewussten Wanderern offen stehen; im Landesinneren weist das Jugendherbergsnetz jedoch Lücken auf. Standard sind Mehrbettzimmer mit Stockbetten sowie Selbstversorgerküchen. Meist wird auch ein einfaches Abendbrot und/oder Frühstück angeboten. Neben den Häusern des offiziellen Jugendherbergsverbands (YHA) gibt es auch unabhängige Wanderheime (IHUK – Independent Hostels UK). In den Haupturlaubsgebieten, insbesondere in Küstennähe, ist eine rechtzeitige Reservierung sinnvoll.
Für Camper/Zelter stehen Campingplätze zur Verfügung. Da manche Campingplätze nur Wohnmobile und Wohnwagen, andere hingegen nur Zelte zulassen, sollten sich Urlauber vorab erkundigen, ob sie willkommen sind. »Wild zelten« ist in Südengland weder erlaubt noch wird es geduldet.
Für diejenigen, die längere Zeit an einem Ort verbringen und sich selbst versorgen wollen, sind Ferienhäuser (»cottages«) oder -wohnungen, die in großer Auswahl vorhanden sind, eine möglicherweise interessante Alternative.

Einkehr

Pubs, Cafés und Tea Rooms sind die naheliegenden Anlaufstellen für alle, die das Wandern hungrig und durstig gemacht hat. Dabei gilt es einige Gepflogenheiten hinsichtlich der Öffnungszeiten und der Servicemodalitäten zu beachten. Pubs machen häufig erst mittags auf. In ländlicher Umgebung schließen sie gegen 14 oder 15 Uhr, um abends erneut für das Hauptgeschäft zu öffnen; nur in stärker frequentiertem oder touristisch geprägtem Umfeld haben sie nachmittags durchgehend geöffnet. Das Angebot umfasst um die Mittagszeit meist nur »bar meals«, also schnell zubereitete kleine Gerichte. Traditionell wird am Tresen geordert und vorab bezahlt. Die Getränke werden gleich zum Tisch mitgenommen, die bestellten Speisen werden – sobald die Bestellung aus der Küche kommt – in bodenständigen Gasthäusern dann entweder mit Tischnummer oder vorher ausgegebener Nummer ausgerufen.
An Sonn- und Feiertagen und abends stehen meist auch etwas aufwändigere Speisen auf der Karte; u. U. ist dann eine Vorbestellung sinnvoll. Bei Restaurantbetrieb (meist erkennbar an eingedeckten Tischen) oder dem Hinweis »please wait to be seated« ist es nicht üblich, sich selbst einen Tisch auszusuchen, vielmehr wird man von Servicekräften zum Tisch geleitet oder – wenn alles belegt ist – zwischenzeitlich an der Bar platziert, bis ein Tisch frei wird.

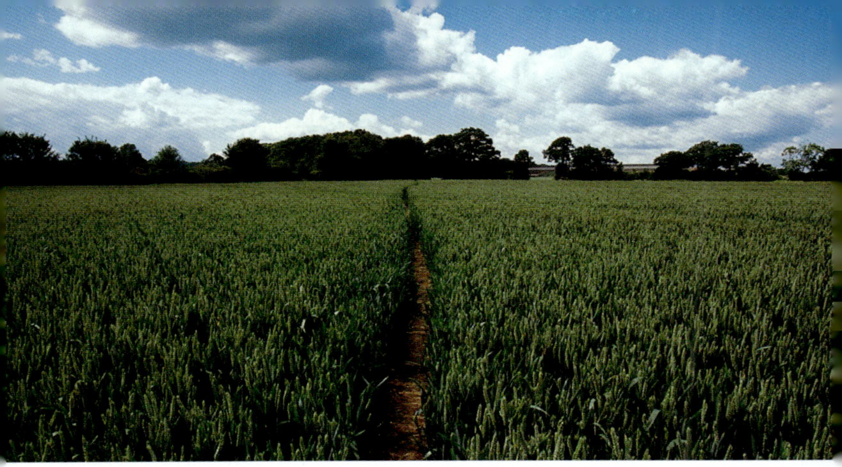

Ein Right-of-Way-Pfad quer über einen Acker ist kein seltener Anblick.

Cafés, die zu einer Bäckerei gehören, öffnen bereits früh und schließen am Nachmittag; Tea Rooms öffnen meist nachmittags und schließen am frühen Abend. Sowohl bei Cafés als auch bei Tea Rooms liegt der Schwerpunkt – neben den namengebenden Heißgetränken – naturgemäß auf Kuchen und süßem Gebäck, doch umfasst das Angebot meist auch Suppen und Sandwiches. Eine Servicekraft nimmt die Bestellung am Tisch auf; bei ihr bezahlt man später auch oder begibt sich zu einer zentralen Kasse (till); immer öfter trifft man aber auch auf Selbstbedienungsangebote.

Weitwanderwege

Liebhaber von Mehrtagestouren finden zahlreiche Möglichkeiten sich zu entfalten, denn Großbritannien wird von einem dichten Netz von Weitwanderwegen durchzogen. Die bekanntesten Weitwanderwege (»National Trails«) und Europäischen Fernwanderwege in Südengland sind:

- South West Coast Path (1013 km): von Sandbanks (Dorset) bis Minehead (Somerset).
- Fernwanderweg E9 (703 km): von Dover (Kent) nach Plymouth (Cornwall).
- South Downs Way (256 km): von Winchester (Hampshire) nach Eastbourne (East Sussex).
- North Downs Way (250 km): von Farnham (Surrey) nach Dover (Kent).
- Ridgeway (136 km): von Overton Hill (SO Avebury, Wiltshire) zum Ivinghoe Beacon (Buckinghamshire).

Dazu kommt eine Vielzahl weiterer Wanderwege in und durch Südengland, von denen hier nur eine Auswahl aufgeführt ist:

- Monarch's Way (990 km, davon ca. 600 km in Südengland): von Shoreham-by-Sea (West Sussex) nach Powick Bridge (Worcestershire).
- Macmillan Way (467 km, davon ca. 200 km in Südengland): von Boston (Lincolnshire) nach Abbotsbury (Dorset).
- Macmillan Way West (164 km): von Castle Cary (Somerset) nach Barnstaple (Devon).
- Saxon Shore Way (262 km): von Gravesend (Kent) nach Hastings (East Sussex).
- Wessex Ridgeway (221 km): von Marlborough (Wiltshire) nach Lyme Regis (Dorset).
- Sussex Border Path (220 km): von Emsworth (Hampshire) nach Rye (East Sussex).
- Pilgrims' Way (192 km): alter Pilgerweg zwischen Winchester (Hampshire) und Canterbury (Kent).
- Greensand Way (173 km): von Haslemere (Surrey) nach Hamstreet (Kent).
- Samaritans Way South-West (166 km): von Bristol (Bristol) nach Lynton (Devon).
- High Weald Landscape Trail (151 km): von Horsham (West Sussex) nach Strand Quai, Rye (East Sussex).
- Jubilee Trail Dorset (142 km): von Forde Abbey (Dorset) nach Bokerley Dyke (Dorset).

Der Royal Pavillon in Brighton ist ein Ausbund an Extravaganz.

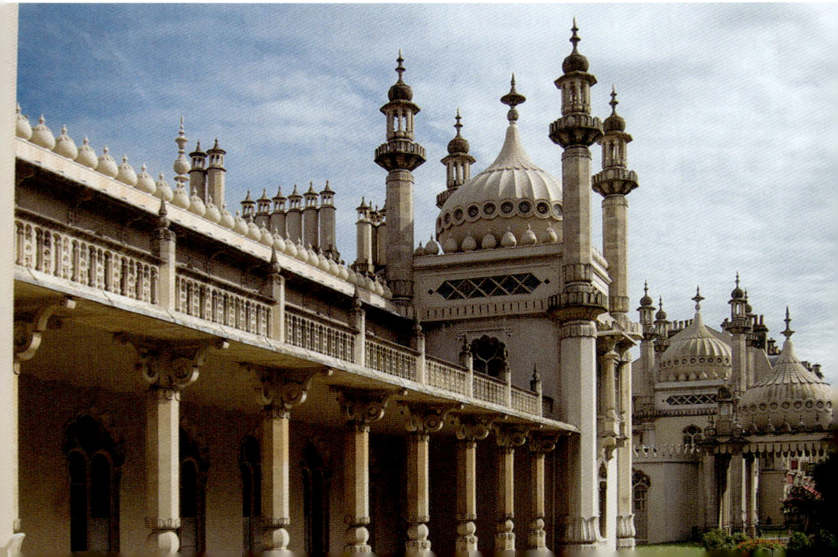

- Weald-Way (132 km): von Gravesend (Kent) nach Eastbourne (East Sussex).
- Brenda Parker Way (126 km): von Aldershot nach Andover (beide Hampshire).
- Kennet & Avon Canal Walk (122 km): von Reading (Berkshire) bis Bath (East Somerset).
- Wayfarer's Walk (114 km): von Emsworth Sailing Club (Hampshire) zum Inkpen Beacon (Berkshire).
- Isle of Wight Coast Path (113 km): Rundweg mit Start und Ende in Cowes (Isle of Wight).

Lohnende Ziele …

Südengland bietet auch abseits der Wanderwege viele (nicht nur an Regentagen) interessante Sehenswürdigkeiten, von denen ein kleiner, subjektiv ausgewählter Teil nachfolgend – definitiv nicht abschließend – vorgestellt wird (für die Qualität und das Preis-Leistungs-Verhältnis wird keine Verantwortung übernommen). Eine individuelle Recherche sei jedem empfohlen, denn es gibt über den Mainstream hinaus viele inspirierende Örtlichkeiten, spannende Sammlungen und originelle Veranstaltungen zu entdecken.
Wer mehrere von National Trust (NT) oder Historic England (HE) verwaltete Sehenswürdigkeiten besuchen will, sollte prüfen, ob sich eine Mitgliedschaft in oder der Kauf eines Besucherpasses der jeweiligen Organisation lohnt (Achtung: der »Overseas-Visitor-Pass« bzw. »Touring Pass« muss via Internet vorbestellt werden). In Klammern ist angegeben, bei welcher im Wanderführer beschriebenen Tour die Attraktion eingebunden werden kann.

… in Kent, Sussex, Surrey

■ Sehenswerte Städte

- Canterbury: mittelalterliche Innenstadt mit viel Fachwerk, reizvollen Gässchen und Plätzen (in Teilbereichen Weltkulturerbe), Zentrum der anglikanischen Kirche mit berühmter Kathedrale.
- Eastbourne: stilvolles Seebad, das – wenn auch nicht ohne einige Bausünden – seinen viktorianischen Charme bewahren konnte und entlang der Promenade mediterranes Flair verströmt. (Tour 7)
- Brighton: Seebad mit engen Gässchen, Strand mit Seebrücke, extravaganten Bauten und breitem Spektrum an Rummel und Trubel, den englische Urlauber an ihrem Urlaubsort erwarten.
- Ausgewählte Kleinstädte, die einen kurzen Abstecher lohnen: Rye, Steyning, Chichester.

■ Burgen, Herrenhäuser, Parks und Gärten

- Deal Castle (Deal – HE): unter Henry VIII. gebautes Artilleriefort mit damals revolutionärer Architektur. Apr. bis Sep. tgl. 10–18 Uhr, Okt. tgl. 10–17 Uhr, im Winter Sa + So 10–16 Uhr. (Tour 1)

- Walmer Castle (Walmer – HE): zum Herrenhaus umfunktioniertes Tudor-Fort mit Garten im »Arts and Crafts«-Stil. Apr. bis Sep. tgl. 10–18 Uhr, Okt. tgl. 10–17 Uhr, im Winter Sa+So 10–16 Uhr. (Tour 1)
- Dover Castle (Dover – HE): mächtige Burganlage normannischen Ursprungs mit unterirdischem Tunnelsystem und verschiedenen Ausstellungen, z. B. zum »Battle of Britain«. Apr. bis Nov. tgl. 10–18 Uhr, Dez. bis März Sa+So 10–16 Uhr. (Tour 1)
- Leeds Castle (7 km SO Maidstone): Wasserschloss mit Wurzeln im frühen Mittelalter. Apr. bis Sep. tgl. 10.30–16.30 Uhr, Okt. bis März tgl. 10.30–15 Uhr.
- Sissinghurst Castle & Gardens (3 km NO Cranbrook – NT): einer der berühmtesten Gärten Englands, geschaffen in den 1930er-Jahren von Vita Sackville-West. März bis Dez. tgl. 11–17.30 Uhr. (Tour 4)
- Great Dixter (Northiam): inspirierendes Ensemble aus Fachwerk-Landhaus und Garten im »Arts and Crafts«-Stil. Apr. bis Okt. Di–So 11–17 Uhr (Garten), 14–17 Uhr (Haus).
- Bodiam Castle (5 km S Hawkshurst – NT): rundum von Wasser umgebene Burgruine mit zinnengekrönten Türmen und Wehrgang. März bis Dez. tgl. 10–17 Uhr, im Winter Sa+So 11–16 Uhr.
- Scotney Castle & Gardens (2 km SO Lamberhurst – NT): romantisches Wasserschloss und viktorianisches Herrenhaus in Garten- und Parkanlagen. Mitte Feb. bis Okt. tgl. 10–17 Uhr, im Winter bis 15 Uhr.
- Penshurst Place & Gardens (Penshurst): eines der ältesten Herrenhäuser Südenglands (14. Jh.) mit Garten im Renaissancestil; angegliedert ist ein Spielzeugmuseum. Apr. bis Okt. tgl. 10–18 Uhr (Garten),12–16 Uhr (Haus und Spielzeugmuseum). (Tour 10)
- Ightham Mote (5 km O Sevenoaks – NT): von einem Wassergraben umgebenes Herrenhaus im Tudorstil mit intimem Flair. März bis Okt. tgl. 10.30–17 Uhr. (Tour 11)
- Knole House (1 km SO Sevenoaks – NT): eines der »großen Häuser« Englands mit beeindruckendem Gebäudekomplex sowie ausgedehnten Parkanlagen. März bis Okt. tgl. 12–16 Uhr. (Tour 11)
- Hever Castle & Gardens (4 km SO Edenbridge): im Tudorstil restauriertes Herrenhaus mit Anfang des 20. Jh. angelegtem Garten und Park. März bis Okt. tgl. 10.30–17 Uhr (Garten), 12–17 Uhr (Haus).
- Polesden Lacey (5 km NW Dorking – NT): anmutiges Landschlösschen mit Kunst- und Keramiksammlung. März bis Okt. tgl. 11–17 Uhr. (Tour 12)
- Hatchlands Park (10 km O Guildford – NT): georgianisches Herrenhaus mit exquisiter Inneneinrichtung, Tasteninstrumente-Sammlung (Cobbe-Collection) und Gartenareal. Apr. bis Okt. Di–Do+So 14–17.30 Uhr.
- Gärten der Royal Horticultural Society in Wisley (18 km NO Guildford): die Schaugärten einer nationalen Institution, ein Magnet für Gartenfreunde! Apr. bis Okt. tgl. 9–18 Uhr, im Winter 10–16.30 Uhr. (Tour 13)
- Winkworth Arboretum (4 km SO Goldalming – NT): Arboretum mit über

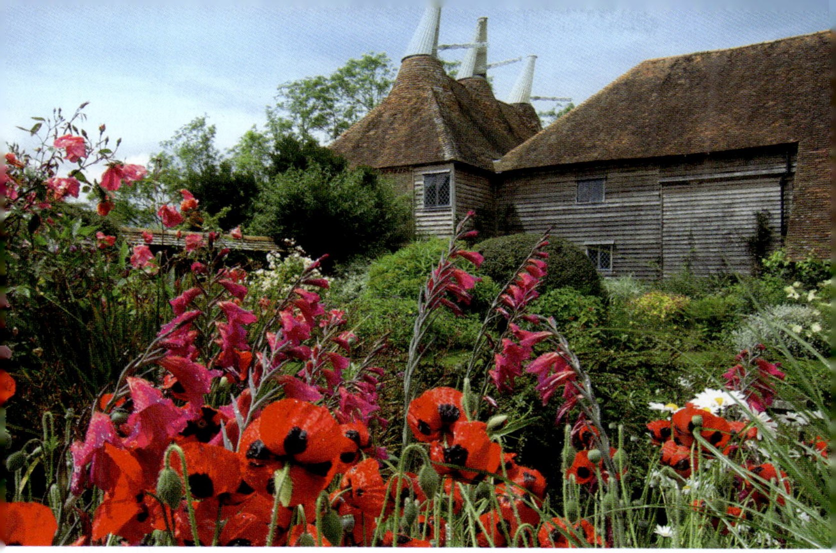

Frühsommerliche Blütenpracht schmückt den Garten von Great Dixter.

1000 Baum- und Straucharten sowie Sammlung von u. a. Azaleen und Rhododendren. Apr. bis Okt. tgl. 10–18 Uhr, im Winter 10–15 Uhr.

- Wakehurst Place Gardens (7 km SO Crawley – NT): Arboretum der Royal Botanic Gardens, Kew. März bis Okt. tgl. 10–18 Uhr, im Winter bis 16.30 Uhr.
- Sheffield Park & Garden (5 km NW Uckfield – NT): Landschaftspark mit vielen kleinen Seen und ausgedehnten Gehölzpflanzungen. März bis Okt. tgl. 10.30–17.30 Uhr, im Winter tgl. 10.30–16 Uhr.
- Borde Hill Gardens & Park (3 km N Haywards Heath): bemerkenswerter Garten aus zahlreichen »grünen Räumen« und ansprechender Park. Apr. bis Okt. tgl. 10–18 Uhr.
- Nyman's (5 km S Crawley – NT): einer der herausragenden Gärten im Stil des späten 19. und frühen 20. Jh. Ganzjährig tgl. 10–17 Uhr.
- Royal Pavillon (Brighton): gebaute Extravaganz, sowohl was das äußere Erscheinungsbild als auch die Innenarchitektur angeht. Apr. bis Sep. tgl. 9.30–17.45 Uhr, Okt. bis März tgl. 10–17.15 Uhr.
- Parham House (2 km W Storrington): elisabethanisches Herrenhaus mit luxuriöser und dennoch familiärer Atmosphäre, schönem Garten und Hirschpark. Mai bis Sep. jeweils Mi–Fr+So 12–17 Uhr.
- Petworth House (Petworth – NT): großes Herrenhaus mit reicher Innenausstattung und hochkarätiger Gemäldesammlung, großer Landschaftspark. Mitte März bis Okt. Sa–Mi 11–17 Uhr.

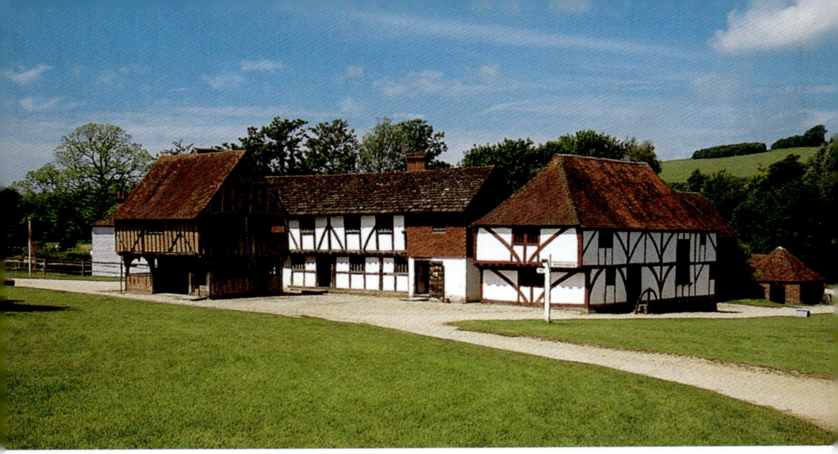

Alte Fachwerkhöfe sind die Glanzstücke des Open-Air-Museums in Singleton.

— Arundel Castle (Arundel): große Burg in mittelalterlicher Festungsbauweise, mehrfach umgebaut; Sitz der Herzöge von Norfolk. Apr. bis Okt. Di–So 10–16.30 Uhr. (Tour 16)

■ **Museen**

— Historic Dockyard Chatham (Chatham): ehemalige Dock- und Hafenanlagen mit Segel- und Dampfschiffen, Lebensrettungsbooten und einer viktorianischen Seilerei. März bis Nov. tgl. 10–16 Uhr, in der Hochsaison bis 18 Uhr.

— Down House (3 km NO Biggin Hill – HE): Charles Darwins Haus mit Ausstellung zu Werk und Wirken. Apr. bis Sep. tgl. 10–18 Uhr, im Winter Sa+So 10–16 Uhr.

— Chartwell (6 km W Sevenoaks – NT): Wohnsitz von Winston Churchill, erhalten im Zustand um 1950, mit Parkanlage. März bis Okt. tgl. 11–17 Uhr.

— Standen (3 km S East Grinstead – NT): im Inneren wie Äußeren Gesamtkunstwerk im »Arts and Crafts«-Stil, Mitte Feb. bis Okt. tgl. 10–17 Uhr, im Winter 10–16 Uhr.

— The Observatory Science Centre (3 km SO Hestmonceux): früher Heimat des Royal Greenwich Observatory, heute Wissenschaftsmuseum mit Schwerpunkt Astronomie. Feb. bis Nov. tgl. 10–17 Uhr.

— Museum of Shops (Eastbourne): Ladeneinrichtungen und Auslagen, die den Zeitraum von der viktorianischen Epoche bis in die 1950er-Jahre widerspiegeln. Ganzjährig tgl. 10–16.30 Uhr. (Tour 7)

— Alfriston Clergy House (Alfriston – NT): Hallenhaus aus dem 14. Jh. mit reizendem kleinen Garten. März bis Nov. Sa–Mi 10.30–17 Uhr. (Tour 8)

— Amberley Museum & Heritage Centre (5 km SW Storrington): vielfältige Ausstellung zu den Themen altes Handwerk, Schmalspureisenbahnen, historische Busse u. a. m. Mitte März bis Okt. Mi–So 10–17 Uhr, in den Schulferien außerdem Mo+Di.

– Weald and Downland Open Air Museum Singleton (8 km N Chichester): Bauernhaus- und Freilichtmuseum mit umfangreicher originaler Bausubstanz und Vorführungen traditioneller Techniken. März bis Dez. tgl. Kernöffnungszeiten 10.30–16 Uhr.
– Fishbourne Roman Palace (2 km W Chichester): Überreste des größten römischen Palastes nördlich der Alpen mit prächtigen Fußbodenmosaiken. Feb. bis Dez. tgl. Kernöffnungszeiten 10–16 Uhr. (Tour 18)

Sonstiges

– Chislehurst Caves (Bromley): seit dem Mittelalter existierendes künstliches Tunnelsystem mit über 30 km Länge, nur mit Führung zugänglich. Ganzjährig Mi–So, in der Ferienzeit auch Mo und Di.
– Shepherd Neame Brewery (Faversham): gilt als älteste Brauerei Englands. Führungen tgl. (bitte beachten: keine Kinder unter 12 Jahren).
– Kent & East Sussex Railway: historische Dampfzüge zwischen Tenterden und Bodiam (ca. 16 km). Apr. bis Jul. und Sep. jeweils Di+Mi und Sa+So. einige, im Aug. tgl. mehrere Abfahrten.
– Long Man of Wilmington (1 km S Wilmington): Geoglyphe (Scharrbild) unbekannten Ursprungs, öffentlich zugänglich. (Tour 8)
– Bluebell Railway: historische Dampfzüge zwischen East Grinstead und Sheffield Park (ca. 15 km). Apr. bis Okt. tgl. mehrere Abfahrten. Südlicher Endbahnhof »Sheffield Park Station« im Originalzustand der 1920er-Jahre,

Aus der Dockanlage der Gunwharf Quays in Portsmouth wurde ein In-Viertel.

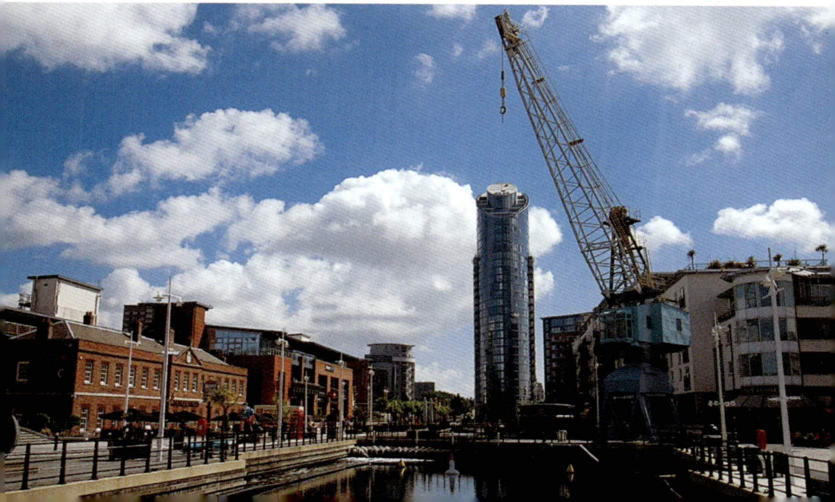

mit kleinem Museum und zahlreichen Dampfloks im für Besucher geöffneten Lokschuppen.

- Hanna Peschar Sculpture Garden (2 km NO Walliswood): bekannter Skulpturengarten mit wechselnden Ausstellungsstücken. Mai bis Okt. Fr+Sa 11–18 Uhr, So 14–17 Uhr.
- Romney, Hythe & Dymchurch Railway: dampfbetriebene Schmalspurbahn zwischen Hythe und Dungeness (ca. 20 km). Apr. bis Okt. tgl. mehrere Abfahrten.

… in Hampshire und der Isle of Wight, Berkshire, Wiltshire

■ Sehenswerte Städte

- Portsmouth: Hafenstadt mit spannungsreichen Gegensätzen zwischen historischem Erscheinungsbild (z. B. Old Dockyard, Spice Island) und ambitionierter zeitgenössischer Architektur.
- Winchester: Als römische Befestigungsanlage und später Hauptstadt des Königreichs Wessex ist Winchester ein höchst geschichtsträchtiges Pflaster mit historischer Bausubstanz und berühmter Kathedrale. (Tour 26)
- Salisbury: Stadtgründung des 13. Jh., die mit der Kathedrale einen architektonisch überragenden Anziehungspunkt besitzt.
- Ausgewählte Kleinstädte, die einen kurzen Abstecher lohnen: Cowes, Lymington, Marlborough.

■ Burgen, Herrenhäuser, Parks und Gärten

- Hampton Court (East Molesey): große, ursprünglich im Tudorstil errichtete, später barock umgebaute Schlossanlage mit prächtiger Inneneinrichtung, barocke Gartenanlage mit Labyrinth. Ganzjährig tgl. 10–18 Uhr.
- Windsor Castle & Great Park (Windsor): seit den Ursprüngen als normannische Burg im Lauf der Jahrhunderte unzählige Male erweitert und vergrößert, königliche Residenz. Schloss ganzjährig tgl. 9.45–16 Uhr (Kernöffnungszeiten), Park tw. öffentlich.
- Highclere Castle (8 km S Newbury): im Stil der Neogotik erbautes Herrenhaus mit ausgedehnten Parkanlagen, Drehort der Kultserie »Downton Abbey«. Vorbuchung erforderlich.
- Hinton Ampner (12 km O Winchester – NT): elegantes Landhaus mit schönem Garten. Apr. bis Okt. tgl. 10–18 Uhr.
- Osborne House (2 km SO Cowes – HE): Landsitz von Königin Victoria, erbaut im Stil der italienischen Renaissance, mit Garten- und Parkanlagen. Apr. bis Sep. tgl. 10–18 Uhr, im Winter Sa+So 10–16 Uhr.
- Ventnor Botanic Garden (Ventnor): botanische Sammlung mit zahlreichen subtropischen Arten. Ganzjährig tgl.10–17 Uhr. (Tour 20)
- Mottisfont Abbey & Gardens (7 km NW Romsey – NT): Herrenhaus mit wechselnden Ausstellungen, Parkanlage u. a. mit Walled Garden und vorzüglicher Sammlung alter Rosensorten (Hauptblütezeit Juni). März bis Okt. tgl. 10–17 Uhr.

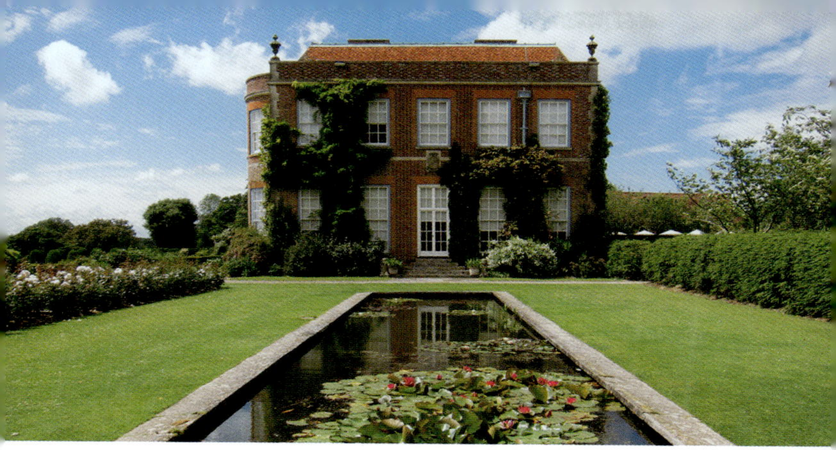

Hinton Ampner House und sein Garten vereinen Eleganz und Anmut.

- Harold Hillier Gardens (5 km NO Romsey): Arboretum mit mehr als 1000 Gehölzarten sowie Sammlung von u. a. Eichen und Magnolien. Apr. bis Okt. tgl. 10–18 Uhr, Nov. bis März tgl. 10–17 Uhr.
- Exbury Gardens (10 km O Lymington): Parkanlage u. a. mit Rhododendron-, Azaleen- und Kameliensammlung. Mitte März bis Okt. tgl. 10–17 Uhr.
- Wilton House (Wilton): eines der ersten klassizistischen Gebäude Englands, großartige Sammlung alter Meister, im Park berühmte Brücke im palladianischen Stil. Mai bis Aug. So–Do 11.30–17 Uhr (Haus), Mai bis Mitte Sep. tgl. 11–17.30 Uhr (Park).
- Stourhead (4 km NW Mere – NT): historischer Landschaftspark aus dem 18. Jh., Prototyp des englischen Landschaftsgartens. Apr. bis Sep. tgl. 9–19 Uhr, im Winter 9–17 Uhr.
- Longleat House (7 km W Warminster): elisabethanisches Herrenhaus mit formalen Gärten, Labyrinth und von L. »Capability« Brown gestaltetem Park, angegliedert ist ein großer Safaripark. Kernöffnungszeiten März bis Okt. tgl. 10–17 Uhr.

Museen

- Historic Dockyard (Portsmouth): historische Dockanlagen mit Marinemuseum und geschichtsträchtigen Schiffen: Dreimaster »Warrior«, Admiral Nelsons Schlachtschiff »Victory« und »Mary Rose«, Flaggschiff Heinrichs VIII. Ganzjährig tgl. 10–17.30 Uhr. Auf dem Gelände herumspazieren kostet keinen Eintritt!
- D-Day-Museum (Portsmouth): widmet sich der Landung der Alliierten in der Normandie im Juni 1944. Ganzjährig tgl. 10–17 Uhr.

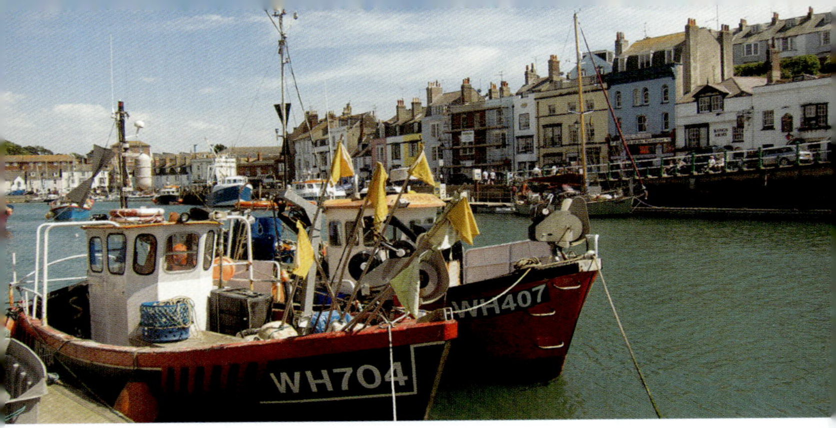

Der Fischer- und Yachthafen ist das charmante Herzstück von Weymouth.

- SeaCity Museum Southampton (Southampton): Southamptons Bedeutung als Hafenstadt, Titanic-Ausstellung. Ganzjährig tgl. 10–17 Uhr.
- National Motor Museum (Beaulieu): ein Paradies für Oldtimerfans. Ganzjährig tgl. 10–17 Uhr.
- Salisbury & South Wiltshire Museum (Salisbury): Museum mit archäologischer Thematik (Schwerpunkt Stonehenge) sowie regionalen Bezügen. Ganzjährig Mo–Sa 10–17 Uhr, Juni bis Sep. auch So 12–17 Uhr.
- Alexander-Keiller-Museum (Avebury – HE): Sammlung stein- und bronzezeitlicher Artefakte, die zu den bedeutendsten prähistorischen Zeugnissen Englands gehören. Apr. bis Okt. tgl. 10–18 Uhr, im Winter 10–16 Uhr. (Tour 31)
- Wiltshire Museum (Devizes): Regionalmuseum mit Schwerpunkt Archäologie, Geschichte und Kunst. Ganzjährig Mo–Sa 10–17 Uhr, So 12–16 Uhr.

Sonstiges

- Calleva Atrebatum/Silchester Roman Town (1,5 km NO Silchester): Relikte einer römischen Stadt mit Resten von Stadtmauer und Amphitheater. Öffentlich zugänglich, Ausgrabungen »in progress« jeweils Juli und Aug., Funde im Museum in Reading.
- Mid Hants Railway Watercress Line: historische Dampfeisenbahn zwischen New Alresford und Alton (ca. 16 km). Zwischen Ostern und Sep. tgl. mehrere, in der Hauptsaison zahlreiche Abfahrten.
- Hospital of St. Cross (Winchester): im Jahr 1136 gegründete (und noch existente) Stiftung mit sehenswerten Wohnhäusern und Kirche vor den Toren von Winchester. Apr. bis Okt. Mo–Sa 9.30–17 Uhr, So 13–17 Uhr, Nov. bis März Mo–Sa 10.30–15.30 Uhr. (Tour 26)
- Crofton Pumping Station & Beam Engines (2 km SW Great Bedwyn): Die einzigen dampfbetriebenen Pumpen, die seit 1812 noch an Ort und Stelle ihren

Dienst tun, sind ein bemerkenswertes Industriedenkmal. Apr. bis Sep. tägl. 10–17 Uhr, Dampfbetrieb an mehreren Wochenenden im Sommer. (Tour 29)
- Stonehenge (4 km NW Amesbury – HE, NT): steinzeitliche Steinsetzung, bedeutendstes neolithisches Bauwerk Europas. Nur mit »Timed Tickets« zugänglich (Vorbestellung empfohlen). Apr., Mai, Sep. und Okt. tgl. 9.30–19 Uhr, Juni bis Aug. 9–20 Uhr, im Winter 9.30–17 Uhr. (Tour 30)
- Steinsetzungen von Avebury: größter Steinkreis Großbritanniens und andere Steinsetzungen, im Umfeld Relikte zahlreicher weiterer neolithischer Bauten. Öffentlich zugänglich. (Tour 31)
- Caen Hill Locks (Devizes): Mit einer Folge von 29 aufeinanderfolgenden Schleusen überwindet der Kennet & Avon Canal 72 Höhenmeter, technisches Meisterwerk des Ingenieurs J. Rennie. Öffentlich zugänglich.

… in Dorset, Somerset, Bristol & Avon

■ Sehenswerte Städte

- Bath: Bereits in römischer Zeit als Badeort Aquae Sulis berühmt, ist Bath heute von elegantem georgianischem Ambiente geprägt und stellt das herausragendste Stadtensemble dieser Epoche in England dar (Weltkulturerbe). (Tour 34)
- Weymouth: vereint auf charmante Weise das Ambiente eines betriebsamen Fischer- und Yachthafens mit dem eines unprätentiösen Seebades und besitzt einen schönen Sandstrand.

Die »Reihenhäuser« aus dem 14. Jh. säumen den Vicars' Close in Wells.

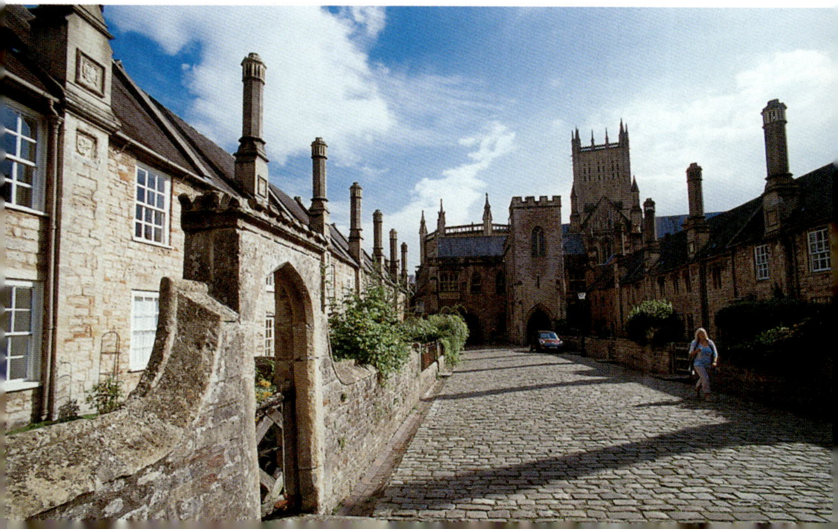

- Bristol: moderne Metropole mit allgegenwärtigen Reminiszenzen an ihre historische Rolle als bedeutende Hafenstadt mit Altstadt und »Floating Harbour« als zentralen Attraktionen.
- Ausgewählte Kleinstädte, die einen kurzen Abstecher lohnen: Wells, Sherborne, Lyme Regis.

Burgen, Herrenhäuser, Parks und Gärten

- Lacock Abbey (Lacock – NT): ehemalige Abtei im denkmalgeschützten Örtchen Lacock, als Herrensitz erweitert und umgebaut. Angegliedert ist die Fox Talbot Gallery of Photography (s. S. 38). Dorf ganzjährig zugänglich, Herrensitz Mitte Feb. bis Okt. tgl. 11–17 Uhr, im Winter Sa+So 12–16 Uhr.
- Dyrham Park (4 km NW Marshfield – NT): barockes Landschloss mit Keramiksammlung und großem Wildpark. Mitte März bis Okt. Fr–Di 11–17 Uhr, im Juli und Aug. auch Mi+Do.
- Iford Manor (3 km SW Bradforn-on-Avon): kleines Landhaus mit Garten in italienisch inspiriertem Stil am terrassierten Hang. Apr. bis Okt. Di–Do sowie Sa+So 14–17 Uhr (Garten).
- Kingston Lacy (4 km NW Wimborne Minster – NT): im italienischen Renaissancestil erbautes Herrenhaus mit Sammlung alter Meister, Antiquitäten und Orientalia, formaler Gartenanlage und Parkland. März bis Okt. Mi–So 11–17 Uhr.
- Compton Acres (Poole): Gartenanlage aus dem frühen 20. Jh. mit mehreren perfekt durchkomponierten Themengärten und exotischem Flair. Ostern bis Okt. tgl. 10–18 Uhr, im Winter 10–16 Uhr.
- Corfe Castle (Corfe – NT): pittoreske Burgruine in exponierter Lage. Apr. bis Sep. tgl. 10–18 Uhr, im Winter 10–16 Uhr.
- Athelhampton House (1 km O Puddletown): spätgotisches Herrenhaus mit Gartenanlage in französischem Stil. Mai bis Okt. So–Do, 10.30–17 Uhr.
- Abbotsbury Subtropical Gardens (Abbotsbury): Park mit Schwerpunkt auf subtropischen Gehölzen. Ganzjährig, im Sommer tgl. 10–17 Uhr, im Winter tgl. 10–16 Uhr. (Tour 42)
- Minterne Gardens (Minterne Magna): Wald- und Wasserpark mit Bächen und kleinen Seen, Rhododendren- und Azaleensammlung. März bis Ende Okt., tgl. 10–18 Uhr. (Tour 43)
- Mapperton House (3 km SO Beaminster): entzückendes Landhaus aus dem 17. Jh. mit unkonventionellem Garten. 2. Juli- bis 2. August-Woche 14–16.30 Uhr (Haus), März bis Okt. So–Fr 11–17 Uhr (Garten).
- Forde Abbey (5 km SO Chard): zum Herrenhaus umgebaute Zisterzienserabtei mit Garten- und Parkanlagen. Apr. bis Okt. Di–Fr und So 12–16 Uhr (Haus), ganzjährig tgl. 10–18 Uhr (Garten).
- Montacute House (Montacute – NT): elegantes elisabethanisches Herrenhaus mit berühmter »Long Gallery«, großer Portraitsammlung und Parkanlage. Mitte März bis Okt. tgl. außer Di 11–17 Uhr, im Winter Sa+So 12–15 Uhr.
- Tintinhull Gardens (Tintinhull – NT): kleine, aber exquisite Gartenanlage

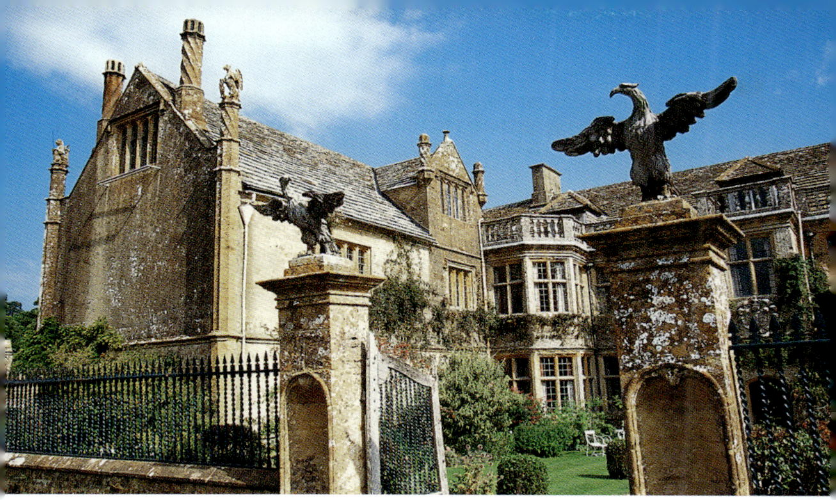

Angrenzend an Mapperton House verbirgt sich ein unkonventioneller Garten.

mit »grünen Räumen« im »Arts and Crafts«-Stil. Apr. bis Okt. Mi–So 11–17 Uhr, im Juni und Juli auch Di geöffnet.

- Barrington Court & Gardens (5 km NO Ilminster – NT): Das im 16. Jh. erbaute Haus ist von außen beeindruckend, jedoch ohne Inneneinrichtung. Attraktiv sind die ausgedehnten Gartenanlagen, die von Gertrude Jekyll gestaltet wurden. Ganzjährig tgl. 10–17 Uhr (Garten) bzw. 11–17 Uhr (Haus).
- Tyntesfield (10 km W Bristol – NT): neogotisches Landhaus mit originaler viktorianischer Inneneinrichtung sowie Garten- und Parkanlagen. Mitte März bis Okt. tgl. außer Mi 11–17 Uhr, im Winter 11–15 Uhr.
- Hestercombe Gardens (4 km N Taunton): Die nach Originalplänen rekonstruierte Garten- und Parkanlage vereint formale viktorianische und edwardianische Gartenterrassen und einen georgianischen Landschaftspark. Ganzjährig tgl. 10–18 Uhr.
- Cothay Manor (5 km NW Wellington): kleines Landhaus aus dem 15. Jh. mit originellem Garten. Apr. bis Sep. Di–Do + So 11–16.30 Uhr.
- Dunster Castle (Dunster – NT): mittelalterliche Burg in exponierter Hügellage, mehrfach erweitert und als Herrenhaus ausgebaut. Mitte März bis Okt. tgl. 11–17 Uhr.

Museen

- Fox Talbot Gallery of Photography (Lacock – NT): Biografisches zum Foto-Pionier H. Fox-Talbot, Entwicklung und Technik früher Fotografie, wechselnde Ausstellungen zeitgenössischer Fotografen. Mitte Feb. bis Okt. tgl. 10.30–17.30 Uhr, im Winter 10–16 Uhr.

- Brunel's ss Great Britain & Maritime Heritage Centre (Bristol): lange Zeit größtes Passagierdampfschiff der Welt, aufwändig restauriert und präsentiert. Ganzjährig tgl. 10–17.30 Uhr.
- Roman Baths Museum (Bath): sehenswerte Überreste der ausgedehnten römischen Badanlagen aus dem 1. Jh. n. Chr., deren Technik heute noch funktioniert. Im Sommer tgl. 9–18 Uhr, im Juli und Aug. 9–21 Uhr, im Winter 9.30–17 Uhr. (Tour 34)
- Holburne Museum (Bath): Kunstsammlung mit Schwerpunkt auf englischen Malern des 18. Jh., wechselnde Ausstellungen. Ganzjährig Mo–Sa 10–17 Uhr, So 11–17 Uhr. (Tour 34)
- Museum of Costume & Fashion (Bath): Kleidung, Mode und Accessoires im Spiegel der Jahrhunderte. Ganzjährig tgl. 10.30–17 Uhr (Kernöffnungszeiten). (Tour 34)
- Radstock Museum (Radstock): Kleines, aber feines Regionalmuseum mit den Themen Geologie, Bergbau und historisches Dorfleben. Feb. bis Nov. Di–So 14–17 Uhr, Sa ab 11 Uhr.
- Dorset County Museum (Dorchester): Regionalmuseum mit Schwerpunkt Archäologie, Geologie, Geschichte und Schriftsteller der Region, insbesondere Thomas Hardy. Apr. bis Okt. Mo–Sa 10–17 Uhr, Nov. bis März Mo–Sa 10–16 Uhr.
- Portland Museum (Portland): Museum mit den Schwerpunkten regionale Geschichte, Steinbruchtechnik und Paläontologie. Apr. bis Okt. So–Do 10.30–16.00 Uhr. (Tour 41)
- Lyme Regis Museum/Philpot Museum (Lyme Regis): Regionalmuseum mit Schwerpunkt Stadtgeschichte und Paläontologie. Ostern bis Okt. Mo–Sa 10–17 Uhr, So 11–17 Uhr, im Winter Mi–So 11–16 Uhr. (Tour 45)
- Dinosaurland Fossil Museum (Lyme Regis): auf Fossilien spezialisierte, private Sammlung. März bis Okt. tgl. 10–16 Uhr. (Tour 45)
- Somerset Rural Life Museum (Glastonbury): Ausstellung über bäuerliches Leben im viktorianischen Zeitalter. Ganzjährig Di–Sa 10–17 Uhr. (Tour 47)
- The Museum of Somerset (Taunton): Regionalmuseum mit Schwerpunkt Archäologie, Geologie, Geschichte. Ganzjährig Di–Sa 10–17 Uhr.

■ Sonstiges

- Bath Thermae Spa (Bath): eine nicht ganz billige, aber in England einmalige Angelegenheit: entspannen in Thermalwasser, über den Dächern von Bath. Ganzjährig tgl. 9–21.30 Uhr. (Tour 34)
- Swanage Steam Railway: historische Dampfeisenbahn zwischen Norden und Swanage (ca. 10 km). Zwischen Apr. und Okt. tgl. mehrere, in der Hauptsaison zahlreiche Abfahrten.
- Tout Quarry Sculpture Park (Portland): Steinskulpturen und Land-Art (u. a. von namhaften Künstlern), versteckt in einem aufgelassenen Steinbruch zum Entdecken auf eigene Faust (Vorsicht: Unebenheiten und ungesicherte Abbrüche). Öffentlich zugänglich.

- Maiden Castle (3 km SW Dorchester): eisenzeitliches Ringfort, mit 2,5 km Umfang größte Wallanlage Südenglands. Öffentlich zugänglich.
- Abbotsbury Swannery (1 km S Abbotsbury): aus mittelalterlich-klösterlicher Tradition hervorgegangene Schwanenaufzuchtstation. Apr. bis Okt. tgl. 10–17 Uhr. (Tour 42)
- Palmers Brewery (Bridport): geführte Brauereibesichtigung zw. Apr. und Okt. wochentags jeweils 11 Uhr.
- Cerne Abbas Giant (Cerne Abbas): Geoglyphe (Scharrbild) unbestimmter Herkunft, jedoch gut erkennbarer Geschlechtszugehörigkeit. Öffentlich zugänglich. (Tour 43)

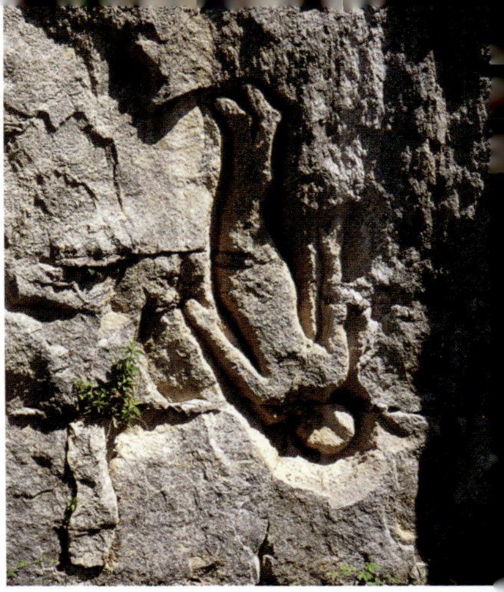

»Still Falling« von A. Gormley im Tout Quarry Sculpture Park.

- Fossilienwanderungen: In Charmouth und Lyme Regis werden von örtlichen Infozentren, Museen oder privaten Anbietern Fossilienwanderungen an der Jurassic Coast angeboten. In der Hauptsaison tgl., in der Nebensaison nur Sa–Mo. (Tour 45)
- Glastonbury Abbey (Glastonbury): ehemaliger Wallfahrtsort, Ruinen einer Benediktinerabtei, in deren Kirchhof der Sage nach König Artus begraben sein soll. März bis Mai und Sep. bis Okt. tgl. 10–18 Uhr, Juni bis Aug. tgl. 10–20 Uhr, im Winter tgl. 10–16 Uhr. (Tour 47)
- Wells Cathedral, Bishop's Palace & Vicars' Close (Wells): sehenswertes Ensemble aus Kathedrale, Kreuzgang, Vicars' Close und Bischofspalast. Kirche tgl. 7–19 Uhr, Bischofspalast im Sommer tgl. 10–18 Uhr, im Winter 10–16 Uhr.
- Cheddar Caves (NO Cheddar) und Wookey Hole (NW Wells): Tropfsteinhöhlen, mit Führung (allerdings mit viel Schnickschnack und teuer). Ganzjährig geöffnet, Kernöffnungszeiten tgl. 10.30–16 Uhr. (Tour 48)
- West Somerset Railway: historische Dampfeisenbahn zwischen Minehead und Bishops Lydeart (ca. 30 km). Zwischen Apr. und Okt. tgl. mehrere, in der Hauptsaison zahlreiche Abfahrten.
- Cleeve Abbey (3 km SW Watchet – HE): Gebäude- und Ruinenkomplex einer ehemaligen Zisterzienserabtei, von besonderer Bedeutung sind die originalen Bodenfliesen und Wandmalereien. Apr. bis Juni und Sep. bis Okt. tgl. 10–17 Uhr, im Juli und Aug. tgl. 10–18 Uhr.

Literatur

Nicht nur zu den Haupturlaubsgebieten wie Jurassic Coast, Exmoor oder South Downs findet sich in den lokalen Buchläden ein reichhaltiges Angebot an englischen Wanderführern, Büchern und Bildbänden. Der englische Buchmarkt deckt außerdem auch speziellere Themen ab, z. B. in Form von Gartenführern, Pubführern oder Krimiführern (um nur einige zu nennen).

Die deutschsprachige Reiseliteratur bietet ebenfalls einige Auswahl von »kurz« bis »umfassend«. Wer ausführliche Informationen erwartet, greift zum klassischen Baedeker »Südengland« mit seinem eher kulturellen Schwerpunkt, zum gleichnamigen Werk des Michael Müller Verlags oder zum »Reisehandbuch Südengland« von Dumont.

Nützliche Links

■ Regionale Informationen

- Englisches Fremdenverkehrsamt: www.visitbritain.com/de/DE/
- Regionale touristische Informationen Ostengland und Midlands (Auswahl): www.visitsoutheastengland.com; www.visitsouthwestengland.com
- Sonstige touristische Portale: www.enjoyengland.de, www.aboutbritain.com

Der Mythos und die Faszination von Stonehenge sind ungebrochen.

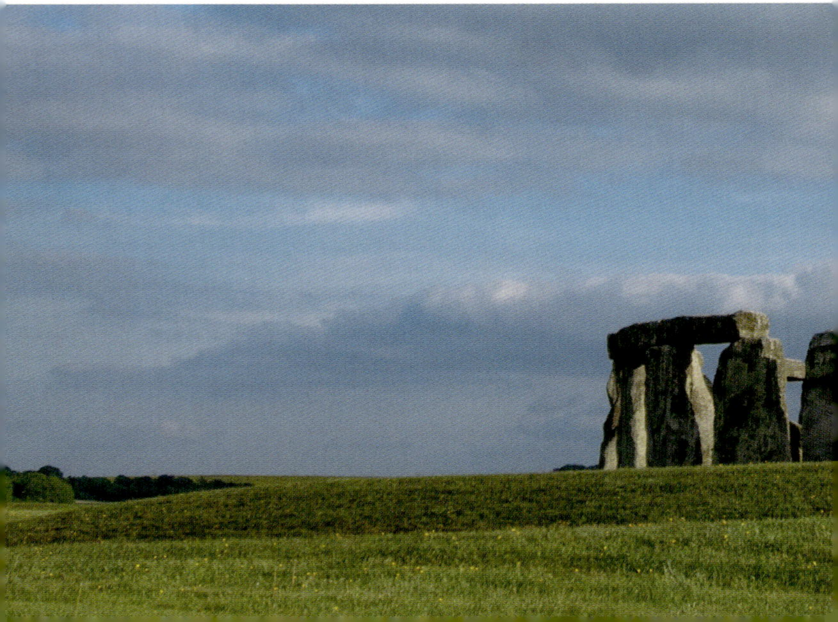

■ **Öffentlicher Nahverkehr und Reiseplanung**

- Allgemein: www.traveline.info
- Bahn: www.nationalrail.co.uk

■ **Wandern**

- National Trails: www.nationaltrail.co.uk
- Ramblers Association: www.ramblers.org.uk
- Open Access Land: www.gov.uk/right-of-way-open-access-land/overview
- Kartenbestellung analog: www.ordnancesurvey.co.uk
- Zugang zu digitalen Karten (kostenpflichtig): www.ordnancesurvey.co.uk/osmaps
- »MagicMaps«: Digitale Karten und Luftbilder mit Browsing-Tool und vielen informativen, zuschaltbaren Themen: http://magic.defra.gov.uk
- Wetter: www.metoffice.gov.uk
- Gezeitentabellen: www.tidetimes.org.uk

■ **Sonstige**

- National Trust (NT): www.nationaltrust.org.uk
- Historic England (ehem. English Heritage): www.historicengland.org.uk
- Historic Houses Association: www.hha.org.uk

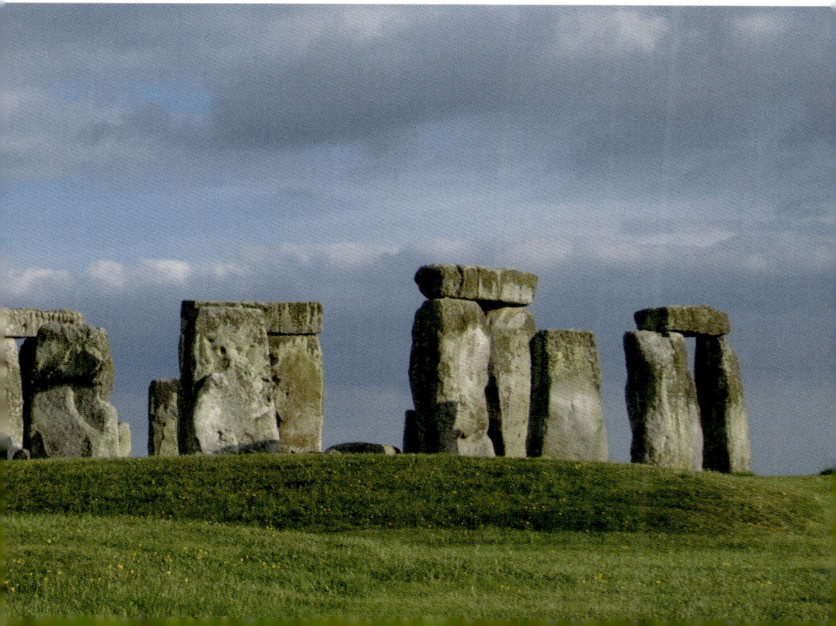

1 Cliffs of Dover

4.00 Std.

Auf Tuchfühlung mit einem nationalen Wahrzeichen

Die Cliffs of Dover sind ein englisches Wahrzeichen und gleichzeitig Symbol einer mehr oder weniger distanzierten Sicht auf »Europe« (vormals »The Continent«). Im Konkreten entfalten sich von der Steilküste v. a. wechselnde Ausblicke in die Mittel- und Nahdistanz. Auch die weniger exponierten Abschnitte haben einiges zu bieten: In Deal führt die Wanderung an einem Strand entlang, der vermutlich schon Caesars Fußspuren trug, und vorbei an Festungsbauten Heinrichs VIII. Im Westen setzt Dover Castle einen krönenden Abschluss.

Ausgangspunkt: Beach Street auf Höhe Deal Pier. Zahlreiche Parkmöglichkeiten im Umfeld.
Endpunkt: Busstopp Dover Castle. Von dort mit dem werktags halbstündlich bis stündlich, sonntags in zweistündlichem Takt verkehrenden Bus zurück nach Deal (Ausstieg: »South Street« oder »Pier«).
Höhenunterschied: 320 Hm aufwärts, 230 Hm abwärts.
Anforderungen: Erstes Drittel bis Kingsdown eben auf Teerwegen (Hartbelag insges. ca. 6 km), danach bewegtes Gelände auf schmalen Pfaden und Graswegen teilweise nahe an der Kliffkante.
Variante: Start in St. Margaret's Bay, ca. 7,5 km.
Einkehr: In Kingsdown, St. Margaret's Bay, im South Foreland Lighthouse und im White Cliffs Visitor Centre.
Karte: Landranger Series 179 Canterbury & East Kent.

Südwestlich von St. Margaret's Bay erheben sich die Cliffs of Dover.

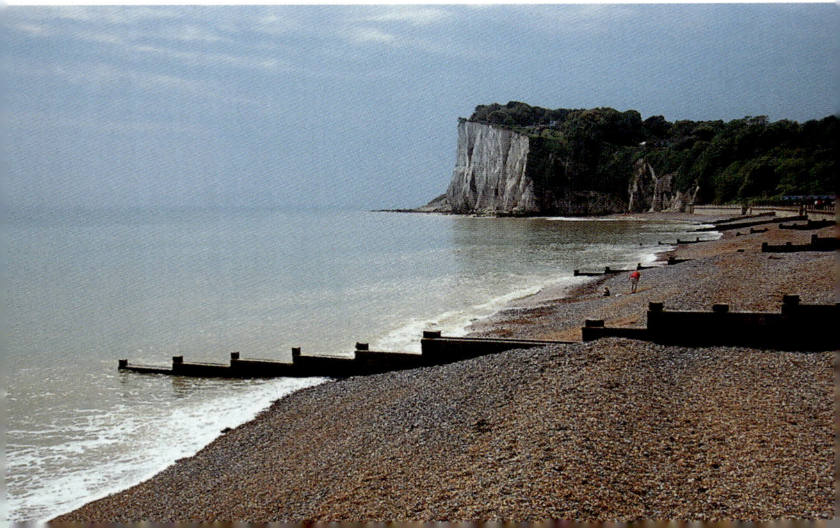

Von der Seebrücke in **Deal (1)** starten wir auf der Promenade nach Süden und werfen rechts einen Blick auf Deal Castle. Nach 2,5 km passieren wir **Walmer Castle (2)**. In Kingsdown setzt sich der Weg als unbefestigte Fahrstraße und als Fußweg fort. Hinter dem **»Zetland Arms« (3)** biegen wir rechts ab und gehen auf der Querstraße links. Wo nach 600 m ein Durchgangsverbot das weitere Fortkommen geradeaus verwehrt, ersteigen wir über Treppen rechts das Kliff auf dem **»Saxon Shore Way« (4)**. Nun geht es in leicht welligem Gelände am Kliff entlang, bis der Grasweg zum **Dover Patrol Memorial (5)** ansteigt. Dort gehen wir links durch ein Törchen und wandern schräg den Hang hinunter.

Bei einer Gabelung nehmen wir den linken Weg und erreichen über Treppen abwärts **St. Margaret's Bay (6)**. Anschließend folgen wir der Straße aufwärts und verlassen sie in einer Haarnadelkurve nach links. Sowohl bei der anschließenden Gabelung als auch bei einer Feldwegkreuzung hinter den letzten Häusern gehen wir ebenfalls links.

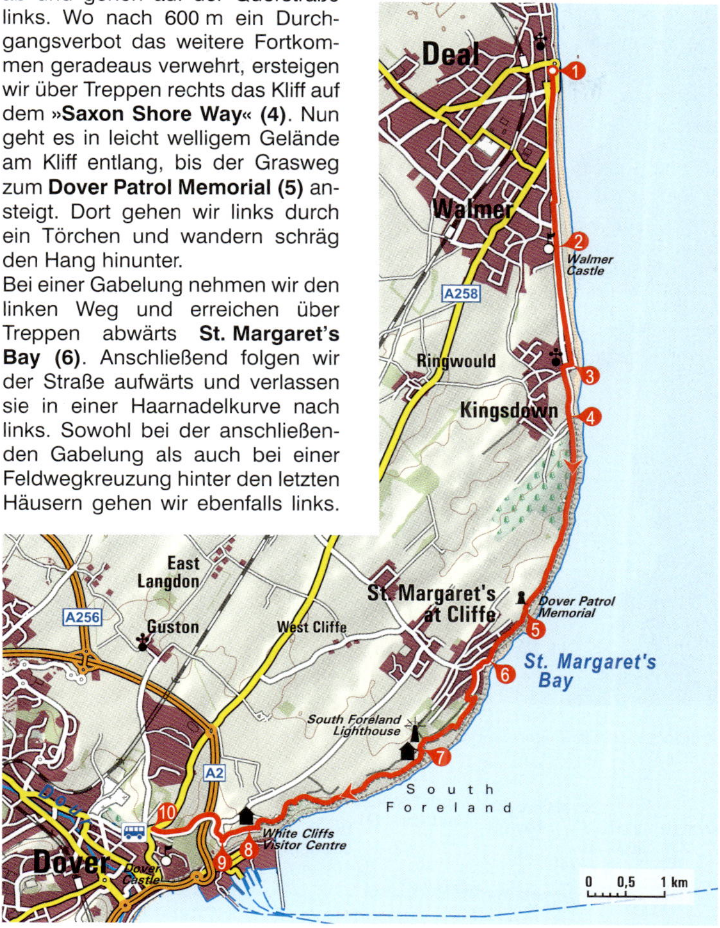

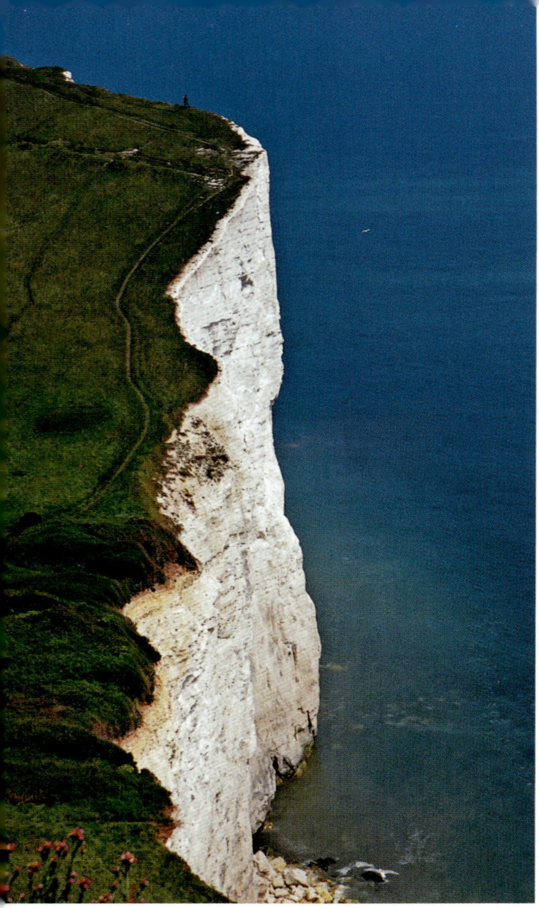

Kreidefelsen in strahlendem Weiß.

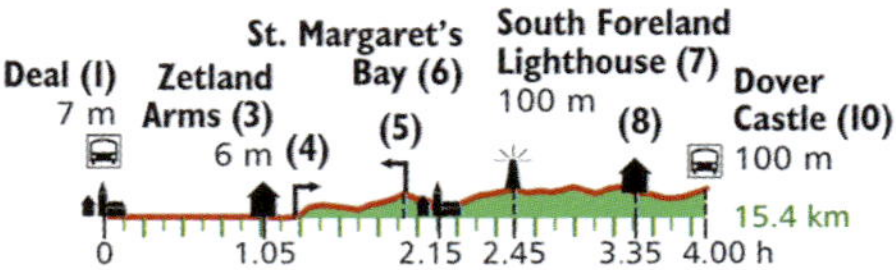

Wo der Weg nach rechts schwenkt, betreten wir geradeaus durch ein Törchen die Lighthouse Downs und wandern sie rechts entlang. Wir treffen auf einen Querweg und halten uns links. 50 m vor der nächsten Querstraße biegen wir links ab und steuern auf das **South Foreland Lighthouse (7)** zu, vor dessen Grundstück wir erneut links abzweigen. Danach führt der Weg über Wiesen an der Steilküste entlang, wobei wir einer Senke rechts ausweichen. Auf einer Anhöhe wenden wir uns halb links und umgehen anschließend auch eine weitere Geländemulde rechts. Eine Steilstufe wird mit Treppen überwunden. Wir passieren das **White Cliffs Visitor Centre (8)** und erreichen eine Straße, wo wir uns für den abwärts führenden Teil der Haarnadelkurve entscheiden **(9)**. Wir passieren das **Bleriot Memorial**, treffen nach 1,5 km auf die Hauptstraße und finden direkt gegenüber die Bushaltestelle **Dover Castle (10)**.

1.50 Std.

Stodmarsh 2

Eines der bedeutendsten Vogelschutzgebiete im Südosten Englands

Entlang des River Stour formen Seen und Tümpel, Gräben, Schilfflächen, Nasswiesen und Sumpfwälder ein bedeutendes Vogelschutzgebiet. Das ganze Jahr über herrscht avifaunistischer Betrieb, sei es durch Überwinterungsgäste in der kalten Jahreszeit, Durchzügler in den Frühjahrs- und Herbstmonaten oder Brutvögel im Sommer. Während es eher unwahrscheinlich ist, dass man den tierischen »VIP« des Gebiets, die Rohrdommel, zu Gesicht bekommt, sind Eisvogel, Rohrweihe und Baumfalke sowie zahlreiche Röhrichtbrüter und Wasservögel regelmäßig zu beobachten. Dazu quaken Frösche und schwirren Libellen. Auf dem Damm entlang des River Stour, auf ausgewiesenen Wegen und von einigen Beobachtungshütten (»Hides«) aus lässt sich dieses Areal ausgiebig erkunden und ist nicht nur für Vogelfreunde ein lohnendes Ziel.

Ausgangspunkt: Parkplatz Stodmarsh Nature Reserve. In der Dorfmitte von Stodmarsh (bei Anfahrt von Canterbury: hinter dem Red Lion Inn) links abbiegen und bis zum Parkplatz fahren.
Höhenunterschied: 30 Hm.
Anforderungen: Einfache Wanderung ohne Höhenunterschiede auf angelegten Wegen, Graswegen und auf dem Damm des River Stour. Ggf. an Mückenmittel denken. Nicht durchführbar bei Hochwasser.
Einkehr: Grove Ferry Inn in Grove Ferry.
Karte: Landranger Series 179 Canterbury & East Kent.

Tümpel und Sumpfwald bestimmen den südlichen Teil des Schutzgebiets.

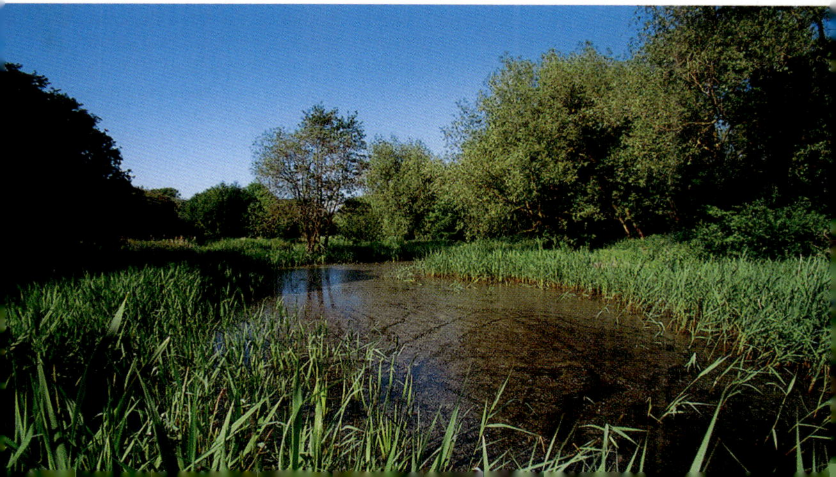

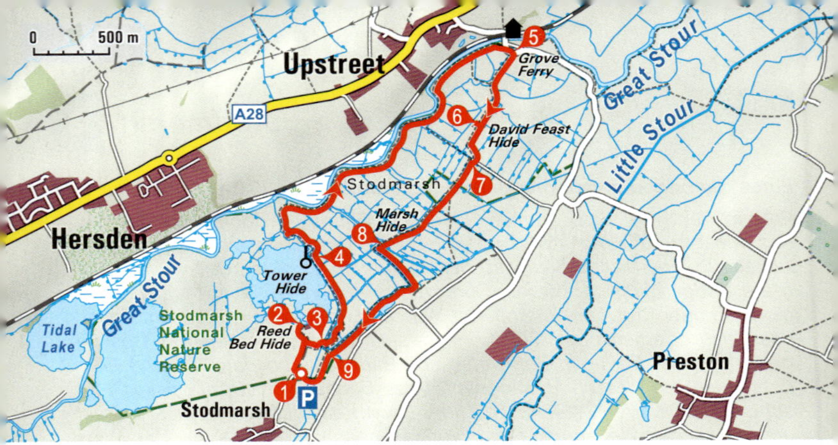

Wir verlassen den Parkplatz am **Stodmarsh Nature Reserve (1)** links hinter den Holzhütten und betreten unmittelbar danach rechts einen Waldweg. Bei einer Verzweigung machen wir zunächst geradeaus einen Abstecher zum **Reed Bed Hide (2)**, bevor wir unseren Weg nach Südosten in Richtung »Tower Hide« fortsetzen. Bei der nächsten Abzweigung gehen wir rechts und nehmen die folgende Abzweigung links **(3)**, wo uns alsbald ein Bohlenweg durchs Schilf schleust. Anschließend erreichen wir einen Erddamm und wandern darauf rechts und um einen See herum, bis wir an dessen Nordufer auf den Aussichtsturm **Tower Hide (4)** treffen. Der Weg schlängelt sich dann an Weidengebüschen und Tümpeln entlang. Anschließend begleiten wir den River Stour auf dessen Damm bis Grove Ferry. Auf der Straße in **Grove Ferry (5)** halten wir uns rechts und biegen nach 50 m rechts auf einen Feldweg ab. Hinter einem Linksschwenk laufen wir unmittelbar rechts am Fuß einer Anschüttung entlang und an einem Vogelbeobachtungshäuschen vorbei nach Südwesten. Ein kurzer Abstecher nach rechts bringt uns zum **David Feast Hide (6)**. Bald danach treffen wir auf einen Querweg, hinter dem wir nach rechts versetzt die Fortführung unseres Weges entdecken **(7)**. Sowohl über einen Steg als auch bei der anschließenden Verzweigung geht es geradeaus. 50 m nach dem **Marsh Hide (8)** biegt der Weg scharf links ab, bevor er nach einigen 100 m wieder die Richtung nach Südwesten aufnimmt. Bald finden wir uns in einem Sumpfwald wieder und biegen darin über einen Steg links ab **(9)**. Auf einem angelegten Weg kehren wir wieder zum **Parkplatz (1)** zurück.

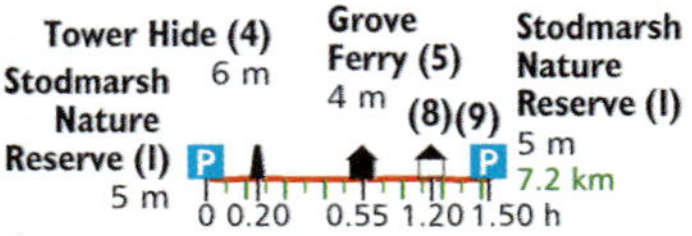

Schilfgesäumte Gräben durchziehen das Vogelschutzgebiet Stodmarsh.

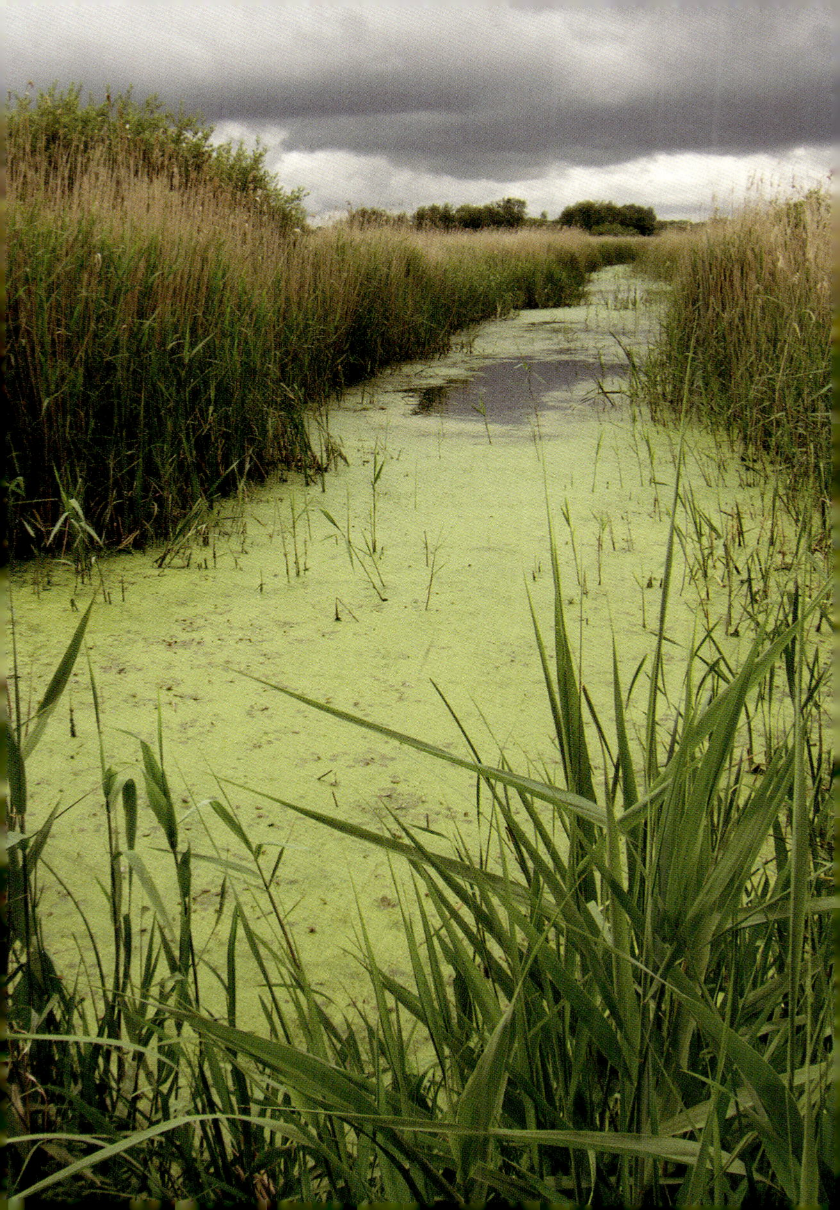

3 Crundale und Wye Down

2.45 Std.

Abwechslungsreiche Wanderung in den östlichen North Downs

Die östlichen Ausläufer der North Downs nahe des historischen Marktstädtchens Wye bieten einen spannenden Kontrast zwischen kleinräumig gegliederten Tälern und weiten Ausblicken von der Hangkante. Am Südwestrand der Downs finden sich orchideenreiche Magerrasen, im Hinterland Äcker, Weiden und Gehölzbestände mit blütenbunten Säumen.

Ausgangspunkt: Parkplatz am Crundale Nature Reserve. Von Wye in Richtung Hastingleigh fahren und nach 3 km, auf der Anhöhe, links auf den Parkplatz fahren.
Höhenunterschied: 200 Hm.
Anforderungen: Überwiegend einfache Wanderung auf Feld-, Wiesen- und Waldwegen, streckenweise auf undeutlicher Wegspur über Wiesen, punktuell matschig, kurzzeitig Teersträßchen (ca. 1,2 km). Zwei Zauntritte.
Einkehr: Keine.
Karte: Explorer Series 137 Ashford; Landranger Series 179 Canterbury & East Kent; Landranger Series 189 Ashford & Romney.

Abendlicht verzaubert den Blick über Devil's Kneading Trough.

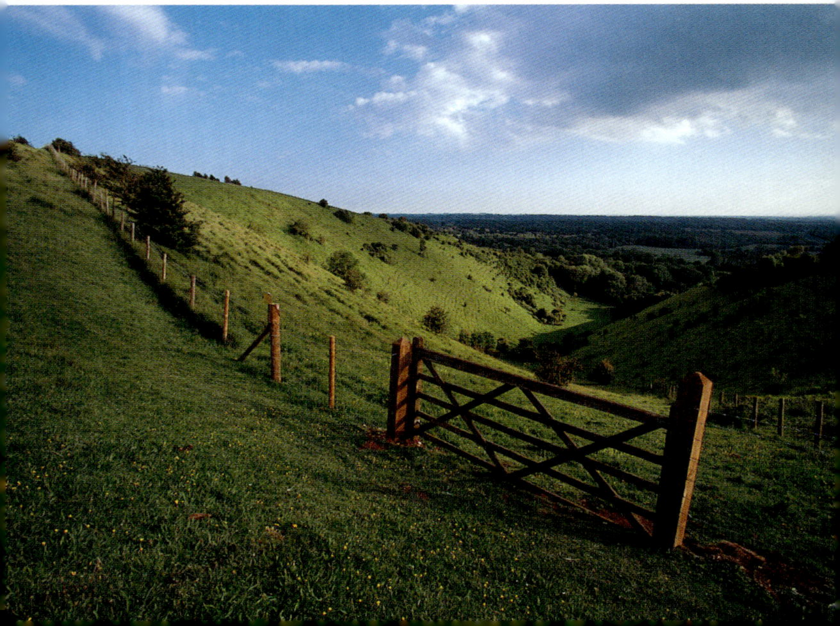

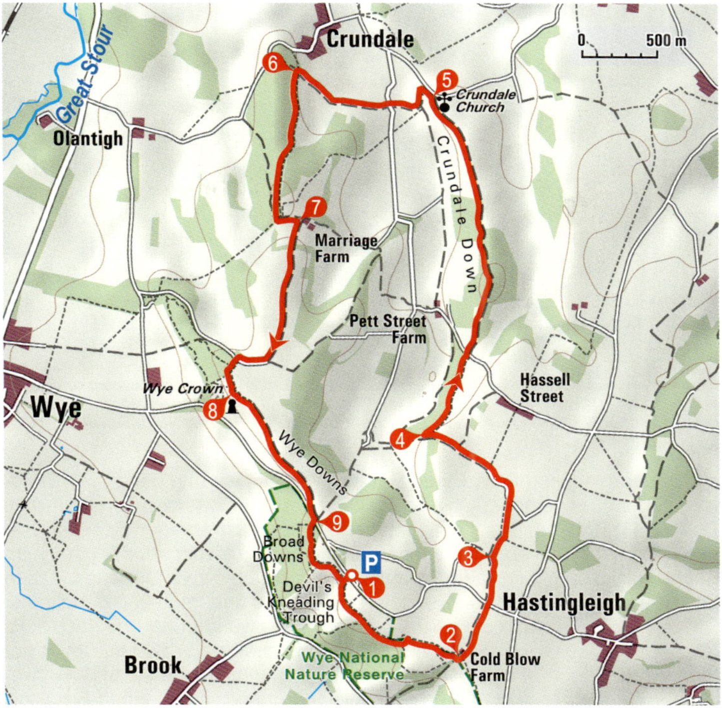

Ausgehend vom Parkplatz am **Crundale Nature Reserve (1)** betreten wir die Wye Downs durch das Törchen auf der gegenüberliegenden Straßenseite, gehen geradeaus bis zur Hangkante oberhalb des Devil's Kneading Trough (Trockental) und halten uns dort links. Auf schmalen, teilweise undeutlichen Wegspuren erreichen wir die **Cold Blow Farm (2)**, biegen auf dem Hof links ab und folgen der Zufahrt. Die Hauptstraße überqueren wir geradeaus und entscheiden uns bei einer Dreifach-Verzweigung **(3)** für die rechte Fahrspur. Nach 150 m verlassen wir den Feldweg und queren den Acker halb links. Auf dem anschließenden Teerweg gehen wir ebenfalls links. Hinter dem nächsten Hof wird daraus ein Feldweg, auf dem wir über eine Erhebung wandern (und eine Abzweigung rechts unbeachtet lassen). Im Abstieg entdecken wir ein paar Meter hinter einem breiten Tor rechts einen Zauntritt **(4)**. Er ist der Einstieg zu einem Pfad, der zunächst durch ein Gehölz und dann undeutlich

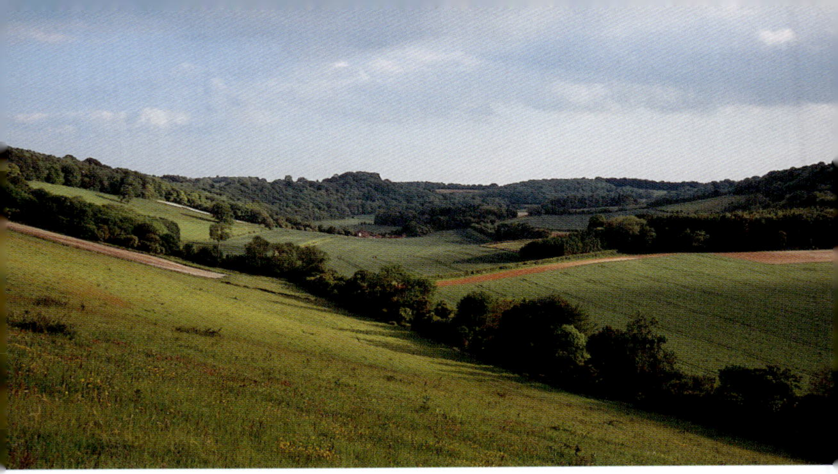

Kleine Tälchen – hier das Crundale – gliedern den Höhenzug der North Downs.

rechts daran entlang führt. Einen Feldweg kreuzen wir und gehen den Waldweg gegenüber geradeaus hinauf. Nach knapp 2 km erreichen wir **Crundale Church (5)** und gehen auf der Teerstraße links. Nach wenigen Schritten biegen wir erneut links ab und vertrauen uns einem Feldweg an, der mit einem Rechtsknick zügig zum Talgrund abfällt. Wir passieren zwei Gebäude, halten uns bei der anschließenden Kreuzung geradeaus und nach 250 m bei einer Gabelung rechts. Nach ein paar Metern im Wald wenden wir uns nach links **(6)**. Mit dem Waldrand rechts von uns wandern wir nach Süden, bevor der Pfad in das Gehölz eintaucht und kurzzeitig kräftig nach oben führt. Anschließend schlängelt er sich eben durchs Gelände und trifft auf einen Feldweg. Dort links. Vor der **Marriage Farm (7)** steigen wir rechts über einen Zauntritt und marschieren auf der Hofzufahrt bis zur Straße. Ihr folgen wir kurz rechts, bevor wir links auf den North Downs Way abbiegen.

An der Hangkante gehen wir erneut links und entdecken zu unseren Füßen das (moderne) Scharrbild **Wye Crown (8)**. Nach gut 1 km halten wir uns auf einem Teerweg kurz rechts, kreuzen die Hauptstraße und setzen unseren Weg hinter dem gegenüber liegenden Törchen links fort **(9)**. Nach ein paar Metern erreichen wir Offenland, steuern die Hangkante an und erreichen bald wieder bekanntes Gelände, wo wir halb links zurück zum Parkplatz am **Crundale Nature Reserve (1)** gelangen.

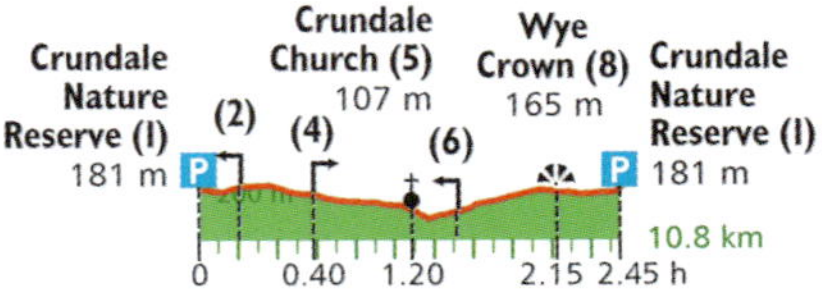

4.15 Std.

Unterwegs im High Weald 4

Auf versteckten Pfaden zu Oasts und einem Gartenhighlight

Über sanfte Hügel, durch Wald, über Weiden, Wiesen und Äcker geht es durch das Herz von Kent, den High Weald (»High« ist er nur im Vergleich zum »Low« Weald). Die Wanderung wird durch zahlreiche der für Kent typischen Oasts (kegelförmige Bauten, die der Hopfendarre dienten) akzentuiert, die der Tour ein unverwechselbares Flair geben. Ein Höhepunkt ist zudem Sissinghurst Castle, das für Gartenliebhaber einen unwiderstehlichen Anziehungspunkt darstellt.

Ausgangspunkt: Parkstreifen an der A 262 am östlichen Ortsrand von Sissinghurst.
Höhenunterschied: 250 Hm.
Anforderungen: Wanderung auf schmalen Pfaden oder ohne Wegspur über Weiden und Äcker, einige Strecken auf Hartbelag (ca. 4,8 km). Zahlreiche Zauntritte, abschnittsweise matschig. Guter Orientierungssinn und Pfadfindergeist sind erforderlich. Nicht durchführbar bei Hochwasser.

Variante: Von Sissinghurst nach Knox Bridge den Bus nehmen und den östlichen, etwas einfacheren Tourteil (ab WP 5) als Streckenwanderung gehen (ca. 9,7 km).
Einkehr: Knox Bridge Café in Knox Bridge, Bell & Jorrocks in Frittenden, Café und Restaurant am Sissinghurst Castle.
Karte: Explorer Series 136 High Weald (westlicher Tourteil) und 137 Ashford (östlicher Tourteil); Landranger Series 188 Maidstone & Royal Tunbridge.

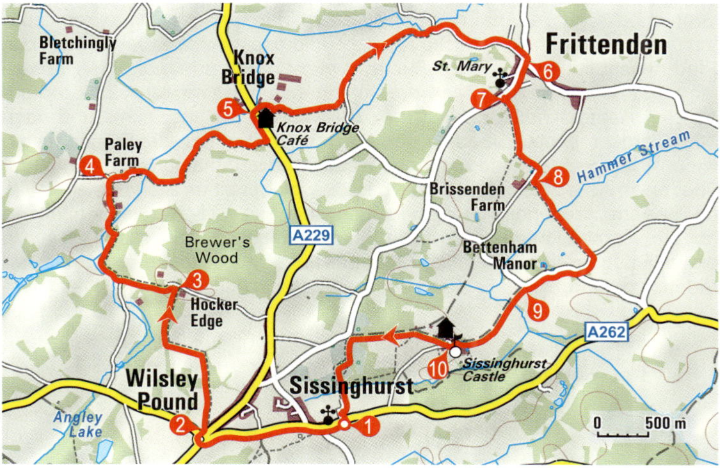

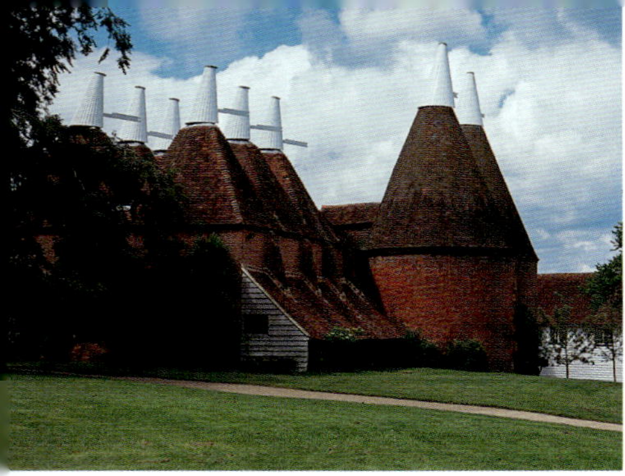

Traditionelle Oasts am Sissinghurst Castle.

Vom Ausgangspunkt in **Sissinghurst (1)** gehen wir auf der Hauptstraße nach Westen bis **Wilsley Pound (2)**, wo wir vom Kreisverkehr der A 229 wenige Meter nach rechts folgen, bevor wir links (»Footpath«) abbiegen. Hinter dem Ortsrand geht es an einem Rain entlang, bei einer Gabelung am Waldrand halb rechts und anschließend über eine Weide hinunter zum Bach. Direkt dahinter finden wir links einen recht matschigen und überwachsenen Pfad. Im Wald entdecken wir einen schmalen Weg rechts bergauf. Auf der Anhöhe wenden wir uns auf einem Waldweg kurz rechts, bevor wir am **Hocker Edge (3)** über einen Zauntritt nach links gehen. Bei einer undeutlichen Verzweigung am westlichen Waldrand laufen wir halb links abwärts, durchqueren am Unterhang ein Waldstück und erreichen eine Fahrspur, auf der wir uns rechts halten. Nach 1 km erreichen wir eine T-Kreuzung (»Paley Farm«) und biegen rechts ab **(4)**. Hinter dem Mill House endet der Feldweg, wir aber treten zwischen den letzten Schuppen rechts durch ein Tor. Dahinter orientieren wir uns links an der Grundstücksgrenze. Am Ende der Wiese steigen wir links über einen Zauntritt und wandern mit der Hecke rechter Hand nach Norden. Der undeutliche Pfad beschreibt einen weiten Rechtsbogen und mündet auf eine Hauszufahrt und dann auf einen Teerweg. Auf ihm gelangen wir zur A 229 und gehen links. Am **»Knox Bridge Café« (5)** wenden wir uns rechts und nach 100 m erneut rechts. Zwischen den Häusern am Ende dieser Zufahrt halten wir uns halb rechts, klettern über einen Zauntritt und marschieren dann quer über einen Acker. Dahinter geht es geradeaus über einen Steg und eine Weide. Das anschließende Privatgrundstück umgehen wir links und biegen links auf ein Teersträßchen ab. Dieses mutiert zu einem Feldweg und dieser in einem Feldgehölz zu einem Pfad, der uns auf einen Acker entlässt. Jetzt geradeaus quer über das Feld! An dessen Ende kurz links, bevor wir nach we-

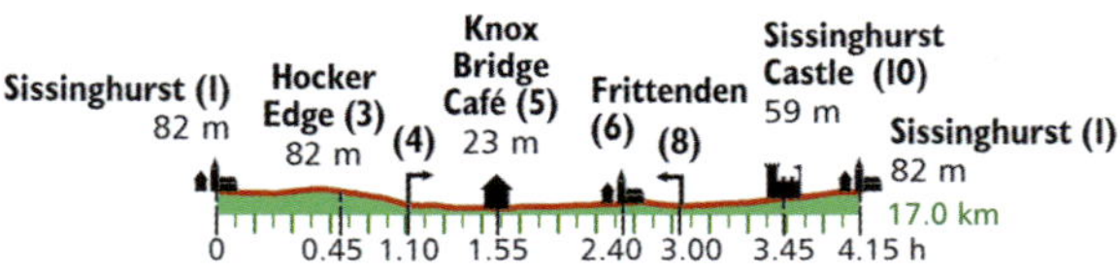

nigen Metern halb rechts auf einen Wiesenweg kommen. Dem anschließenden Sträßchen folgen wir in östlicher Richtung nach **Frittenden (6)** und setzen an der Hauptkreuzung unseren Weg nach rechts fort. 100 m hinter der Kirche halten wir Ausschau nach einem Wegweiser links **(7)**. Wir überqueren Weiden und Äcker und biegen bei einer Gabelung an einem Strommast halb links ab. Auf der Straße rechts. Nach 150 m, bei der **Brissenden Farm (8)**, wenden wir uns auf einem Betonweg links. Hinter dem Schuppen bleiben wir nicht auf dem Feldweg, sondern queren halb rechts einen Acker. Nun lautet die Devise: geradeaus! Nämlich über Äcker, Weiden, Zauntritte und durch eine Baumhecke bis zur nächsten Straße. Dort rechts. Bei der nächsten Straßengabelung ebenfalls rechts. Nach 500 m finden wir einen Wegweiser nach links **(9)**: Auf einer Fahrspur gelangen wir zum **Sissinghurst Castle (10)**. Wir laufen zwischen den Gebäuden hindurch, über einen Parkplatz (gelbe Pfeile), steuern dahinter rechts den Waldrand an und gehen an ihm entlang. Bevor der Weg auf ein Teersträßchen trifft, biegen wir links ab und wandern durch eine Obstplantage hangabwärts. Von einer Kreuzung in dieser Plantage aus peilen wir einen Durchschlupf rechts in der Hecke an. Dahinter orientieren wir uns links, passieren im Talgrund einen Steg, gewinnen alsbald auf einem Wiesenpfad und einem Teerweg wieder an Höhe und erreichen die A 262 auf Höhe des Parkstreifens in **Sissinghurst (1)**.

Entlang eines Wiesenwegs schweift der Blick zu Sissinghurst Castle.

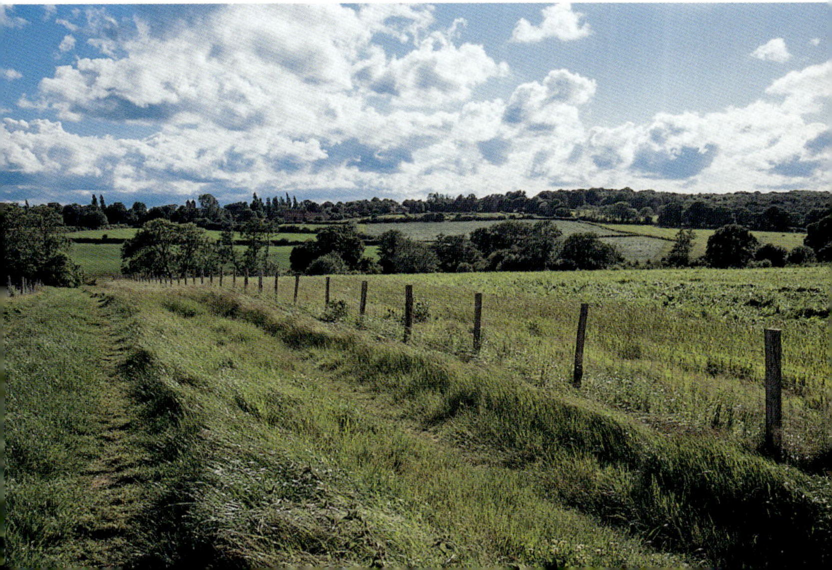

5

Winchelsea Beach und Rye Harbour Nature Reserve

2.15 Std.

Ein Naturparadies vor den Toren von Rye

Nicht nur für Steinesucher, Muschelsammler und Vogelfreunde ist Winchelsea Beach ein idealer Tummelplatz. Auch wer sich für außergewöhnliche Landschaftsformen interessiert (Strandwälle), für eine artenreiche Flora und unterschiedliche Biotoptypen begeistern kann (u. a. Spülsäume, Nasswiesen und Magerrasen) und die ein oder andere Ruine am Wegesrand erkunden möchte (Camber Castle, Martello Tower), kommt auf diesem einfachen Spaziergang auf seine Kosten.

Ausgangspunkt: Parkplatz in Rye Harbour am Ende der öffentlichen Straße.
Höhenunterschied: 20 Hm.
Anforderungen: Einfacher Spaziergang am Strand (optimal bei Niedrigwasser), auf Graswegen, Trampelpfaden und auf Straßen (ca. 1,8 km); ein Zauntritt. Am Strand Gezeiten beachten. Bei Sturmflut nicht begehbar.

Hinweis: Aufgrund starker Strömungen ist der Strand nicht zum Baden geeignet.
Einkehr: Keine.
Tipp: Das nahe gelegene Rye – mit historischer Bedeutung als einer der »Cinque Ports« – ist ein bezauberndes kleines Städtchen und lohnt einen Besuch.
Karte: Landranger Series 189 Ashford & Romney.

Vom Parkplatz in **Rye Harbour (1)** folgen wir dem mit »Rye Harbour Nature Reserve« bezeichneten Teerweg – vorbei an einem kleinen Infozentrum – am River Rother nach Südosten. Da geradeaus der Zugang zum Strand versperrt ist (»keep out!«), schlagen wir einen Bogen und erreichen den Strand,

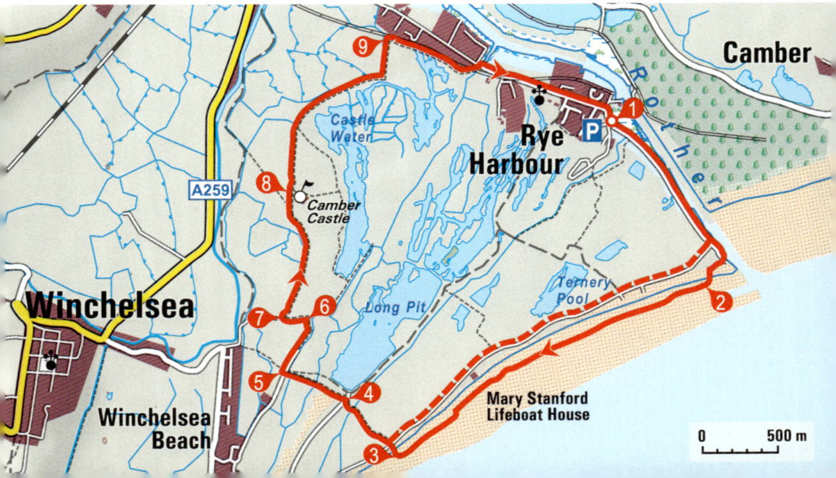

indem wir am abgesperrten Areal rechts entlang gehen **(2)**. Am Strand (alternativ bei Hochwasser: auf dem Teerweg) flanieren wir nach Südwesten. Ein Gebäude am Ufer, das Mary Stanford Lifeboat House, dient uns als Orientierungspunkt, denn etwa 700 m dahinter (bzw. nach 12 der großen Buhnen), erklimmen wir den **Strandwall (3)** und finden dort eine Lücke in der Gabionenmauer. Wir nehmen den gegenüber liegenden Pfad landeinwärts und ignorieren Abzweigungen. Wir erreichen eine Wegkreuzung **(4)** und entscheiden uns für die linke der geradeaus weiterführenden Wegspuren, die quer über ein Kieselfeld führt. Bald hinter einem Steg zweigt rechts ein Feldweg nach Nordosten ab **(5)**. Wir übersteigen geradeaus einen Zauntritt, setzen den Weg zwischen Hecken fort und überqueren den Vorplatz eines kleinen Gehöfts. Dann folgen wir nicht dem Feldweg nach links, sondern wandern mit einer Hecke auf der rechten Seite geradeaus über Wiesen. Hinter einem Törchen biegen wir auf den querenden Feldweg links ab **(6)** und schwenken nach 200 m – vor einem Hofgrundstück – rechts auf eine Wegspur **(7)**. Mit Camber Castle in Sichtweite laufen wir über den welligen Untergrund alter Strandwälle, steuern nach einem Zaundurchlass rechts die Ruine von **Camber Castle (8)** an und erreichen deren Zugang. Mit diesem Tor genau im Rücken gehen wir 40 m geradeaus, bevor wir halb rechts auf einen Grasweg nach Norden abbiegen. An einem Törchen schwenkt der Weg etwas nach rechts und kurvt um das Nordende des Castle Water herum. Schließlich knickt der Pfad scharf links ab. An einer Baumreihe orientieren wir uns rechts **(9)**. Nach etwa 500 m halten wir uns bei einer Gabelung links, worauf der Pfad bald auf die Straße mündet, auf der wir rechts zurück zum Parkplatz in **Rye Harbour (1)** gelangen.

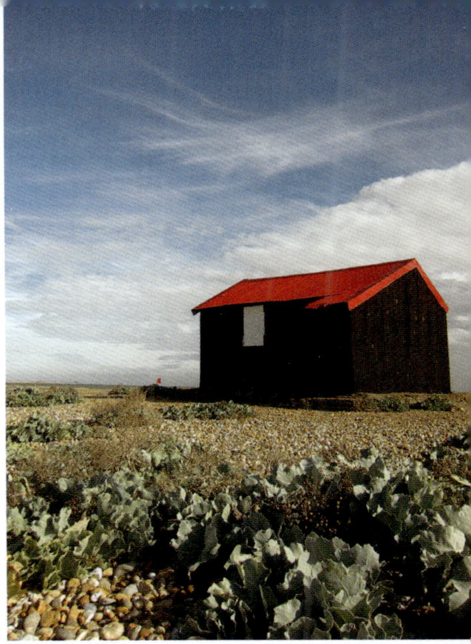

Hütte am Ufer des River Rother.

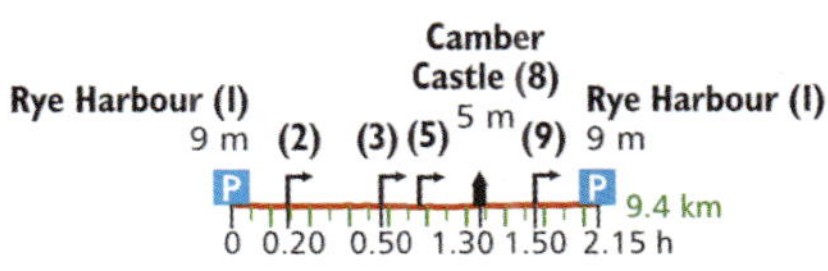

6 Steilküste zwischen Fairlight und Hastings

3.30 Std.

Durch bewaldete Küstenlandschaft nach Hastings

Die Steilküste östlich von Hastings ist durch tiefe Einschnitte gegliedert und teilweise bewaldet, sodass sich diese Wanderung durch stark kupiertes und abwechslungsreiches Gelände auszeichnet. Von der Oberkante des Kliffs schweift der Blick über die Küste, auf den Hängen finden sich Eichenwälder mit bizarren Baumgestalten und in den farnreichen Einschnitten murmeln kleine Bäche dem Meer entgegen. In Hastings sind der Strand The Stade mit seinen bunten Fischerbooten (da kein Hafen existiert, müssen sie auf den Strand gezogen werden) und die hochragenden schwarzen Net Shops (Netzschuppen), in denen die Netze verstaut wurden, lohnende Ziele. Auch die Old Town ist einen Besuch wert.

Ausgangspunkt: Parkplatz Hastings Country Park (kostenpflichtig). In Hastings von der A 259 in Richtung Fairlight (Fairlight Rd.) abbiegen. Nach 2,5 km rechts zum Parkplatz fahren.
Höhenunterschied: 450 Hm.
Anforderungen: Meist Wald- und Trampelpfade (bei Nässe schmierig), daneben Gras- und Teerwege, in Hastings Straßen. Zahlreiche, z. T. steile An- und Abstiege, häufig über unregelmäßige Treppenstufen.
Variante: Ohne Abstieg nach Hastings ca. 9,2 km.
Einkehr: Zahlreiche Möglichkeiten in Hastings.
Karte: Landranger Series 199 Eastbourne & Hastings.

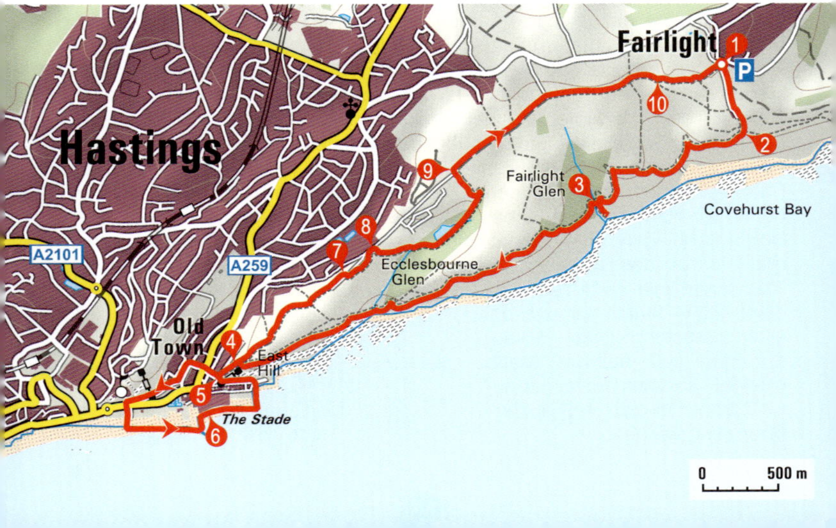

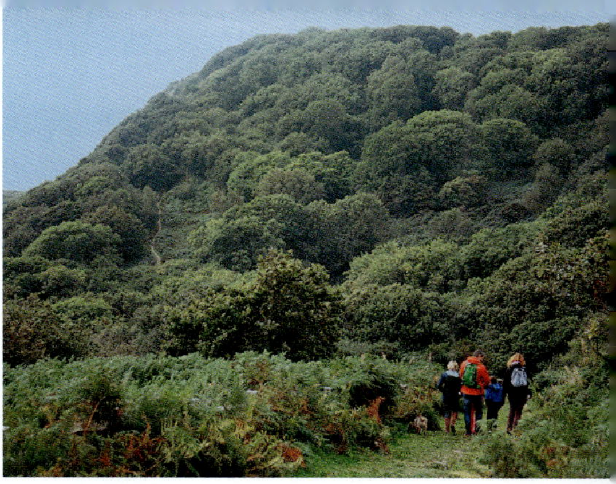

Bewaldete Hügel und tiefe Einschnitte kennzeichnen den Hastings Country Park.

Auf dem Teerweg gelangen wir vom Parkplatz **Hastings Country Park (1)** abwärts zur Radarstation, gehen links am Grundstück entlang und biegen dahinter halb rechts auf den bergab führenden Trampelpfad ab **(2)**. Bei einer Verzweigung steigen wir links die Treppe hinab. In der Senke wie auch beim folgenden Anstieg orientieren wir uns geradeaus. Kaum haben wir über Treppenstufen die Höhe erreicht, tauchen wir auf der anderen Seite schon wieder hinunter und steigen auf halber Höhe links ab. Im **Fairlight Glen (3)** können wir links einen steilen Abstecher zum Meeresufer machen (aufgrund von Erosion u. U. nicht durchführbar, bitte Begehbarkeit sorgfältig prüfen). Anschließend erklimmen wir durch dichten Eichenwald den Hang. Auf der Anhöhe halten wir uns bei den anschließenden Verzweigungen links bzw. halb links und bleiben somit dicht an der Hangkante. Mit zunächst schwacher Neigung, schließlich aber steil über Treppenstufen steigen wir in das Ecclesbourne Glen ab und auf der anderen Seite geradeaus wieder hinauf. An der Oberkante orientieren wir uns links am Gehölzrand und erreichen nach kurzem **East Hill (4)**. Über eine Treppe gelangen wir hinunter nach **Hastings (5)**, gehen vom Treppenfuß abwärts durch die Crown Lane, überqueren die Hauptstraße und setzen unseren Weg geradeaus in der Courthouse Street fort. Auf die High Street biegen wir links und auf die George Street rechts ab. An deren Ende überqueren wir halb links die Marine Parade und schlendern hinunter zum Strand. Dort links. Wir passieren **The Stade (6)** mit seinen Fischerbooten und gehen am östlichen Ende des Strands landeinwärts bis zur Rock-A-Nore Road. Dort wenden wir uns nach links, kommen am East Hill Lift (den wir nutzen können) vorbei und entdecken gleich hinter dem Gasthaus »The Dolphin« rechts ein schmales Gässchen. Es bringt uns zu den

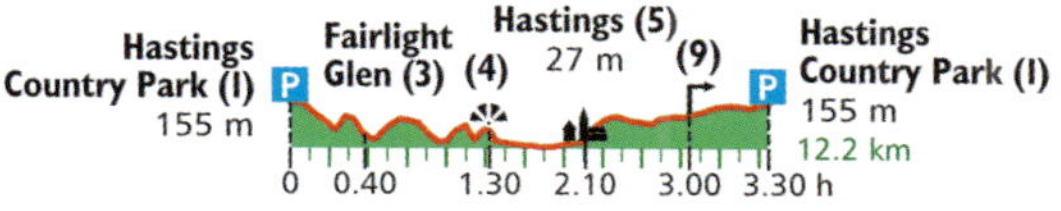

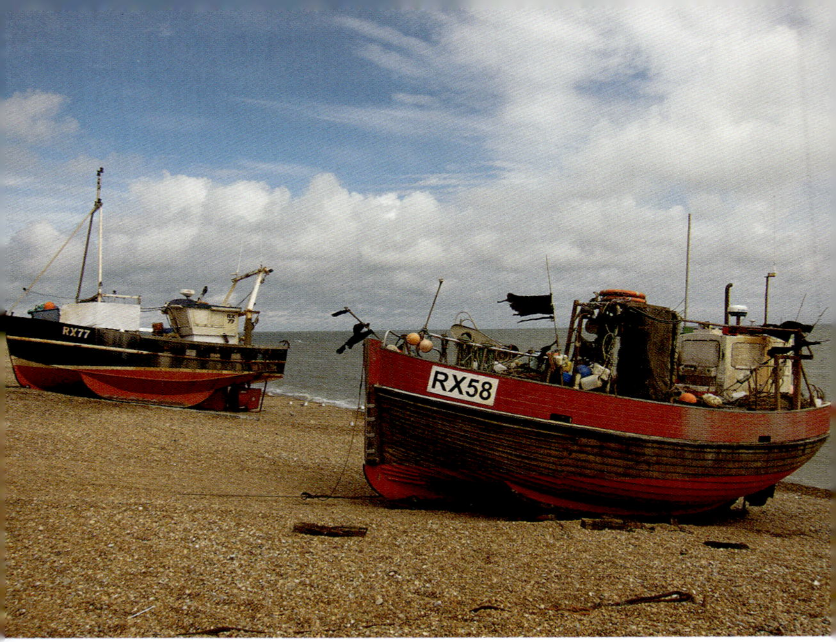

Am Strand »The Stade« warten Fischerboote auf ihren nächsten Einsatz.

Tamarisk Steps, die wir rechts hinaufsteigen. Hinter der Hausecke links erreichen wir wieder den Fuß der schon bekannten Treppe. Dort hinauf. Oben angelangt wenden wir uns an der Bergstation des East Hill Lifts links und folgen nun der nördlichen Hangkante. Wir erliegen nicht der Versuchung, links ein Backsteinhaus anzusteuern, sondern erreichen mit weiterem Höhengewinn einen Waldrand und wandern rechts an ihm entlang bis zu einem links abzweigenden Feldweg. 100 m hinter einem Campingplatz treten wir rechts durch ein Kissing Gate **(7)** und wenden uns sofort nach links. Bei der nächsten Kreuzung rechts **(8)**.

Wir passieren zwei weitere Kreuzungen (eine am Oberhang, eine in der Senke) geradeaus. Hinter dem Ecclesbourne Reservoir halten wir uns links, wo dann der Weg den Hang hinaufkurvt. Er mündet auf ein Teersträßchen, auf das wir rechts abbiegen **(9)**. Wo es hangaufwärts abknickt, geht unser Pfad geradeaus weiter. Nach zwei dicht aufeinander folgenden Kissing Gates gehen wir ein paar Schritte halb rechts, bevor wir uns beim Schild »P« links orientieren **(10)** und nach einem weiteren Linksknick hinter dem Steinbruch wieder zurück zum **Parkplatz (1)** kommen.

5.45 Std.

Seven Sisters und Beachy Head

7 TOP

An der grandiosen Schnittstelle zwischen den South Downs und dem Meer

Nicht umsonst gilt der Bereich zwischen Seaford und Eastbourne als schönster Küstenabschnitt von Sussex und die Strecke als eine von Englands lohnendsten Tageswanderungen: Die Seven Sisters und Beachy Head formen mit ihren blendendweißen Felsen eine Steilküste wie aus dem Bilderbuch. Im Zusammenspiel mit den wechselnden Lichtverhältnissen und den changierenden Farben des Meeres bieten sich immer neue, atemberaubende Anblicke. Am Ende der Tour setzt das Seebad Eastbourne mit viktorianischer Eleganz und mediterranem Flair einen stilvollen Schlusspunkt.

Ausgangspunkt: Parkstreifen an der Esplanade von Seaford auf Höhe des Martello Tower (Seaford Museum).
Endpunkt: Bushaltestelle am Eastbourne Pier. Von dort Bus in Richtung Brighton über Seaford (Ausstieg: »Seaford Library«) nehmen. Busse werktags viertelstündlich, an Sonntagen halbstündlich.
Höhenunterschied: 580 Hm aufwärts und abwärts.
Anforderungen: Wanderung auf Wiesenwegen mit zahlreichen steilen An- und Abstiegen. In Eastbourne Hartbelag (ca. 3,5 km). Auch für nicht-schwindelfreie Personen geeignet, da die Möglichkeit besteht, die unmittelbare Kliffkante zu meiden. Beim Erkunden von Strand und Buchten Gezeiten beachten!
Variante: Auch kürzere Etappen sind möglich. Geeignete Aus- und Einstiegsmöglichkeiten (von West nach Ost) sind: Exceat, Birling Gap.
Einkehr: Golden Galleon an der Brücke über den River Cuckmere, Café im Seven Sisters Visitor Centre in Exceat, Birling Gap Café, Beachy Head Hotel und zahlreiche Möglichkeiten in Eastbourne.
Karte: Landranger Series 199 Eastbourne & Hastings.

Jenseits des Cuckmere Haven erheben sich die Seven Sisters.

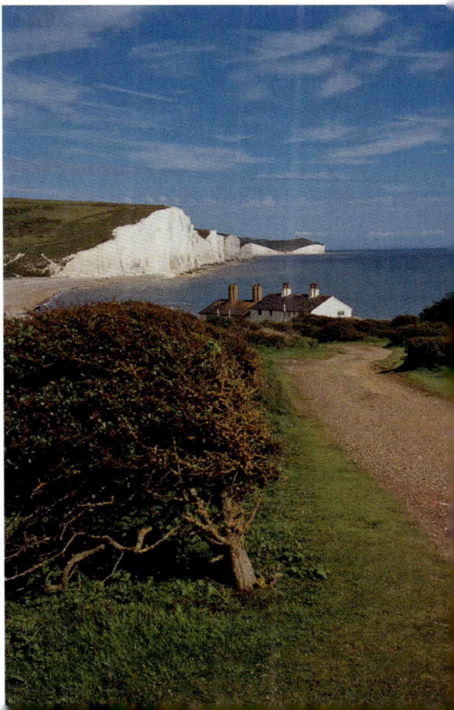

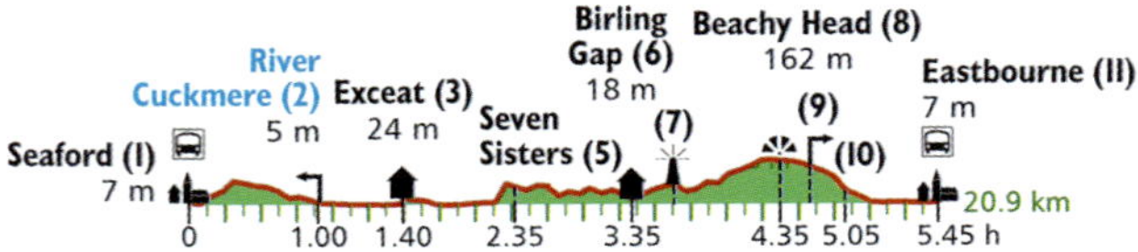

Vom Martello Tower in **Seaford (1)** gehen wir die Esplanade nach Osten entlang und bringen den ersten Anstieg hinter uns, indem wir zunächst dem angelegten Weg folgen, nach 50 m rechts abbiegen und auf einem Grasweg weiter wandern. Nach einer ebenen Passage senkt sich der Weg, doch kurz vor Erreichen des Strandes überqueren wir einen Höhenrücken halb links, auf dessen Ostseite wir die Coastguard Cottages erreichen. Am Hangfuß treffen wir auf den **River Cuckmere (2)** und biegen links auf seinen Damm ab, der nach 1,5 km scharf links abknickt. Ein querender Feldweg bringt uns rechts zur Hauptstraße. Anschließend spazieren wir rechts auf dem Gehweg in Richtung **Exceat (3)**.

Dort schlagen wir rechts einen angelegten Weg ein, der sich zwischen Hangfuß und Fluss entlangschlängelt. Abzweigungen nach links ignorieren wir und orientieren uns vielmehr an der Wegmarkierung »Beach Trail« geradeaus. Erst auf dem Strandwall schwenken wir nach links. Am Fuß des Kliffs laufen wir etwas landeinwärts und finden dort einen Durchlass durch einen Zaun **(4)**, hinter dem wir steil den ersten Hügel der **Seven Sisters (5)** erklimmen. Bei einem Zauntritt im oberen Hangbereich bestätigt uns der Wegweiser »South Downs Way«, dass wir auf dem richtigen Weg sind. Bis Birling Gap geht es nun in munterem Auf und Ab über die restlichen Hügel (wer

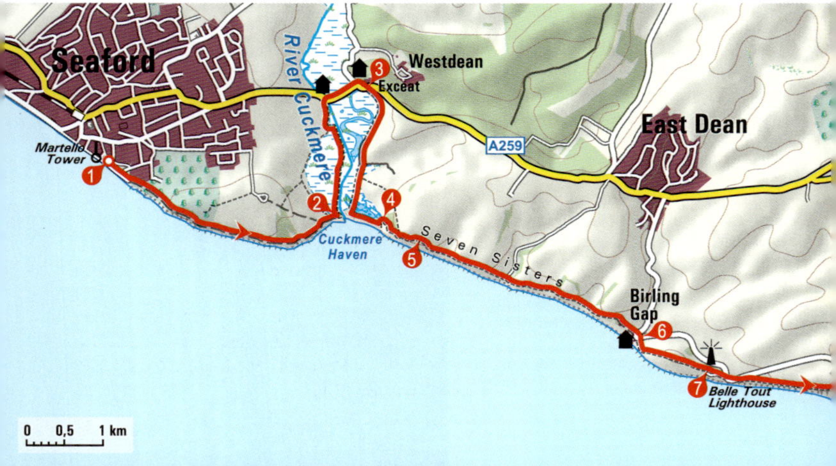

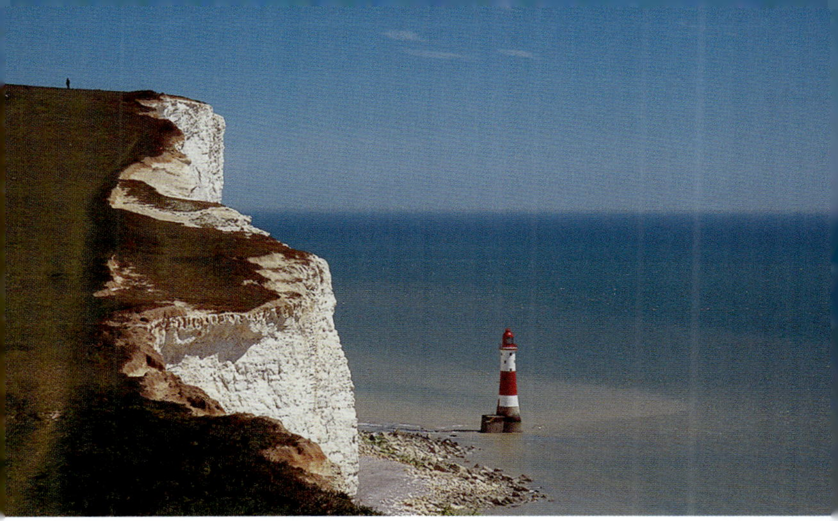

Beachy Head ist eine weithin sichtbare Landmarke.

genau mitzählt, kommt auf insgesamt acht, nicht sieben Hügel bzw. »Sisters«), wobei wir sowohl kliffnähere als auch -fernere Wegvarianten zur Auswahl haben. In **Birling Gap (6)** gibt es die Möglichkeit, über eine Treppenanlage zum Strand hinunterzusteigen (beim Erkunden unbedingt Gezeiten beachten). Anschließend setzt sich der Pfad aufwärts zum **Belle Tout Lighthouse (7)** fort. Dahinter verlieren wir kurz an Höhe, bevor ein (meist) sanfter Anstieg beginnt. Oben am **Beachy Head (8)** angelangt, biegen wir rechts auf ein Teerpfädchen ab und umrunden eine Hügelkuppe. Danach geht es annähernd straßenparallel nach Norden, bevor der Grasweg beim Schild »Seafront« rechts abwärts schwenkt **(9)**. Wir wandern auf dem breiten Grasweg bergab und treffen am Hangfuß auf die **King Edward Parade (10)**, auf der wir geradeaus entlanggehen, bis uns der Wegweiser »Holywell Promenade« nach halb rechts weist. Auf der Uferpromenade flanieren wir zum Eastbourne Pier. Direkt dahinter entdecken wir die Bushaltestelle in **Eastbourne (11)**.

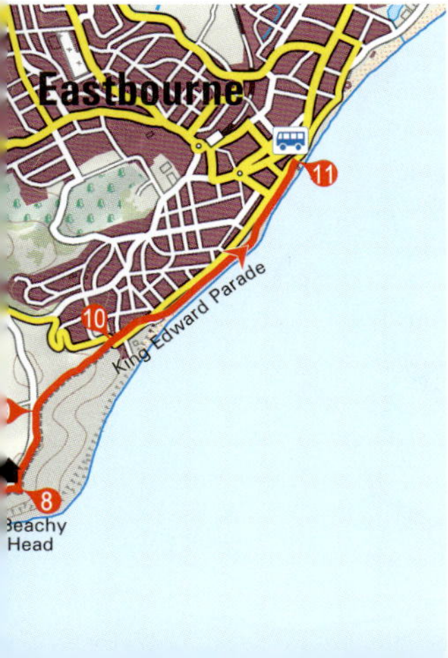

8 Long Man of Wilmington

3.00 Std.

Geheimnisvollen Scharrbildern auf der Spur

Bei dieser Tour lassen sich weite Aussichten über das nördliche Vorland der South Downs mit dem Detailblick auf ein rätselhaftes Scharrbild kombinieren, dem »Long Man of Wilmington«, dessen Entstehungszeit und Bedeutung im Dunkeln liegen. Auch eine weitere Geoglyphe, das »Litlington White Horse« (von 1924), ist in Sichtweite. Am Weg liegen außerdem versteckte Trockentäler, die Aue des River Cuckmere und das schnuckelige Dorf Alfriston.

Ausgangspunkt: Parkplatz am südlichen Ortsrand von Wilmington. Von der A 27 nach Wilmington abbiegen und am südlichen Ortsrand rechts auf den Parkplatz fahren.
Höhenunterschied: 320 Hm.
Anforderungen: Einfache Wanderung auf Feld- und Graswegen, kurzzeitig auf Straßen (ca. 0,7 km). Einige einfache Zauntritte. Nicht durchführbar bei Hochwasser.
Einkehr: The Plough and Harrow sowie Teestube in Litlington, verschiedene Möglichkeiten in Alfriston.
Karte: Landranger Series 199 Eastbourne & Hastings.

Vom Parkplatz in **Wilmington (1)** aus wenden wir uns auf dem straßenparallelen Fußpfad nach rechts und halten nach einem Linksknick direkt auf den **Long Man of Wilmington (2)** zu. Hinter einem Törchen steigen wir noch etwas den Hang hinauf, bis wir vor einem quer verlaufenden Zaun links auf einen Pfad abbiegen. Nach 500 m geht es in spitzem Winkel nach rechts **(3)** und auf einem »permissive footpath« kräftig aufwärts. Auf der Anhöhe durch-

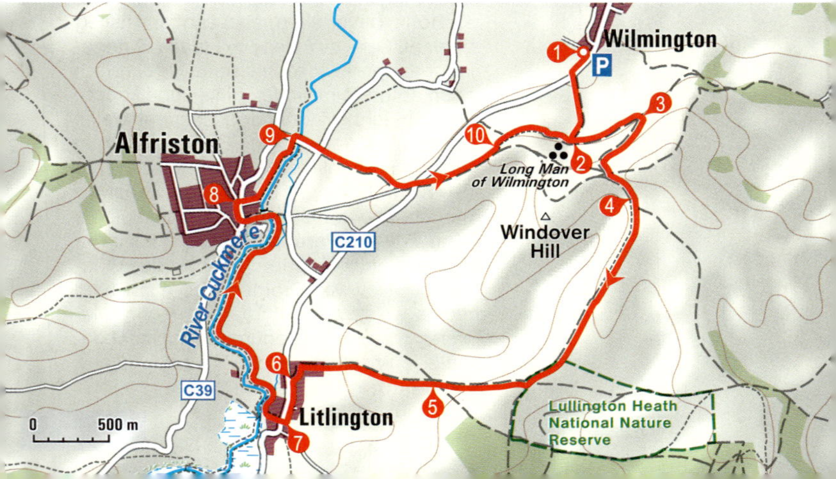

queren wir ein Törchen und finden einige Meter dahinter eine kreuzende Fahrspur, der wir nach links folgen. Bei der nächsten Verzweigung entscheiden wir uns für den rechten Grasweg **(4)** und wandern auf dem Höhenrücken mit geringem Gefälle abwärts. Wir behalten die südwestliche Richtung bei, während sich der Grasweg langsam zu einem Pfad und dann zu einem Feldweg verbreitert. Bei einer Kreuzung setzen wir unseren Weg in einem Bogen nach rechts fort und kommen bald zu einer Dreifach-Verzweigung **(5)**, bei der wir den Feldweg am weitesten links wählen. Er bringt uns hinunter nach **Litlington (6)**, auf dessen Hauptstraße wir links abbiegen. Nach ca. 300 m dürfen wir ein schmales Gässchen nicht übersehen, das vor »The Plough and Harrow« rechts abzweigt **(7)**. Am **River Cuckmere** wenden wir uns auf dem Damm rechts. Auf Höhe von Alfriston überqueren wir den Fluss mittels der White Bridge. Durch die engen Gässchen von **Alfriston (8)** – ein Abstecher nach links führt zum »Clergy House« – erreichen wir geradeaus die Hauptstraße, gehen dort rechts und biegen gegenüber des Postoffice rechts in die River Lane ab. Am Ende der Straße orientieren wir uns links und marschieren auf dem westlichen Damm am Fluss entlang (hier mehrere Zauntritte). Auf einer querenden Straße über die Brücke **(9)** nach rechts. Bei der folgenden Kreuzung entscheiden wir uns für den Feldweg, der geradeaus den Hang hinaufführt und nach Kurzem in einen Hohlweg übergeht. Auf halber Höhe kreuzen wir ein Sträßchen und setzen unseren Weg auf der anderen Seite aufwärts fort. Hinter einem Hochbehälter halten wir uns bei einer Gabelung links **(10)**. Wir finden dort einen Pfad, der am Nordhang talwärts und wieder in bereits bekanntes Terrain zu Füßen des Long Man und zurück zum **Parkplatz (1)** führt.

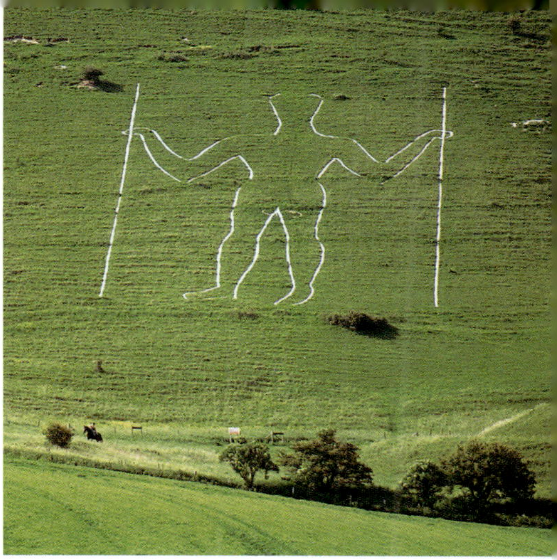

The Long Man of Wilmington.

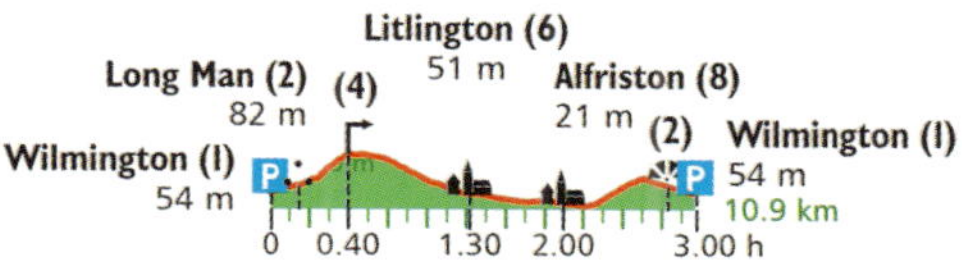

9 Ditchling Beacon

2.15 Std.

Die South Downs in komprimierter Form

Diese Wanderung ist nicht allzu lang, bietet aber ein gerütteltes Maß an charakteristischem South-Downs-Feeling. Dies beinhaltet sowohl weite Ausblicke nach Norden über den vorgelagerten Low Weald als auch nach Süden zum Meer, anmutige Trockentäler und blütenreiche Hänge. Am westlichsten Punkt der Tour setzen zwei Windmühlen (»Jack« und »Jill«) zusätzliche Akzente.

Ausgangspunkt: Parkplatz Ditchling Beacon (NT, gebührenpflichtig).
Höhenunterschied: 250 Hm.
Anforderungen: Einfache Wanderung auf Feld- und Wiesenwegen, ein Zauntritt.
Einkehr: Keine.
Karte: Landranger Series 198 Brighton & Lewes.

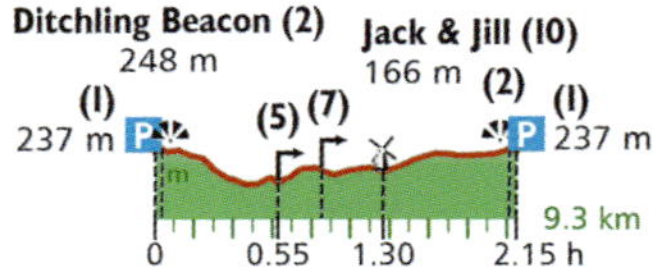

Vom **Parkplatz (1)** nehmen wir den Weg aufwärts in Richtung Westen, gehen über die Anhöhe des **Ditchling Beacon (2)** und biegen dahinter bei der (schlecht lesbaren) Markierung »Heathy Brow« links ab **(3)**. Wir wandern den Pfad nach Süden entlang, bevor er sich in einem Rechtsbogen hinunter in ein Trockental senkt. Wir halten uns im Talgrund, passieren ein Törchen **(4)** und setzen unseren Weg rechts am Zaun entlang fort. Anschließend steuern wir einen Feldweg an, der halb rechts aufwärts führt. Beim Anwesen **Lower Standean (5)** treffen wir auf einen Querweg und biegen rechts ab. Auf der Anhöhe überqueren wir einen kreuzenden Pfad geradeaus **(6)** und

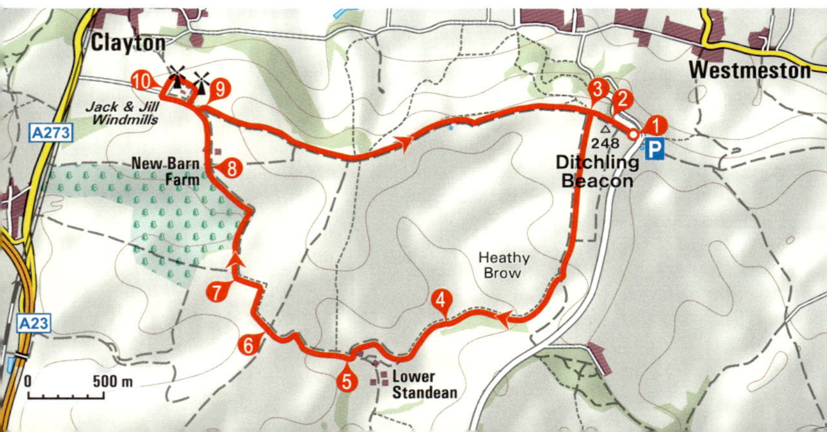

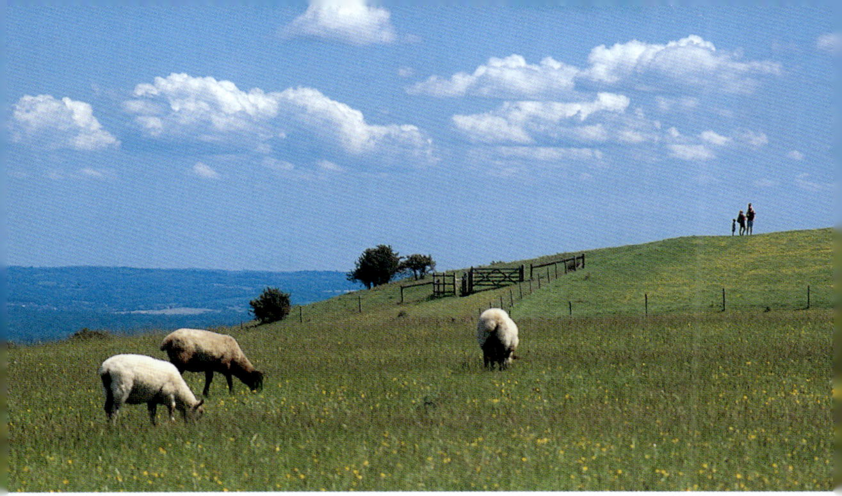

Die South Downs bieten einen fabelhaften Ausblick.

spazieren weiter einen Wiesenweg entlang. Hinter einem Törchen zweigt der Weg rechts ab und macht bei einem weiteren Törchen einen Linksknick. Bei der nach 200 m folgenden Verzweigung entscheiden wir uns für die rechte Wegspur (**7**; »bridlepath«) und steigen zunächst in ein kleines Tälchen ab, um anschließend wieder an Höhe zu gewinnen. Einen Querweg vor der **New Barn Farm (8)** kreuzen wir geradeaus und stoßen hinter dem Bauernhof auf eine Verzweigung breiter Feldwege **(9)**. Wir unternehmen einen Abstecher nach links zu den beiden **Windmühlen »Jack« und »Jill« (10)**, die wir nach 250 m auf der rechten Seite entdecken (die Besichtigung von »Jill« ist von Mai bis September jeweils sonntags 14–17 Uhr möglich). Anschließend gehen wir auf dem Feldweg zurück, biegen nun an der Verzweigung halb links ab (**9**; »South Downs Way«) und gewinnen gemächlich an Höhe. Bald geht der Feldweg in einen breiten Grasweg über, auf dem wir mit etwas Aufwärtstendenz wieder **Ditchling Beacon (2)** und dahinter den **Parkplatz (1)** erreichen.

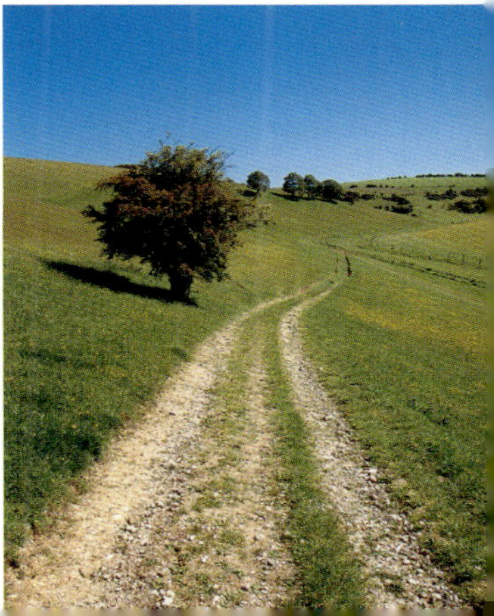

Kleines Trockental unterhalb von Heathy Brow.

10 Rund um Penshurst

3.15 Std.

Unterwegs in den Auen von River Eden und River Medway

Die Auenlandschaften von River Eden und River Medway sowie die umgebenden Hügel bilden den Rahmen für diese Wanderung, die zu einem unter Denkmalschutz stehenden, im Tudorstil erbauten Dorf, zu einem der ältesten südenglischen Herrenhäuser, Penshurst Place (14. Jh.), und dessen Gärten im Renaissancestil führt. Zahlreiche der für Kent typischen Oasts am Wegesrand (hoch aufragende, kegelförmige Rundbauten, die früher als Hopfendarren genutzt wurden) sorgen für ein hohes Maß an landschaftstypischem Ambiente.

Ausgangspunkt: Parkplatz an der südlichen Zufahrt zu Penshurst Station. In Chiddingstone Causeway von der B 2027 nach Süden auf die B 2176 abbiegen. Nach 500 m scharf rechts und zum Haltepunkt fahren (Sackgasse).
Höhenunterschied: 180 Hm.
Anforderungen: Wanderung über Wiesen (z. T. ohne Wegspur), auf Trampelpfaden und Feldwegen sowie Teersträßchen (ca. 3,8 km), kurz über Acker. Einige Zauntritte. Ein gutes Orientierungsvermögen ist erforderlich. Nicht durchführbar bei Hochwasser.
Einkehr: Castle Inn und Teestube in Chiddingstone; Leicester Arms Hotel in Penshurst.
Karte: Explorer Series 147 Sevenoaks & Tonbridge oder Landranger Series 188 Maidstone & Royal Tunbridge Wells.

Die Auenlandschaft am River Eden vermittelt pastorale Beschaulichkeit.

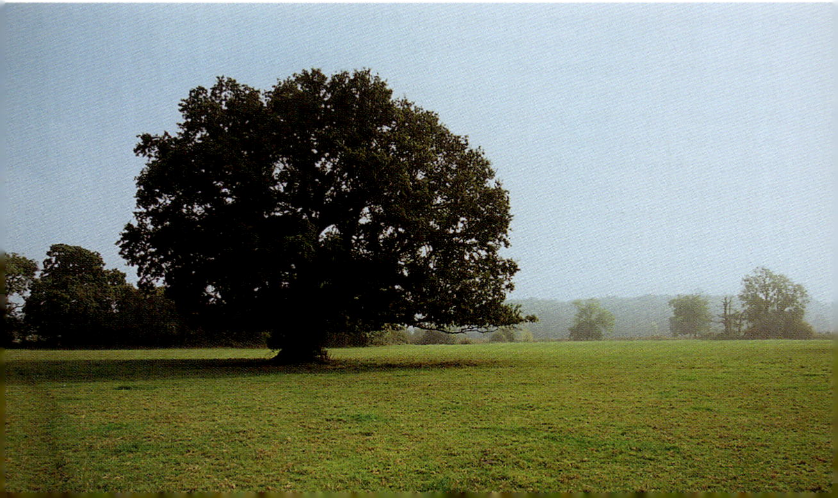

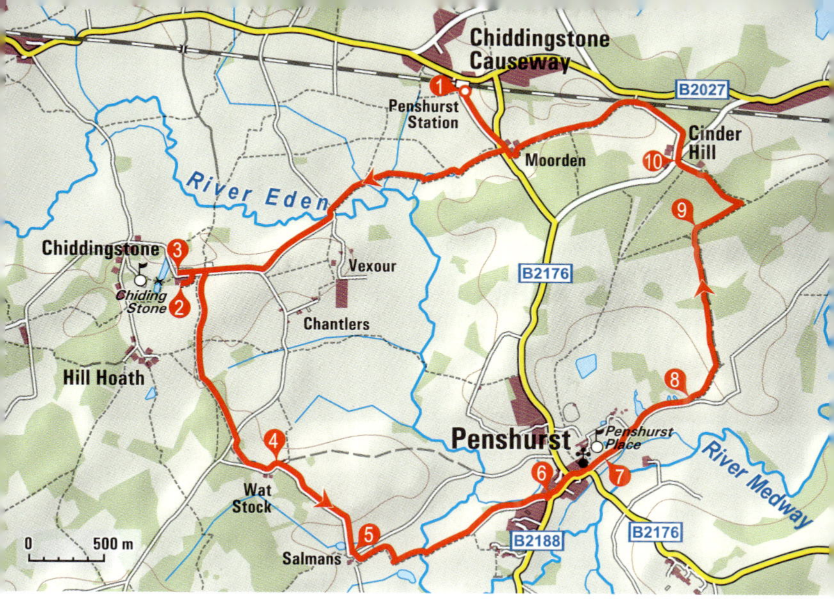

Wir starten vom südlichen Zugang der **Penshurst Station (1)** in Richtung Südosten, gelangen geradeaus auf die B 2176 und biegen beim zweiten »Footpath«-Schild rechts ab. Nach 350 m durchqueren wir ein Tor rechts und halten uns dahinter halb links (nicht an der Markierung gegenüber orientieren). Über Weiden und ohne klaren Pfad wandern wir in der Aue entlang und »hangeln« uns dabei von Markierung zu Markierung, die jeweils an Zäunen und Durchlässen zu finden sind (im Zweifel etwas weiter links halten als die Pfeile anzeigen). Hinter einem Steg peilen wir ein Tor in einiger Entfernung südwestlich von uns an. Dort gehen wir auf der Straße links und folgen ihr den Hang hinauf. Auf der Höhe gehen wir bei einer Kreuzung rechts. Alsbald weist ein »Footpath«-Wegweiser, den wir uns für später merken, nach links. Zuvor aber statten wir sowohl dem »Chiding Stone« **(2)**, einem alten Gerichtsplatz (Wegweiser beachten), als auch dem Örtchen **Chiddingstone** (**3**; geradeaus) einen Besuch ab. Anschließend leitet uns der Pfad zunächst an Hecken entlang und dann über einen Acker nach Süden. Mit einem Feldgehölz zur Rechten wandern wir weiter in diese Richtung und lassen Abzweigungen unbeachtet. Jenseits einer Straße setzt sich unser Weg zunächst über eine Wiese und anschließend links

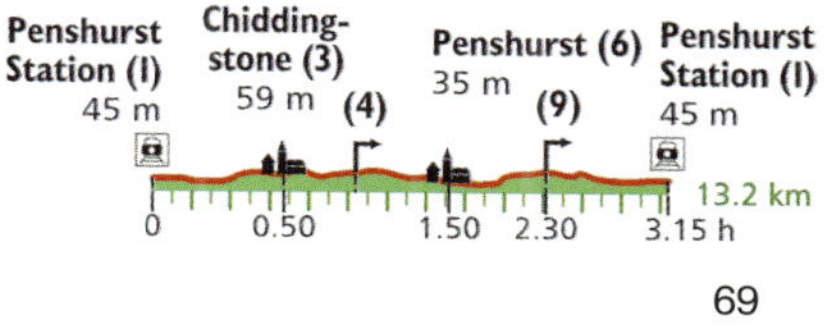

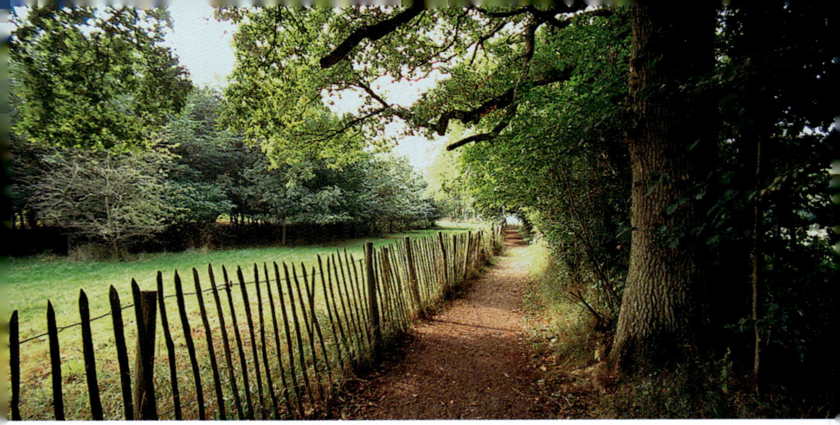

Angenehm wandert es sich auf diesem Pfad zwischen Wiese und Wald.

auf einem Teersträßchen fort. Im Weiler **Wat Stock (4)** wenden wir uns auf einem Teerweg rechts. Abwärts kommen wir nach **Salmans (5)** und finden hinter (!) einer Linkskurve eine Abzweigung nach rechts. Nach 100 m orientieren wir uns an einem Kissing Gate links und folgen dem mehrfach abknickenden, aber klar erkennbaren Pfad. Jenseits eines Stegs geht es zunächst an einem Ackerrain aufwärts und dann in dessen Verlängerung auf einem Teerweg entlang. Wir erreichen **Penshurst (6)**, biegen auf der Hauptstraße links ab und laufen geradeaus durch den Ort. Am Ortsrand behalten wir die Richtung bei und durchschreiten nach einem kurzen Blick links auf einen Tudor Court geradeaus einen steinernen Torbogen. Am Grundstück des **Penshurst Place** (**7**; Eingang auf der Ostseite) geht es auf einem Teersträßchen entlang, bis wir mehrere Weiher linker Hand passieren und dann links auf einen Pfad aufwärts abzweigen (**8**; »Footpath«-Wegweiser). Unter einer Baumreihe entdecken wir einen Grasweg und schwenken auf ihm nach links. Er geht bald in einen Feldweg über, auf dem wir den Höhenrücken erreichen. Rechts setzt sich der Weg unter einer breiten Platanenallee fort **(9)**, die wir nach ca. 500 m links verlassen (Wegweiser »Footpath«). Mit etwas Auf und Ab gelangen wir über Waldpfade an eine Straße und biegen in das gegenüber einmündende Sträßchen **Cinder Hill Lane (10)** ein. Wo es nach gut 500 m scharf rechts abzweigt, gehen wir geradeaus auf einer Hofzufahrt weiter (»Little Moorden«). Nach 100 m nutzen wir einen Zauntritt, um unsere Wanderung rechts von der Hecke (der Feldweg besitzt ab hier kein Wegerecht mehr!) und vom anschließenden Wald in bisheriger Richtung fortzusetzen. Um die Häuser von Moorden schlagen wir links einen Bogen. Auf der B 2176 gehen wir rechts, nehmen bei der Straßengabelung die linke Möglichkeit und halten wieder auf **Penshurst Station (1)** zu.

3.15 Std.

Ightham Mote und Knole House 11 TOP

Über die Greensand Hills zu zwei sehenswerten Landschlössern

Die Eckpunkte dieser Wanderung werden von bemerkenswerten und höchst unterschiedlichen Landschlössern gebildet, nämlich Knole House im Westen und Ightham Mote (sprich: Aitem Mout) im Osten (beide NT). Das riesige und verschachtelte Knole House besitzt einen eher trutzigen Gestus und gilt als eines der großen Country Houses Englands, während das kleinere Ightham Mote mit einem Wassergraben, Fachwerk und einer denkmalgeschützten Hundehütte (!) familiären Charme verströmt. Zwischen diesen Polen fügen sich schöne Ausblicke über Kent von den Greensand Hills aus, Streckenabschnitte durch Laubwald, in kleinräumig gegliederter Landschaft, an Lavendelfeldern entlang und durch einen großen Park zu einem harmonischen Wandererlebnis.

Ausgangspunkt: Parkplatz One Tree Hill. Von der Ortsmitte von Seal (Abzweigung unauffällig!) in Richtung Godden Green abbiegen und dort geradeaus hindurch fahren. Ebenfalls geradeaus über eine Kreuzung im Wald und 500 m dahinter links auf den Parkplatz abbiegen. Bei Anfahrt mit dem Bus: Start in Sevenoaks. Von dort ca. 1,2 km bis Knole House.
Höhenunterschied: 320 Hm.
Anforderungen: Feldwege, Graswege und schmale Waldpfade (bei Nässe schmierig). Einige Zauntritte.
Variante: Lässt sich entlang der Landstraße zwischen Godden Green und Parkplatz in eine westliche (ca. 7 km) und eine östliche Runde (ca. 9 km) aufteilen. Beide auch für Kinder geeignet.
Einkehr: Cafés in Ightham Mote und Knole House, Buck's Head in Godden Green.
Karte: Explorer Series 147 Sevenoaks & Tonbridge; Landranger Series 188 Maidstone & Royal Tunbridge Wells.

Knole House gilt als einer der großen Herrensitze Englands.

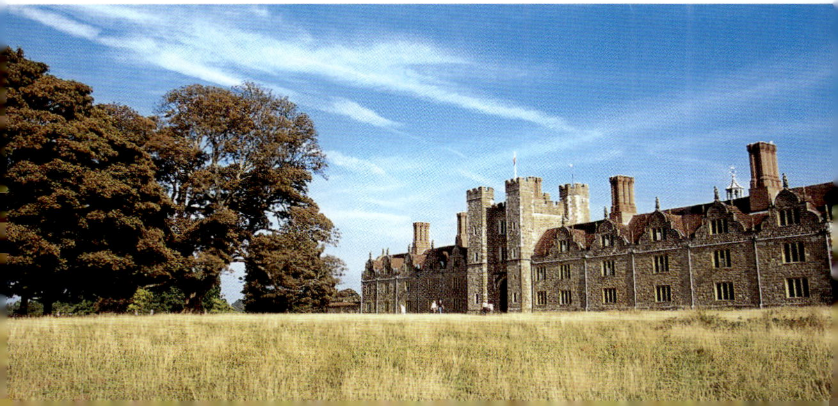

Ein breiter Trampelpfad lotst uns vom **Parkplatz (1)** durch den Wald nach Südosten und knickt an einer Hangkante links ab. Mit etwas Höhengewinn erreichen wir eine Lichtung und finden dahinter eine Gabelung. Dort entscheiden wir uns für den Waldpfad, der zügig rechts abwärts führt (»Greensand Way«). Der Steig mündet auf ein Sträßchen, auf dem wir rechts gehen, bevor sich der Greensand Way nach 100 m links als schmaler Pfad fortsetzt **(2)**. Nach etwas Auf und Ab in Waldrandnähe mündet der Trampelpfad auf einen Feldweg. Wir folgen ihm links in leicht welligem Gelände. Schließlich verliert er an Höhe, schwenkt am Hangfuß nach links und mündet auf eine Teerstraße. Dort wenige Meter nach rechts. Durch eine Einfahrt links erreichen wir **Ightham Mote (3)** und biegen hinter dem Gebäudekomplex links ab (Eingang auf der Nordostseite) und wandern an der östlichen Grundstücksgrenze nach Norden. Am Nordende des Parkplatzes entdecken wir links einen Pfad: Auf ihm queren wir das Tälchen und die Straße und betreten den Forstweg auf der gegenüberliegenden Seite. Bei einer Gabelung nach gut 600 m zweigt der Weg rechts aufwärts ab **(4)** und es geht kurze Zeit zügig aufwärts. An der Hangkante lassen wir den Wald hinter uns und erreichen in nördlicher Richtung die Pond Lane. Jenseits des Gatters auf der anderen Seite wenden wir uns ohne Markierung (!) links **(5)** und peilen leicht aufwärts einen Durchschlupf in der Hecke an. Die nächste Straße kreuzen wir geradeaus. Dort nimmt uns ein breiter Trampelpfad auf, dem wir durch welliges Gelände folgen und dabei Abzweigungen untergeordneter Pfade links und rechts ignorieren. Nach 1,8 km erreichen wir **Godden Green (6)**. Dort biegen wir auf der Hauptstraße rechts ab und halten uns bei der Gabelung am nördlichen Ortsrand links (»Sevenoaks«). Nach 100 m wenden wir

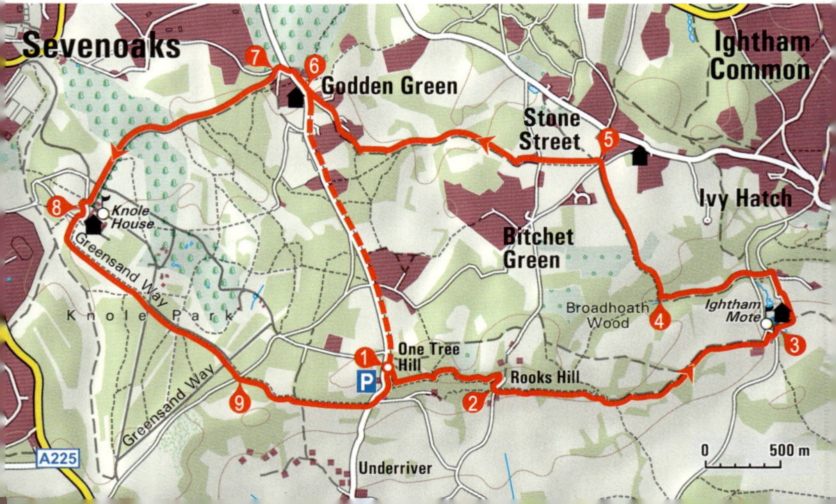

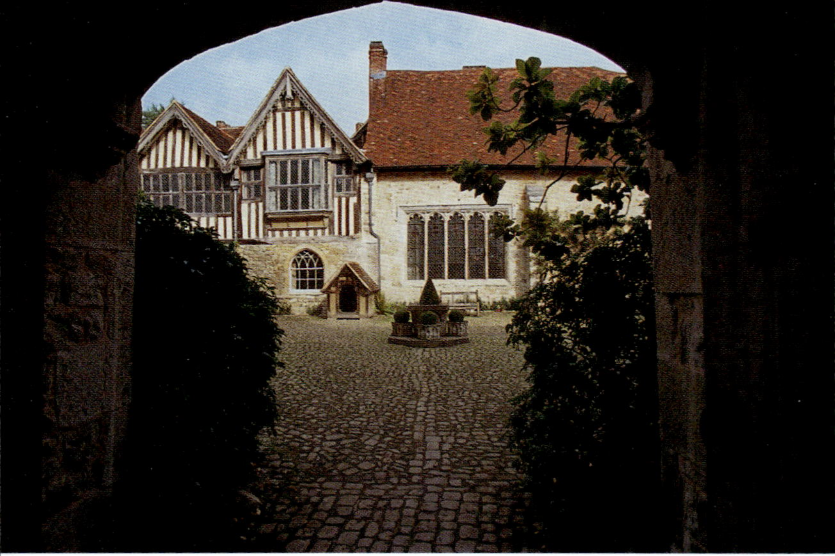

Ightham Mote bietet viel Fachwerk und familiären Charme.

uns erneut links und wählen den rechten der beiden abzweigenden Wege **(7)**. Durch Wald kommen wir zum Eingang des Knole Park, in dem sich reichlich Damwild tummelt, steigen ab in eine Senke (Vorsicht: hier müssen Golfbahnen gekreuzt werden) und erreichen unter einer Allee über ansteigenden Grund **Knole House (8)**. Wir gehen geradeaus an der Front vorbei und biegen hinter der Gartenmauer links ab. Durch offenes Parkland halten wir auf einen Waldrand zu, wo wir erneut die Markierung »Greensand Way« entdecken. Nach wenigen Schritten im Wald überqueren wir eine Kreuzung geradeaus (in Richtung Südosten) und marschieren auf einem Feldweg durch leicht welliges Gelände. Nach 600 m setzt sich unser Pfad jenseits eines querenden Feldwegs wie auch – unweit dahinter – jenseits der **St. Julian Road (9)** geradeaus fort. Nach einer kurzen Passage durch Wald umgehen wir hinter einem Zauntritt eine Lichtung am rechten Rand und bleiben bei der folgenden Verzweigung der Richtung nach Osten und der Hangkante treu. Wir treffen nach etwas Höhenverlust auf ein Sträßchen, das uns links hinauf zum **Parkplatz (1)** bringt.

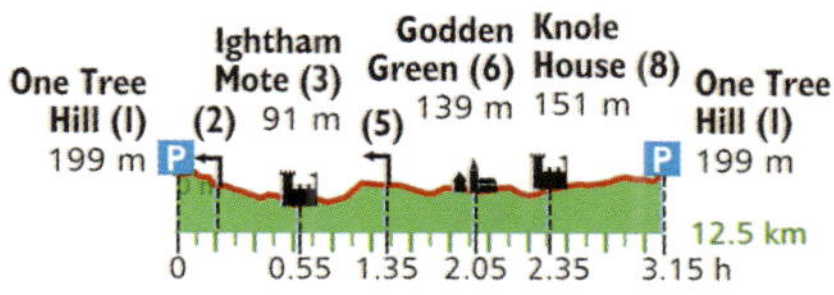

12 Ranmore Common und Polesden Lacey

3.15 Std.

Ein Hügelland mit Wald, Wiesen und Weinbergen

Auf den White Downs bei Dorking – dem Ranmore Common – wechseln sich Eichen- und Buchenwälder mit mageren Wiesen, Weiden und Weinanbau ab und schaffen ein abwechslungsreiches Landschaftsmosaik. Von den Hügeln eröffnet sich manch schöner Ausblick und mit einem Abstecher lässt sich ein elegantes Landschlösschen entdecken.

Ausgangspunkt: Waldparkplatz Ranmore Common. Von Dorking 3,5 km in Richtung West Horsham fahren. Parkplatz linker Hand.
Höhenunterschied: 240 Hm.
Anforderungen: Überwiegend einfache Wanderung auf Gras- und Feldwegen sowie auf Teersträßchen (ca. 3,5 km), kurzzeitig Waldpfade. Einige Zauntritte.
Einkehr: Cafeteria im Eingangsbereich von Polesden Lacey.
Karte: Explorer Series 146 Dorking, Box Hill & Reigate oder Landranger Series 187 Dorking & Reigate.

Am Parkplatz **Ranmore Common (1)** beginnen wir die Tour auf einem breiten Fußpfad in Richtung Süden und lassen eine Waldwegkreuzung unbeachtet. Nach einer kurzen Abwärtspassage treffen wir auf einen breiten Querweg und gehen nach links **(2)**. Wir gelangen nach knapp 1,5 km durch Wald zu **Steer's Field (3)**, wo uns ein Törchen ins Freie entlässt, und wählen bei der Gabelung direkt dahinter den halb rechts wegführenden Grasweg. Beim Wegweiser »North Downs Way« orientieren wir uns links, queren eine Straße und marschieren geradeaus in das Sträßchen gegenüber hinein. An

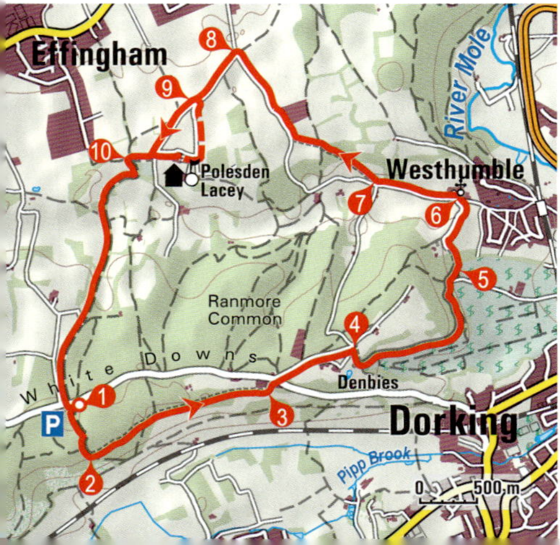

dessen Linksknick setzen wir unseren Weg geradeaus fort und biegen 50 m danach rechts ab **(4)**. Nach 200 m orientieren wir uns auf einem querenden Teerweg links. Ein hohes Metalltor passieren wir mittels einer darin eingelassenen Tür und machen beim Abwärtsgehen Bekanntschaft mit englischem Weinbau. Bei einem scharfen Rechtsknick am Unterhang verlassen wir das Sträßchen geradeaus auf einem Fußpfad **(5)** und entscheiden

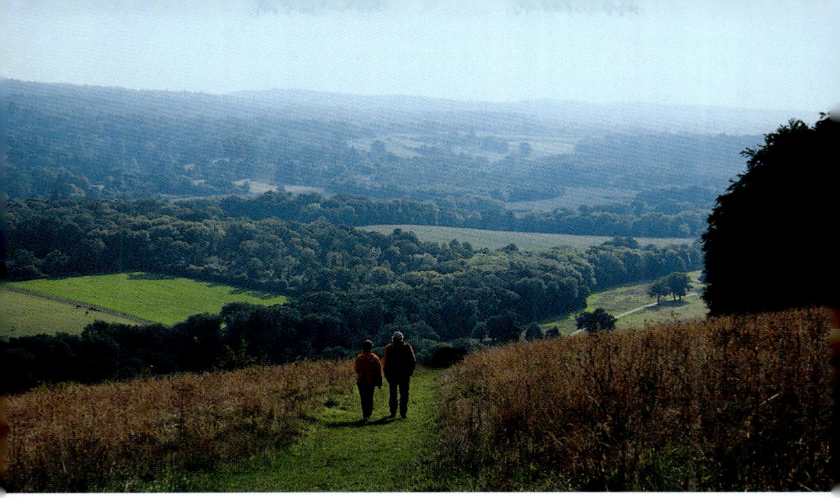

Das abwechslungsreiche Ranmore Common ist bei Wanderen beliebt.

uns bei der folgenden Gabelung für den linken Weg. Er mündet nach zwischenzeitlichem Höhengewinn auf ein weiteres Sträßchen, auf dem wir den Talgrund erreichen. An der **Chapel Farm (6)** im Talgrund biegen wir links ab, setzen unseren Weg ca. 700 m auf der Straße fort und finden gegenüber der Ranmore Common Road einen nach halb rechts und aufwärts strebenden Fußpfad (**7**; »Footpath«-Wegweiser). Wir peilen einen Zauntritt am Waldrand an, wo uns ein schmaler Steig erwartet, der sich hinter einem quer verlaufenden Waldweg links versetzt fortsetzt.

Am oberen Waldrand entdecken wir halb rechts einen Zauntritt, der uns auf einen Pfad nach Westen ins Offenland entlässt. Auf der Straße rechts. Nach 1 km folgen wir links dem Verlauf der Hauptstraße auf einem parallelen Pfad **(8)**. Wo die Straße links in Richtung **Polesden Lacey (9)** abknickt, biegen Schlossbesucher ab. Die anderen gehen geradeaus weiter und wählen bei einer Kreuzung den halb links wegführenden Feldweg. Unmittelbar vor einem Waldrand auf der Anhöhe (wo die Schlossbesucher wieder dazu stoßen) zweigen wir rechts auf einen Feldweg ab und gelangen nach 150 m links durch ein Törchen in den Wald **(10)**. In einem Hohlweg verlieren wir an Höhe, bevor er vom Talgrund ansteigt und am Oberhang auf die querende Hauptstraße mündet, auf der wir links zum **Parkplatz (1)** zurückkehren.

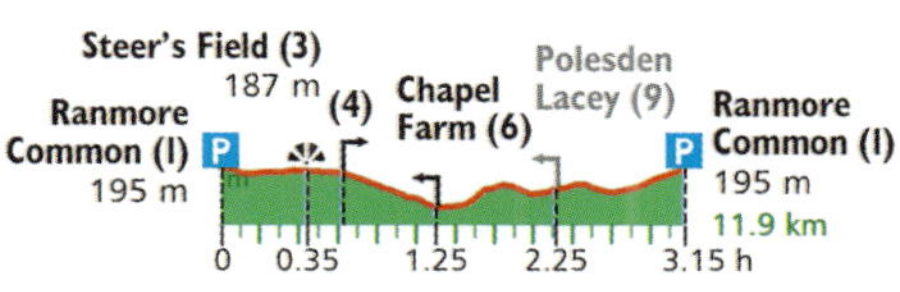

13 An der Wey Navigation nach Wisley

4.00 Std.

Am ältesten Kanal Englands durch das ländliche Surrey

Die Wey Navigation ist der älteste Kanal Englands (fertiggestellt 1653), der auch heute noch von den bunten Narrowboats befahren wird. Entlang des Kanals entfaltet sich das ländliche Surrey mit Wiesen, Weiden und kleinen Weilern. Die Schleusenanlagen, an denen v. a. an Wochenenden reger Betrieb herrscht, sorgen für Kurzweil auf der Wanderung.

Ausgangspunkt: Parkplatz Bowers Lane. In Burpham (NO Guildford) in Richtung London halten, Kreisverkehr und Brücke über die A 3 geradeaus passieren und 100 m dahinter links in die kleine Bowers Lane abbiegen. Am Hangfuß links und bis zum Ende fahren. Parkplatz rechter Hand.
Endpunkt: Bushaltestelle »Elm Lane«. Mit dem etwa stündlich verkehrenden Bus zurück nach Burpham (Ausstieg: »adj. Great Oaks Park«). In Fahrtrichtung 300 m geradeaus, beim Kreisverkehr rechts und auf dem von der Anfahrt her bekannten Weg zum Parkplatz zurück.
Höhenunterschied: 60 Hm.
Anforderungen: Einfache Wanderung auf schmalen Pfaden und Erdwegen, kurzzeitig auf der Straße (ca. 1,2 km). Nicht durchführbar bei Hochwasser.
Einkehr: The New Inn in Send, The Anchor am nördlichsten Punkt der Tour, Cafeteria im Eingangsbereich der RHS Gardens.
Tipp: Die Schaugärten der Royal Horticultural Society (RHS) sind ein Magnet für Gartenfreunde.
Karte: Landranger Series 186 Aldershot & Guildford.

Vom Parkplatz **Bowers Lane (1)** gehen wir auf der Straße nach Nordwesten und biegen am Kanal rechts auf einen Fußpfad ab. Hinter der ersten Schleuse überqueren wir zwei Stege, um anschließend links vom Kanal bis zur **Send Church Bridge (2)** zu wandern. Dort geht es hinüber auf die andere Seite. Vorbei an **Triggs Lock (3)** gelangen wir zum Ort **Send (4)**, dessen Hauptstraße wir nutzen, um die Kanalseite zu wechseln. Am **Papercourt Lock (5)** steht ein erneuter Seitenwechsel auf dem Programm, bevor wir über offene Weiden zur Newark Bridge gelangen. Hier geht es für kurze Zeit auf der linken Kanalseite (mit Blick auf die Newark Priory) weiter, bevor wir am Newark Lock zurück

Narrowboat auf der Wey Navigation.

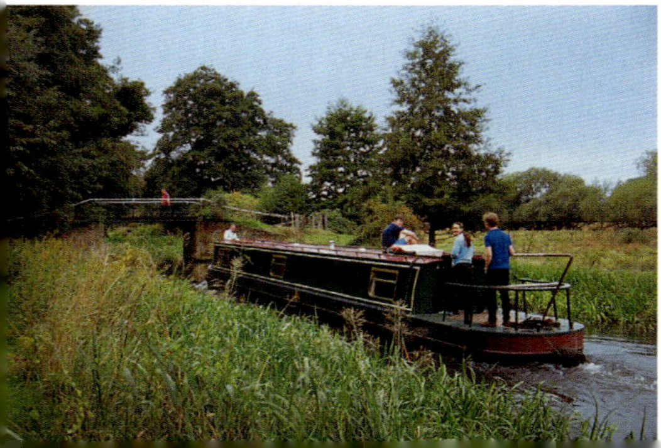

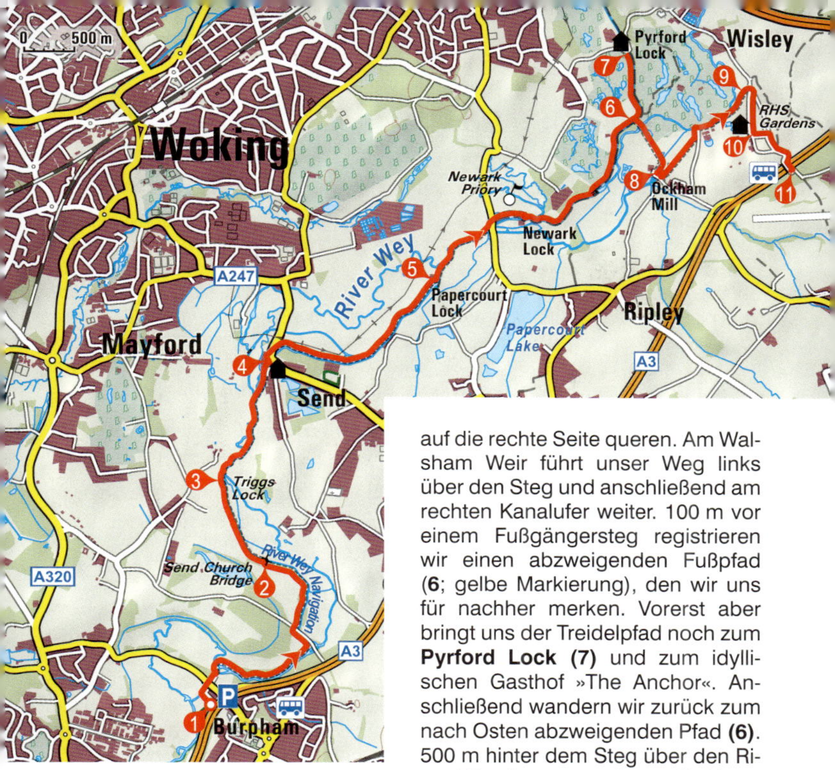

auf die rechte Seite queren. Am Walsham Weir führt unser Weg links über den Steg und anschließend am rechten Kanalufer weiter. 100 m vor einem Fußgängersteg registrieren wir einen abzweigenden Fußpfad (**6**; gelbe Markierung), den wir uns für nachher merken. Vorerst aber bringt uns der Treidelpfad noch zum **Pyrford Lock (7)** und zum idyllischen Gasthof »The Anchor«. Anschließend wandern wir zurück zum nach Osten abzweigenden Pfad **(6)**. 500 m hinter dem Steg über den River Wey kommen wir zur **Ockham Mill (8)**, wo wir uns vor der Mühle halb links halten.

Der Teerstraße folgen wir nur kurz, bevor wir sie links auf einen schmalen Fußpfad (Wegweiser) verlassen. Nach 500 m queren wir ein Sträßchen und finden jenseits die Fortsetzung des Pfads, auf dem wir das Gelände der RHS links umgehen. Wir erreichen eine Querstraße, biegen rechts ab (**9**; »Footbridge A 3«) und schwenken vor dem Eingangsbereich der **RHS Gardens (10)** links. Auf der Zufahrtsstraße gehen wir rechts und entdecken bald ein Schild »Guildford Bound Bus Stop Elm Lane«, das uns rechts zu einer Überführung lotst, an deren östlichem Fuß wir die Bushaltestelle **»Elm Lane« (11)** finden.

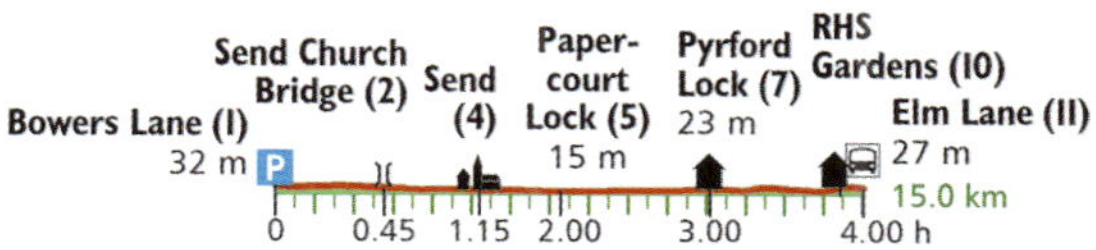

14 *Devil's Punch Bowl*

2.15 Std.

Wald- und Heidelandschaft mit teuflischem Entstehungsmythos

Der Sage nach entstand Devil's Punch Bowl bei einer Auseinandersetzung zwischen dem Teufel und dem Gott Thor (der Name des benachbarten Örtchens lautet bezeichnenderweise Thursley = Thors li = Thors Ort). Wer dabei wen mit Erdbrocken beworfen hat und warum, darüber gehen – je nach Version – die Meinungen auseinander. Die naturwissenschaftliche Erklärung ist weitaus prosaischer und macht die Erosion des über einer abgeschwemmten Lehmschicht anstehenden Sandsteins für die steile amphitheaterartige Ausformung dieser Heide- und Waldlandschaft verantwortlich.

Ausgangspunkt: Parkplatz Devil's Punch Bowl am östlichen Ortsrand von Hindhead (NT, gebührenpflichtig). In Hindhead in Richtung Devil's Punch Bowl abbiegen und der öffentlichen Straße bis zum Ende folgen.
Höhenunterschied: 240 Hm.

Anforderungen: Trampelpfade, Feld- und Teerwege. Streckenweise etwas steinig.
Einkehr: Unterwegs keine; Café am Ausgangspunkt der Tour.
Karte: Landranger Series 186 Aldershot & Guildford.

Auf dem Picknickgelände auf der Ostseite des **Parkplatzes (1)** finden wir neben der Infotafel einen Wegweiser, der uns nach rechts dirigiert (»Sailor's Stroll«). Nach 100 m bleiben wir bei einer Gabelung geradeaus auf dem Hauptweg und biegen danach links auf einen Teerweg ab. Wir marschieren ihn entlang, bis uns die blaue Markierung des »Sailor's Stroll« rechts in den Wald lotst. Dort findet sich der Aussichtspunkt **Gibbet Hill (2)**, an dem der Weg links abzweigt. Kurz geht es durch Wald, bevor wir uns links halten und wieder den Teerweg erreichen. Auf Nordkurs kommen wir mit etwas Höhenverlust nach knapp 700 m an eine (unmarkierte) Gabelung, bei der wir links abbiegen **(3)** und zunächst einen kurzen Hohlweg passieren, bevor der Feldweg auf ein querendes Teersträßchen stößt. Ihm folgen wir links und erreichen nach

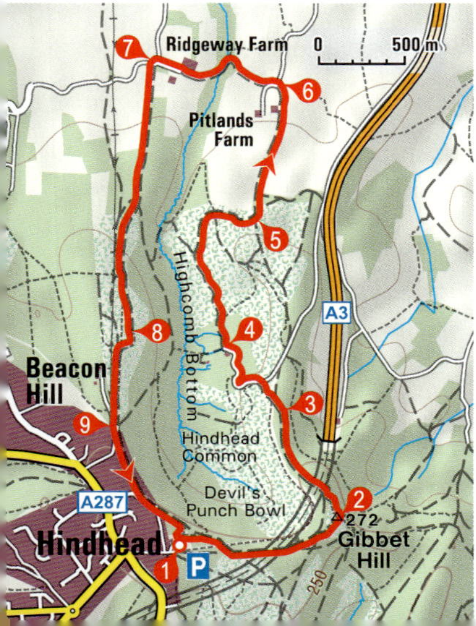

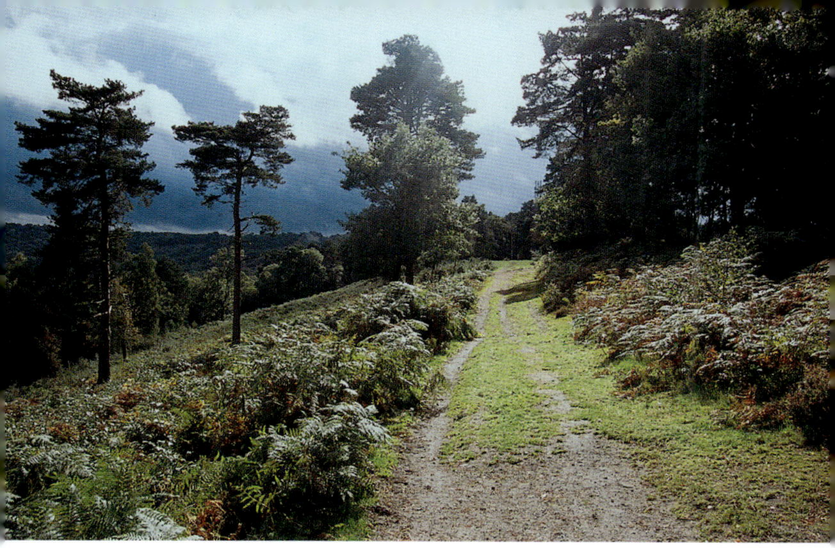

Heidelandschaft westlich von Devil's Punch Bowl.

kurvenreichem Verlauf den Talgrund **Highcomb Bottom (4)**. Bei der dortigen Lichtung wählen wir den rechten Feldweg. Nach dem Passieren eines Häuschens auf unserer Rechten gehen wir auf einem Sandweg geradeaus weiter. Zunächst eben, dann mit etwas Höhengewinn und in einem Rechtsbogen erreichen wir eine Anhöhe (eine Abzweigung auf halber Höhe und einen Querweg lassen wir unbeachtet), hinter der der Weg wieder abwärts führt. In einer Senke treffen wir auf mehrere Waldwege und wählen den ersten links **(5)**, der bald zu einem talwärts führenden Hohlweg mutiert. An dessen nördlichem Ende biegen wir links auf eine Teerstraße ab **(6)**, die wir bei einem Linksknick nach 50 m geradeaus verlassen. Bergab erreichen wir einen Steg und erklimmen den Hang auf der anderen Seite. An der Ridgeway Farm geht es geradeaus vorbei. 200 m danach zweigt links **(7)** ein Hohlweg ab, der durch Wald den Hang hinaufführt. Wir behalten die Richtung bei und haben auf der Höhe im heidebestandenen Offenland die Möglichkeit, der besseren Aussicht halber eine Wegalternative links einzuschlagen **(8)**, die sich jedoch nach kurzem wieder mit dem Hauptweg vereint. Hinter einem breiten Tor gabelt sich der Weg: halb links **(9)** erreichen wir wieder den **Parkplatz (1)**.

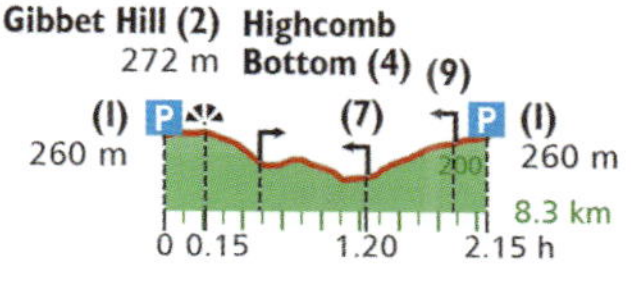

15 Cissbury Ring und Chanctonbury Ring

4.00 Std.

Famose Aussichten von den und auf die South Downs

Zwischen Steyning und Worthing ist das Hügelland der South Downs nur wenige Kilometer breit. Dies eröffnet die Möglichkeit, mit etwas Wanderaufwand sowohl ein großartiges Panorama in Richtung Süden als auch weite Ausblicke nach Norden zu erleben. Als Aussichtskanzeln dienen dabei zwei eisenzeitliche Hügelfestungen, nämlich Cissbury Ring (die größte derartige Befestigungsanlage in Sussex) im Süden sowie Chanctonbury Ring im Norden. Letzterer ist zwar wesentlich kleiner, hat aber einen besonderen Platz im regionalen Aberglauben.

Ausgangspunkt: Parkmöglichkeit 3 km nördlich der Somting Parish Church. Am östlichen Ortsrand von Worthing von der A 27 in Richtung Somting Parish Church abbiegen und noch 3 km weiterfahren. Parkplatz linker Hand.

Höhenunterschied: 320 Hm.
Anforderungen: Wanderung auf Feld- und Graswegen.
Einkehr: Keine.
Karte: Landranger Series 198 Brighton & Lewes.

Vom **Parkplatz (1)** brechen wir auf einem Feldweg in Richtung Westen auf und nehmen bei einer Kreuzung den rechten der beiden geradeaus weiterführenden Feldwege. Am Waldrand biegen wir spitzwinklig durch ein Törchen links ab **(2)**. Nach gut 600 m wenden wir uns vor einem weiteren Törchen scharf rechts und steigen auf einem schmalen Pfad durch Wald aufwärts. Am Oberhang queren wir mehrere Wege und erreichen hinter einem Kissing Gate den Ostzugang zum **Cissbury Ring (3)**. Wir umrunden den Wall im Uhrzeigersinn und steigen – nachdem wir einen Großteil des äußeren Walls und nach Belieben auch das Gelände im Inneren erkundet haben – über eine Treppe nach Norden ab **(4)**. Einen breiten Feldweg am Fuß des Hanges kreuzen wir geradeaus, folgen dem Feldweg gegenüber mit geringer Steigung

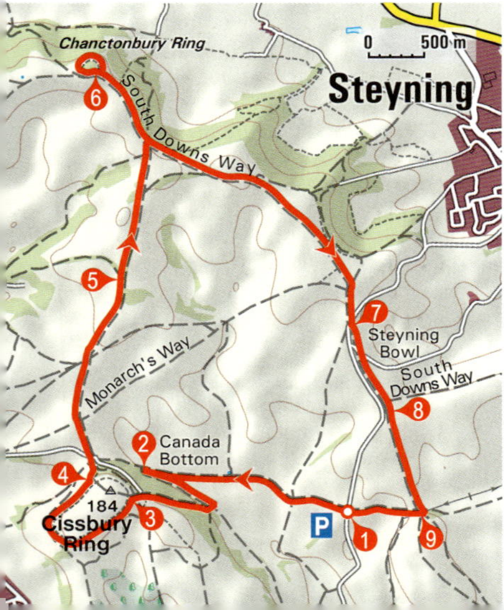

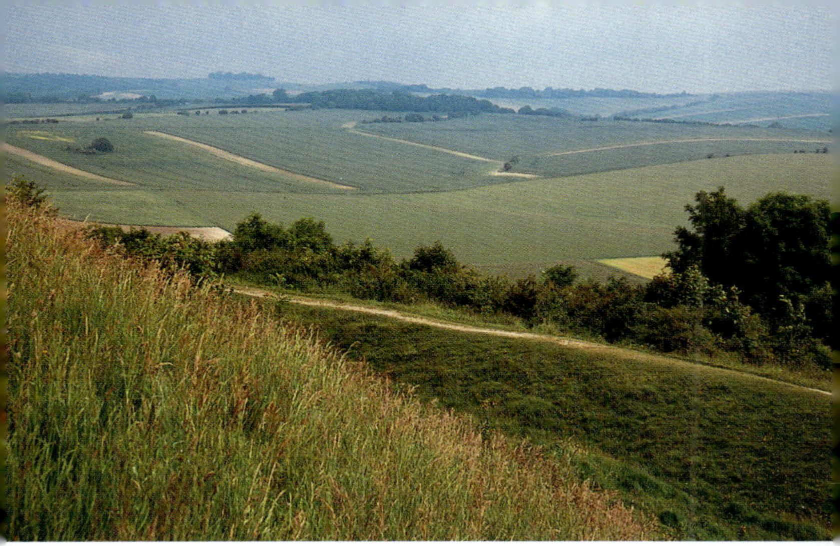

Über den South Downs thront der Ringwall von Cissbury (im Vordergrund).

nach Norden und lassen mehrere abzweigende Feldwege und Pfade unbeachtet. Hinter einem kurzen Waldstück entscheiden wir uns bei einer Gabelung für den halb rechts weiterführenden Weg **(5)**. Nach ca. 1,2 km stoßen wir vor einem von West nach Ost verlaufenden Waldrand auf den South Downs Way, auf dem wir links einen Abstecher zum **Chanctonbury Ring (6)** unternehmen, der sich auf einer Kuppe des Höhenzuges befindet. Wieder zurück, folgen wir dem South Downs Way, der hier als Feldweg ausgebildet ist, nach Südosten. Abzweigungen kleinerer Pfade ignorieren wir und erreichen mit etwas Höhenverlust ein Sträßchen **(7)**. Auf dessen gegenüberliegender Seite entdecken wir einen straßenparallelen Pfad, auf dem wir nach Süden wandern. Abzweigungen des Monarch's Way und des South Downs Way nach links können uns nicht locken. Wir halten uns vielmehr weiter geradeaus **(8)**, orientieren uns geradeaus an einer etwas eingesenkten Fahrspur und steuern ein Tor am südlichen Rand der Weide an. Dort kommen wir auf einen mit geringer Neigung abwärts führenden Feldweg. Kurz bevor wir eine Hochspannungsleitung erreichen, biegen wir rechts auf einen Feldweg ab **(9)**, der uns zurück zum **Parkplatz (1)** bringt.

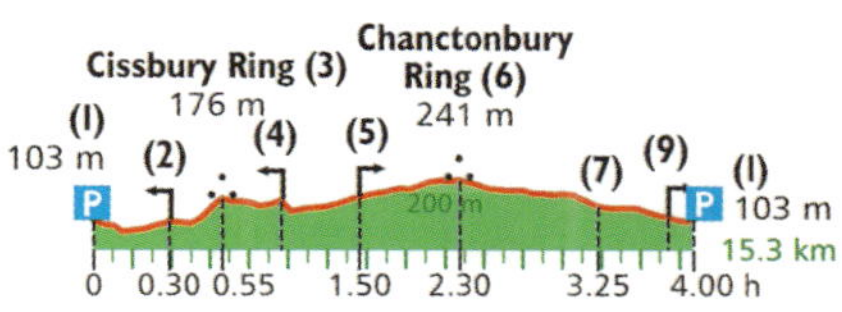

16 River Arun und Arundel Park

3.00 Std.

Kontrastreiche Eindrücke zwischen Fluss- und Parklandschaft

Diese einfache Wanderung wartet mit zwei völlig unterschiedlichen Tourhälften auf: Im ersten Teil ist der River Arun das prägende Element; er wird von Nasswiesen, Schilfflächen und Weideland begleitet. Der zweite Teil führt durch die Hügellandschaft des weitläufig gestalteten Arundel Park, von dem sich wechselnde Ausblicke in die Umgebung und auf Arundel Castle bieten. Die Rückkehr durch das schmucke Städtchen Arundel bildet einen stilvollen Abschluss.

Ausgangspunkt: Parkplatz Mill Street (kostenpflichtig) in Arundel.
Höhenunterschied: 250 Hm.
Anforderungen: Einfache Wanderung auf Gras- und Waldwegen sowie Trampelpfaden und auf der Straße (ca. 1,5 km). Ein Wegabschnitt undeutlich über Wiesen; einige Zauntritte. Nicht durchführbar bei Hochwasser.
Einkehr: The Black Rabbit bei Offham, zahlreiche Möglichkeiten in Arundel.
Karte: Landranger Series 197 Chichester & The South Downs.

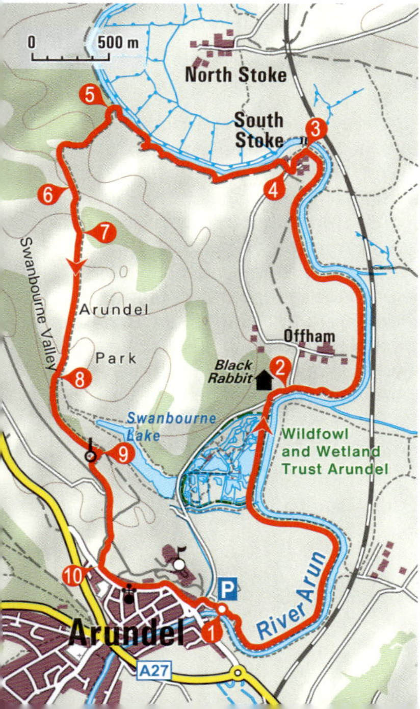

Vom Parkplatz »Mill Street« in **Arundel (1)** haben wir einen direkten Zugang zum Damm am Nordufer des River Arun. Dort biegen wir links ab und begleiten den Fluss, der in weiten Bögen durch das Tal mäandriert, aufwärts. Vor dem **»Black Rabbit« (2)** schwenkt der Weg kurz vom Fluss weg, bevor wir am östlichen Ende eines Parkplatzes den Fußpfad wieder finden. Die Wanderung auf dem Damm setzt sich gut 2 km bis **South Stoke (3)** fort, wo wir auf Höhe der Brücke links abbiegen. Den anschließenden Feldweg gehen wir entlang, bis hinter dem letzten Haus rechts ein »Bridlepath« abzweigt **(4)**. Gleich darauf wenden wir uns vor einer großen Scheune auf einem Feldweg links. In sanft welligem Terrain wandern wir abwechselnd durch Waldbestände

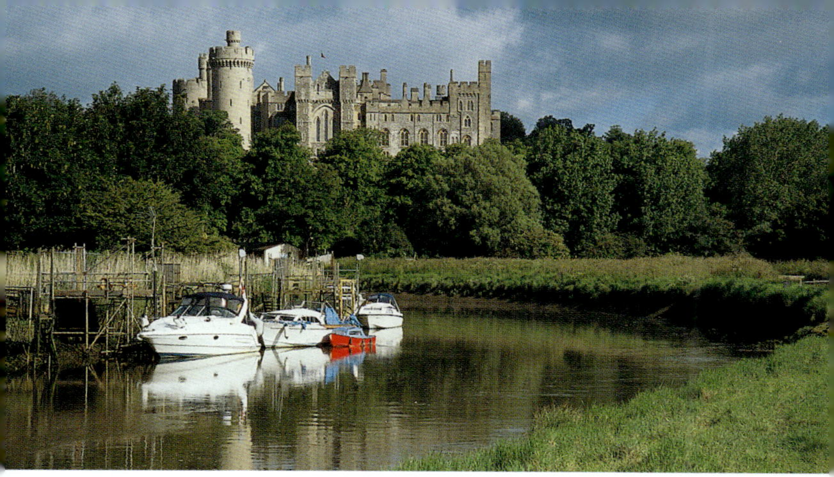

River Arun mit Arundel Castle im Hintergrund.

und durch Offenland. In einem Waldstück (auffällig: die großen Buchsbüsche) bringt uns der Weg direkt zu einem hohen Kissing Gate in der Mauer. Gleich danach biegen wir links ab und folgen dem kleinen Steig durch **Arundel Park (5)** aufwärts. Am Mittelhang knickt er halb rechts ab und beschreibt – als nun breiterer Weg – einen Linksbogen (in beiden Fällen mit Symbolen markiert). Wir erreichen die Höhe, durchqueren dort ein Gatter **(6)** und steuern die westliche (rechte) Ecke des gegenüberliegenden Waldrandes an. Dort finden wir eine Traktorspur, die wir mit dem Wald linker Hand für kurze Zeit verfolgen, bevor wir uns bei einem Wegweiser **(7)** halb rechts abwärts orientieren. Hinter einem Zauntritt schwenken wir geringfügig nach links und steuern auf eine Baumgruppe zu, an deren westlichem Rand ein Wegweiser positioniert ist. Dort geradeaus. Den Grund des **Swanbourne Valley (8)** passieren wir geradeaus und gewinnen auf einem Feldweg links etwas an Höhe. Hinter einem Gatter biegen wir rechts ab **(9)** und erreichen, vorbei am Horne Tower (einer sogenannten Folly), einen Teerweg, auf dem wir uns links halten. Durch das Eingangsportal des Parks kommen wir zur **London Road (10)** und biegen dort links ab. Bei einer Straßenkreuzung gehen wir geradeaus und spazieren auf der High Street anschließend in einem Rechtsbogen hinunter zum Marktplatz.

Auf der Hauptstraße am Hangfuß gelangen wir links mit wenigen Schritten wieder zurück zum Parkplatz in **Arundel (1)**.

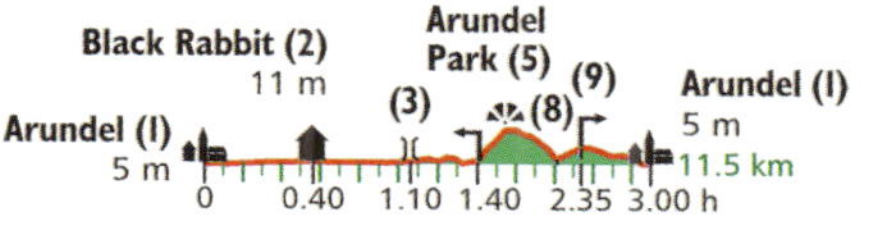

17 Kingley Vale und The Trundle

5.00 Std.

Zu majestätischen Eiben und lohnenden Aussichtspunkten

Größere Eibenbestände sind in England – ebenso wie in Mitteleuropa – eine große Rarität. Der Eibenwald im Kingley Vale besitzt nicht nur aufgrund seiner Ausdehnung, sondern v. a. aufgrund seiner mächtigen und bizarren Eiben-Veteranen, deren Alter auf über 1000 Jahre geschätzt wird, eine besondere, gar europaweite Bedeutung. Als wäre das nicht schon genug, weist das Kingley Vale ein äußerst arten- und blütenreiches Grasland auf und beherbergt zudem zahlreiche archäologische Fundstellen, darunter bronzezeitliche Hügelgräber, die Devil's Humps. Eine weitere Attraktion der Tour ist The Trundle, eine eisenzeitliche Wallanlage mit tollem Panoramablick.

Ausgangspunkt: Parkmöglichkeiten in der Binderton Lane am Binderton House. Von der A 286 ca. 1,5 km nördlich des Ortsrandes von Lavant nach Westen in die Binderton Lane abbiegen und seitlich rechts unter den Bäumen parken.
Höhenunterschied: 520 Hm.
Anforderungen: Feldwege, Wiesenpfade und Teersträßchen (ca. 2,6 km), eine kurze Strecke über Acker. Einige Zauntritte. Etwas Orientierungsvermögen ist erforderlich.
Einkehr: The Dean in West Dean.
Variante: Bei Verzicht auf den Aufstieg zum Trundle kann die Wanderung um 3,5 km verkürzt werden.
Hinweis: Bitte daran denken, dass fast alle Bestandteile der Eibe hoch giftig sind!
Tipp: Das nahe gelegene Weald and Downland Open Air Museum in Singleton bietet eine sehenswerte Sammlung an historischen Gebäuden.
Karte: Explorer Series 120 Chichester oder Landranger Series 197 Chichester & The South Downs.

Arten- und blütenreiche Wiesen bedecken die Hänge des Kingley Vale.

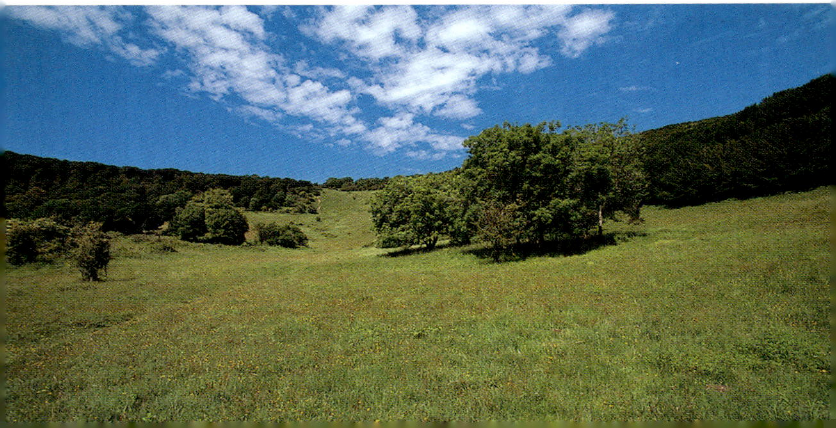

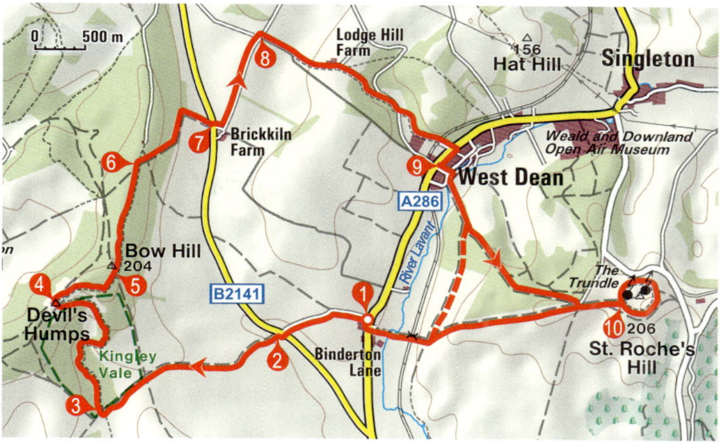

Von der Parkmöglichkeit an der **Binderton Lane (1)** folgen wir dem Teersträßchen über den Hügel und nehmen hinter der querenden B 2141 **(2)** den Feldweg geradeaus den Hang hinauf. Kreuzende Pfade beachten wir nicht und wandern etwa 2 km nach Westen. Am tiefsten Punkt einer Senke durchqueren wir ein Tor rechts und betreten bei einer Infotafel das Naturschutzgebiet **Kingley Vale (3)**. Auf einem Waldweg halten wir uns bei einer Gabelung geradeaus und vertrauen uns dann dem »Nature Trail« an (Markierungen alle 50 bis 100 m). Er lockt uns rechts in den Wald, wo wir uns unter uralten Eiben wiederfinden. Dort halb links. Auf einer großen Lichtung am Talschluss biegen wir rechts ab und erklimmen hinter einem kleinen Tümpel den östlichen Hang. Der Steig gewinnt im dichten Eibenwald rasch an Höhe und beschreibt am Oberhang einen Bogen nach links. Auf der Anhöhe erreichen wir durch ein Kissing Gate ein offenes Areal und mehrere große Tumuli, die **Devil's Humps (4)**. Vor den Hügelgräbern verlassen wir den »Nature Trail«, schwenken scharf rechts und folgen dem Pfad entlang des Rückens des **Bow Hill (5)**. Eine erste Kreuzung passieren wir geradeaus und finden gut 1 km dahinter eine weitere Verzweigung. Hier wählen wir den Pfad schräg rechts abwärts **(6)**. Am Unterhang verlassen wir den Wald, überqueren die

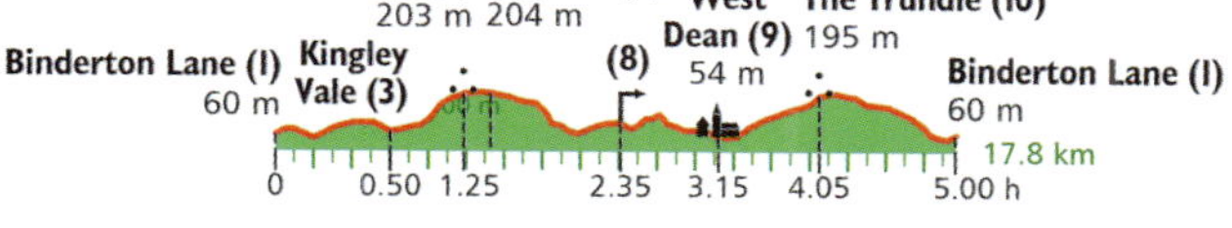

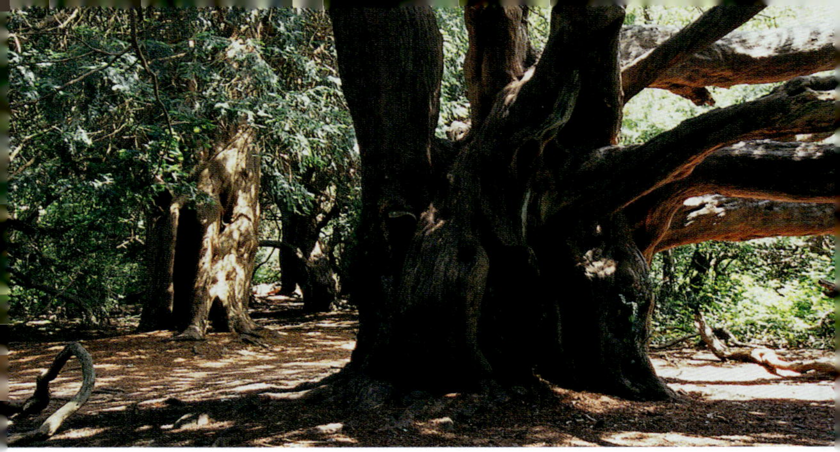

Die uralten Eiben des Kingley Vale verschaffen Gänsehautfeeling.

B 2141 **(7)** und begeben uns in das gegenüber einmündende Sträßchen hinein, das gleich darauf eine Linkskurve beschreibt. Auf Höhe einer Straßeneinmündung von links biegen wir rechts auf einen Feldweg **(8)** ab. In der Senke aufpassen: Das Wegerecht verlangt, dass wir den rechts abknickenden Feldweg geradeaus verlassen und uns einen Weg über Äcker aufwärts suchen (Orientierungshilfe: Zauntritte). Hinter dem zweiten Ackerschlag schwenkt der Weg halb links zu einem Bauernhof. Dort finden wir die Fortsetzung der undeutlichen Wegführung entlang eines Ackerrains zum direkt gegenüber liegenden Waldrand. Im Wald erwartet uns dann ein klar definierter Fußpfad, der zunächst nach unten und dann eben nach Südosten führt. Wir überqueren eine Straße und gelangen quer über eine Weide zum gegenüberliegenden Waldrand, wo wir uns rechts halten. Auf einem schmalen Pfad erreichen wir die Hauptstraße von **West Dean (9)** und gehen dort rechts. Direkt hinter dem Gasthof »The Dean« biegen wir links und bei einer T-Kreuzung rechts ab. Nach gut 100 m gehen wir am Ortsrand links über eine Brücke und wandern anschließend rechts an einer Mauer entlang. Mit geringer Steigung geht es durch Wald und Offenland bergauf. Auf der Anhöhe passieren wir ein Gebäude linker Hand (Rubbing House), kreuzen anschließend einen Teerweg geradeaus und streben nun direkt auf St. Roche's Hill mit seiner Wallanlage **The Trundle (10)** zu und umrunden den Hügel. Dann geht es auf dem gleichen Weg zurück bis Rubbing House, wo wir uns bei einer Gabelung für den halb links wegführenden Pfad entscheiden. Hinter einer Hecke am Unterhang knickt der Weg leicht links ab und führt anschließend über den Talgrund zur Hauptstraße. Rechts stoßen wir nach wenigen Metern wieder auf die **Binderton Lane (1)**.

4.15 Std.

Chichester Harbour 18 TOP

Wanderung an naturnahen Meeresarmen

Was sich auf Deutsch ziemlich technisch (»Hafen«) anhört, entpuppt sich in Wirklichkeit als spannender naturnaher Abschnitt einer durch weit ins Land hineinreichende Meeresarme gegliederten, flachen Küste, die stark durch die Gezeiten geprägt wird. Zwei dieser Meeresarme stehen im Mittelpunkt dieser Wanderung, wobei der Weg oft unmittelbar an deren Ufern entlangführt. Sowohl die winzige Itchenor Ferry, die Mastenwälder der Marinas, das hübsche Bosham und seine aus dem 10. Jh. stammende Kirche, ein reiches Wasser- und Watvogelleben als auch ein (fakultativer) Abstecher zum Fishbourne Roman Palace sorgen für eine weitere Erhöhung des Erlebniswerts.

Ausgangspunkt: Seitenstreifen in Dell Quay (Außenspiegel einklappen). Von Fishbourne oder Chichester in Richtung Itchenor fahren und beim Hinweisschild »Dell Quay« rechts abbiegen. Bei Anfahrt mit dem Bus: Start in Fishbourne.
Höhenunterschied: 80 Hm.
Anforderungen: Einfache Wanderung auf Graswegen, am Strand und auf Teerwegen (ca. 4,5 km). Nicht durchführbar bei Springflut oder Sturm.
Einkehr: Crown & Anchor in Dell Quay, The Ship Inn in West Itchenor, mehrere Möglichkeiten in Bosham und Fishbourne, Boat House Café an der Chichester Marina.
Variante: Vom nördlichsten Punkt der Tour kann man einen Abstecher zum Fishbourne Roman Palace machen, der wegen seiner römischen Mosaike berühmt ist (zusätzlich 1,5 km).
Hinweise: 1. Wenn man nicht nur Schlamm und Schlick erblicken will, sollte man die Tour idealerweise 2–3 Std. vor Höchstwasserstand starten.
2. Die Itchenor Ferry verkehrt von Mitte Mai bis Ende September tgl. sowie von April bis Mitte Mai an Wochenenden 9–17 Uhr nach Bedarf, etwas Wartezeit muss einkalkuliert werden.
Karte: Landranger Series 197 Chichester & The South Downs.

Blick über den Bosham Channel auf das schmucke Örtchen Bosham.

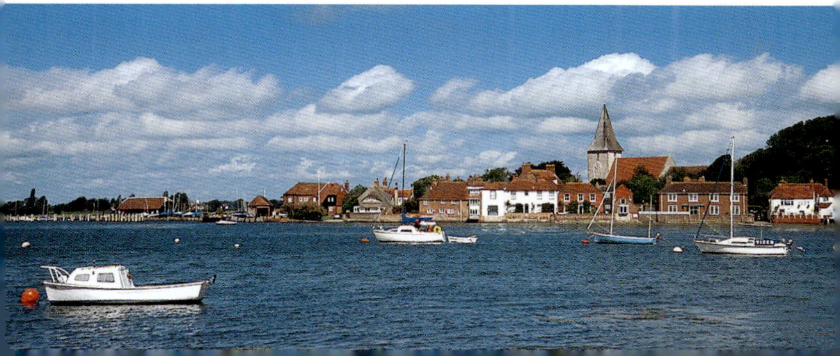

Wir halten uns landeinwärts und finden rechts hinter dem letzten Haus von **Dell Quay (1)** einen Durchlass, der uns auf einen Wiesenweg entlässt. Dieser nähert sich nach Kurzem dem Ufer an. Vor einem Waldstück gehen wir rechts über einen Steg, durch den Gehölzbestand hindurch und anschließend geradeaus über die Schwenkbrücke der **Chichester Marina (2)**. Auf der Zufahrtsstraße hinter den Gebäuden wenden wir uns links, bevor wir den Weg rechts über einen Steg fortsetzen. Auf der Querstraße rechts und an deren Ende – vor einem Privatgrundstück – links. Wir passieren Birdham Pool Marina und nehmen 100 m danach einen Teerweg rechts (**3**; »Footpath«). Vor dem Privatgrundstück an dessen Ende wählen wir den Trampelpfad halb links. An einer Siedlung halten wir uns meernah geradeaus, bevor der Fußpfad nach links schwenkt. Sowohl auf der Wohnstraße als auch auf der Erschließungsstraße rechts. Die Westland Farm umgehen wir links und setzen den Weg bei einer Gabelung geradeaus, parallel zu einer Stromleitung fort. Durch ein Waldstück kommen wir auf eine Wohnstraße und biegen dort links ab. Nach 300 m halten wir Ausschau nach einem rechts abzweigenden Gässchen **(4)**. Auf ihm erreichen wir **West Itchenor (5)**, laufen vor dem Gelände des Sailing Clubs links und auf der Hauptstraße rechts. Die **Itchenor Ferry (6)** finden wir unterhalb des Harbour Office am Ende des Landungsstegs. Die gegenüberliegende Anlegestelle verlassen wir nach links und gehen am Strand entlang. Nach 1,5 km mündet der Uferweg auf ein Teersträßchen, auf dem wir geradeaus weitergehen. Vor der Southwood Farm folgen wir der Straße nach links. An der östlichen Seite der Bucht haben wir die Gelegenheit, links einen Abstecher nach **Bosham (7)** zu machen, um dort den Kai, die Kirche (aus dem 10. Jh.) und die kleinen Gassen

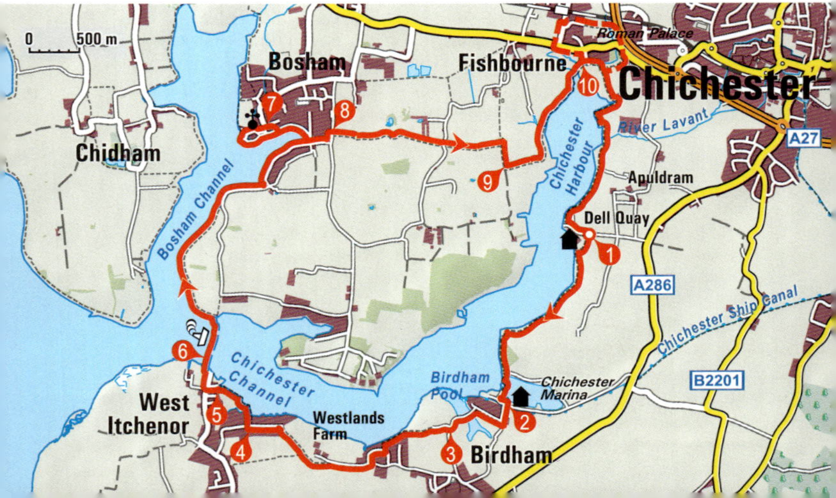

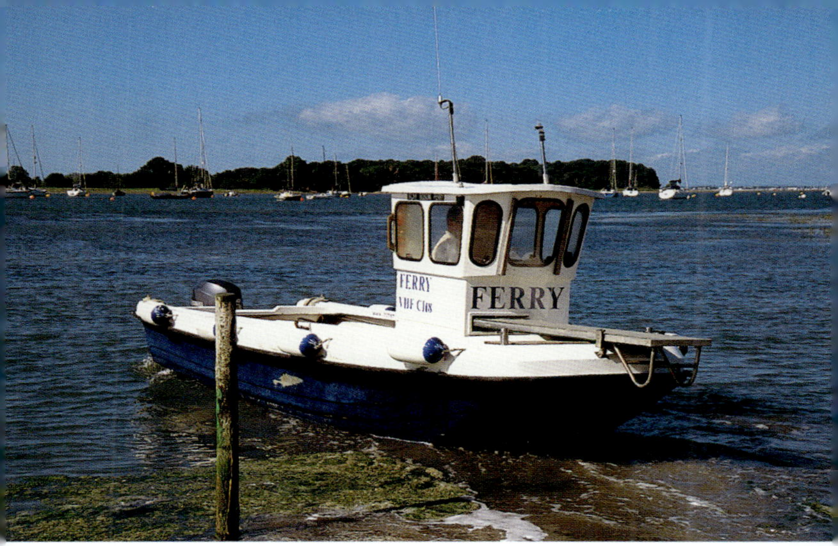

Die kleine Fähre setzt Wanderer über den Chichester Channel.

in Augenschein zu nehmen, bevor wir unseren Weg geradeaus fortsetzen. Am Ortsrand gehen wir auf der querenden Landstraße kurz links, bevor beim Wegweiser »Footpath« ein Pfädchen rechts abzweigt **(8)**. Der Weg setzt sich an einem Rain entlang fort, bevor wir auf einen Feldweg stoßen und auf ihm nach Osten steuern. Um ein einzelnes Haus geht es rechts herum und eine Straße kreuzen wir geradeaus. Bei einer T-Kreuzung biegen wir rechts und 250 m dahinter links ab **(9)**. Am westlichen Ufer des Chichester Channel – streckenweise durch feuchtes Röhricht – gelangen wir nach **Fishbourne (10)**. Dort erwarten uns ein klarer Mühlteich und ein Bach, dessen Lauf wir kurz stromabwärts begleiten. Anschließend queren wir halb rechts die Fishbourne Meadows, wobei wir Abzweigungen nach links ignorieren. Über ein Siel erreichen wir eine Weggabelung, entscheiden uns für den Damm geradeaus und umrunden eine Halbinsel. Südlich davon orientieren wir uns rechts und folgen dem schmalen Fußpfad über Wiesen, Weiden und entlang einer Hecke ufernah zurück nach **Dell Quay (1)**.

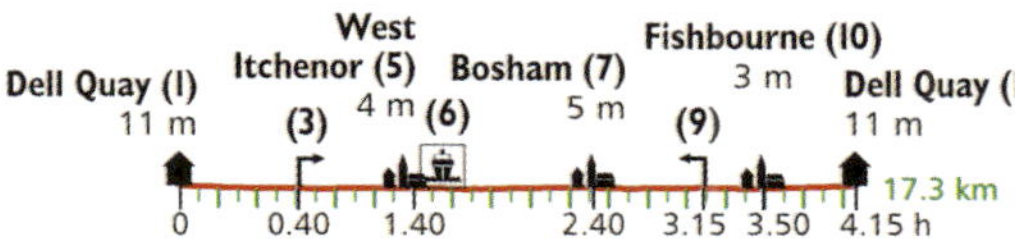

19 East Head bei West Wittering

2.00 Std.

Spaziergang zwischen Meer, Marsch und Dünen

Meer, Strand, Dünen und Salzmarschen sind die »Zutaten« für diesen einfachen, aber lohnenden Spaziergang am Ostufer des natürlichen Chichester Harbour und am East Head, einem von nur wenigen Dünenbereichen in Sussex. Die Lage des East Head hat sich seit Beginn der geographischen Aufzeichnungen durch Strömungen stark verändert; er gilt daher als die sich am schnellsten verlagernde Düne Englands (passend dazu heißt der Isthmus, der East Head mit dem Festland verbindet, »The Hinge«, also Scharnier). Regelmäßig lässt sich ein breites Spektrum an Vögeln beobachten, darunter Watvögel (z. B. Brachvogel, Regenpfeifer, Uferschnepfe, Rot- und Grünschenkel, Strandläufer), Gänse und Enten (z. B. Ringelgans, Schellente) sowie verschiedene Arten von Seeschwalben und Reihern. Und vielleicht kann man – einladendes Wetter und geeignete Wasserbedingungen vorausgesetzt – den Spaziergang mit einem Sprung ins Meer krönen.

Ausgangspunkt: West Wittering Beach Parking (kostenpflichtig). In West Wittering der Beschilderung folgen und bis zum Ende der öffentlichen Straße fahren.
Höhenunterschied: 20 Hm.
Anforderungen: Einfacher Spaziergang am Strand, auf Feld- und Teerwegen (ca. 1,5 km). Am Strand Gezeiten beachten. Bei Sturm- und Springflut nicht durchführbar.

Einkehr: The Landing und The Old House in West Wittering.
Hinweis: East Head ist Brutgebiet für einige geschützte Vogelarten. Daher können Teilbereiche abgesperrt und deren Betreten verboten sein. Dies kann u. U. ein Abweichen von der beschriebenen Routenführung erforderlich machen.
Karte: Landranger Series 197 Chichester & The South Downs.

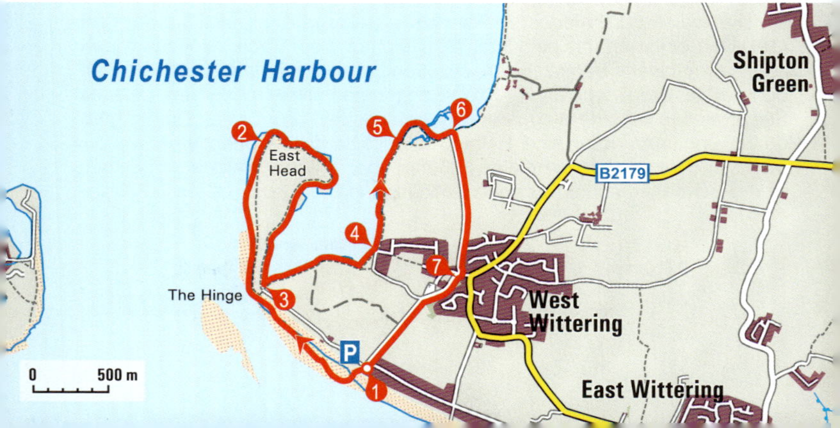

Vom **Parkplatz (1)** sind wir mit wenigen Schritten am Strand und spazieren auf ihm nach Westen. Je nach Gezeitenstand können wir dabei entweder unterhalb

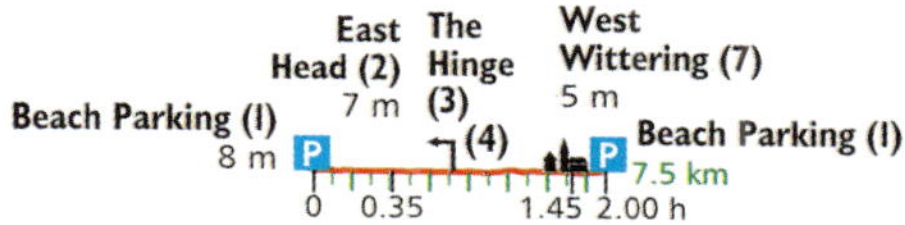

oder oberhalb der Buhnen entlanggehen. Anschließend spazieren wir auf die Landzunge **East Head (2)** hinaus. Dabei nutzen wir deren westlichen Strand. An der nördlichen Spitze der Landzunge schlagen wir einen Bogen nach rechts und wandern anschließend auf der Ostseite zurück zum Festland. Dort biegen wir hinter dem Isthmus, der East Head mit dem Festland verbindet, **The Hinge (3)**, auf dem Uferdamm links ab und spazieren auf ihm um die Bucht herum **(4)**. Auf deren nördlichen Seite entdecken wir einen Fußpfad, auf dem wir weiter Nordkurs halten.

Kurz nach einem Unterstand auf der rechten Seite ergibt sich die Möglichkeit, einen Abstecher in die Salzmarsch zu unternehmen. Dazu entscheiden wir uns bei einer Gabelung für den linken Weg **(5)** und folgen ihm, bis ein Schild das weitere Fortkommen unterbindet. Rechts – bei Hochwasserstand ist dazu eine kleine Furt zu durchqueren – gelangen wir wieder auf den Hauptweg, auf dem wir uns nach links wenden. Nach Kurzem treffen wir auf einen Teerweg und biegen dort rechts ab **(6)**. Nach einem Kilometer überqueren wir in **West Wittering (7)** eine Kreuzung und gehen entlang des Teersträßchens geradeaus zurück zum **Parkplatz (1)**.

Eines der wenigen Dünenareale von Sussex befindet sich am East Head.

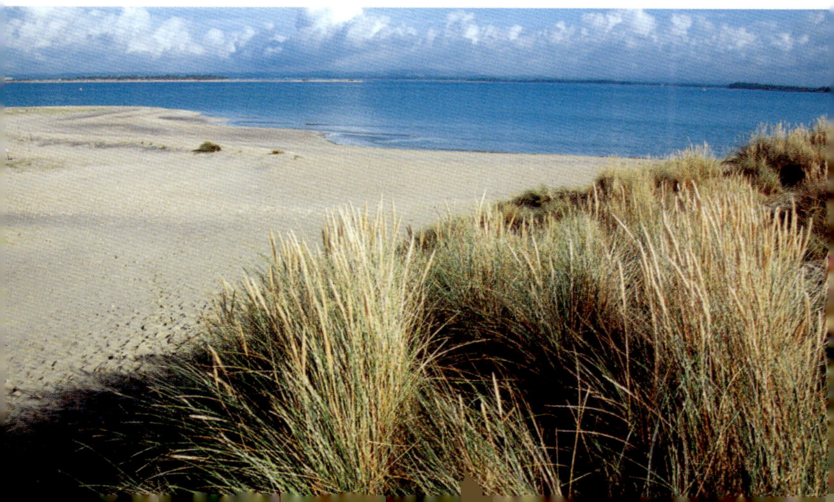

20 Ventnor und sein hügeliges Hinterland

5.15 Std.

Panoramablicke und Küstenflair im Südosten der Isle of Wight

Wenn die Höhen im Südosten der Insel als das »Dach der Isle of Wight« bezeichnet werden, dann ist Ventnor die »gute Stube« und die Küste das »Badezimmer«. Entsprechend abwechslungsreich ist die Wanderung. Sie bietet Ausblicke über die ganze Insel von äußersten Westen bis weit nach Osten, präsentiert Küstenabschnitte mit hübschen Buchten und türkisblauem Wasser, erkundet die Seeseite eines viktorianischen Badeorts, passiert die uralte St. Boniface's Church und setzt mit dem Aufstieg durch den Felskamin Devil's Chimney einen wahrhaft abenteuerlichen Schlusspunkt.

Ausgangspunkt: Parkplatz Landslide Recreation Area. Von Ventnor in Richtung Shanklin fahren. Parkplatz 1 km nordöstlich des Ortsrandes vor einer Linkskurve. Bei Anfahrt mit dem Bus: Start in Ventnor.
Höhenunterschied: 580 Hm.
Anforderungen: Wanderung auf Gras- und Feldwegen sowie schmalen Pfaden, die mitunter dicht an der Kliffkante verlaufen. Einige Abschnitte ohne Wegspur. zahlreiche Zauntritte, einige Strecken auf Hartbelag (5,5 km). Trittsicherheit, Schwindelfreiheit und ein guter Orientierungssinn sind erforderlich.
Einkehr: Mehrere Möglichkeiten jeweils in Steephill Cove und Ventnor, Kiosk in Wroxall.
Karte: Explorer Series OL 29 Isle of Wight.

Steephill Cove lockt mit fast mediterranem Flair.

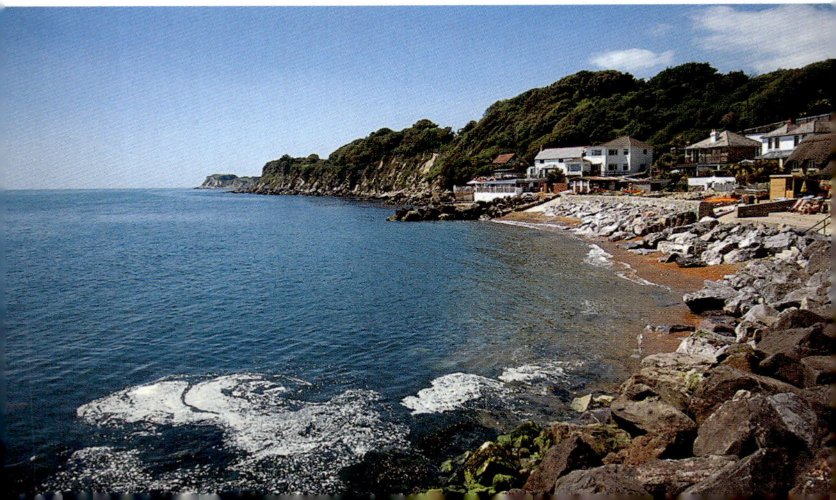

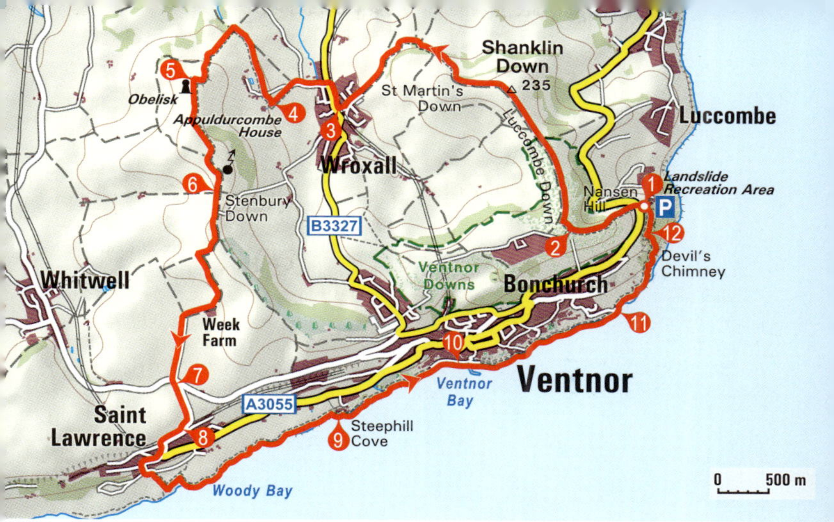

Gegenüber der Parkplatzeinfahrt der **Landslide Recreation Area (1)** erklimmen wir den Hügel **Luccombe Down (2)** und steigen auch hinter dem Törchen am Mittelhang weiter aufwärts. Auf der Anhöhe passieren wir einen Parkplatz geradeaus. Unweit danach mündet der Pfad auf einen Feldweg; dort rechts. Bei einer Kreuzung orientieren wir uns geradeaus und setzen den Weg auf dem Höhenrücken in einem Linksbogen fort. Kurz vor einer Hecke nehmen wir einen schmalen Pfad rechts abwärts. Durch ein Törchen betreten wir Wald und gehen bei einer Gabelung rechts. Bei der Kreuzung am Hangfuß biegen wir links ab (»Wroxall«), gelangen auf einen Feldweg und verlassen ihn nach wenigen Metern vor einem breiten Tor (»private«) links. Wir erreichen **Wroxall (3)**, gehen auf der Hauptstraße rechts und wenden uns nach 300 m beim Wegweiser »Appuldurcombe House« links. Hinter zwei steinernen Torpfosten betreten wir mittels eines Zauntritts halb links eine Wiese. Vor dem Grundstück des **Appuldurcombe House (4)** biegen wir rechts ab und entscheiden uns bei der Kreuzung geradeaus für die Richtung zum »Freemantle Gate«. Unmittelbar hinter diesem Tor gehen wir links den Hang hinauf und entdecken jenseits eines Hochpunkts einen Mauertritt

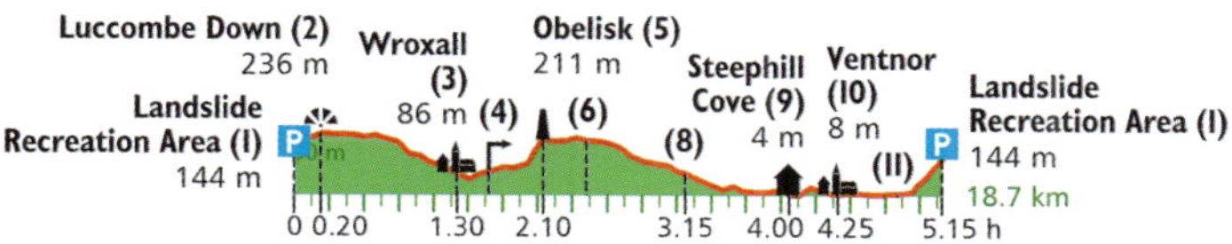

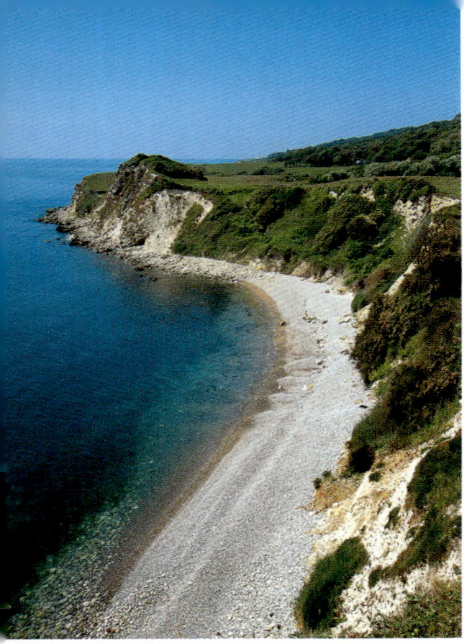

Südküste der Isle of Wight.

links. Zunächst steigen wir kräftig den Hang hinauf, halten uns bei einer Verebnung geradeaus an der östlichen Hangkante des ehemaligen Steinbruchs und erreichen – erneut bergauf – den **Obelisk (5)**. Von dort streben wir auf die nächstgelegene der beiden Sendeanlagen zu und treffen dabei auf einen Querweg, den wir links entlang marschieren. Er mündet auf einen befestigten Weg, auf dem wir zur Kreuzung auf **Stenbury Down (6)** gelangen. Wir setzen unseren Weg geradeaus auf einer Traktorspur fort, ignorieren Abzweigungen nach links und folgen ihrem Rechtsbogen am Ober- und ihrem Linksknick am Mittelhang. Vorbei an einem Hof gelangen wir auf dessen Zufahrt zur Hauptstraße **Cliff Road (7)** und kreuzen diese. Auf einem schmalen Teersträßchen erreichen wir abwärts **St. Lawrence (8)**. Bei der ersten Verzweigung geradeaus, dann links in die Spindlers Road. Auf der anderen Seite der Hauptstraße betreten wir die Old Park Road, die einen Linksbogen beschreibt. Anschließend biegen wir links in die Woolverton Road ab und entdecken nach einigen Metern rechts den Wegweiser des »Coastal Path«. Jetzt geht es kräftig den Hang hinunter, auf einem Feldweg links und nach 300 m rechts. Nun erkunden wir auf meist schmalen Pfaden die Küste. Nach einem kurzen Intermezzo auf Hartbelag setzt sich der Weg ohne Wegspur geradeaus (rechts an einem Gehölzrand entlang) fort. Hinter dem Botanischen Garten steigen wir über Treppen rechts in die bildhübsche **Steephill Cove (9)** ab. Am Ufer links. Durch stark bewegtes Gelände, jedoch auf angelegten Wegen und Treppen, erreichen wir **Ventnor (10)** und gehen die Uferpromenade entlang bis **Bonchurch (11)**, wo wir dem »Coastal Path« (Wegweiser beachten) links aufwärts folgen. Bei der **St. Boniface's Church** (11. Jh.) halten wir uns rechts. Danach lassen wir einige Abzweigungen aufwärts unbeachtet und biegen erst beim Schild »Devil's Chimney« links ab. Über Treppen geht es den Hang hinauf, bis wir an eine senkrechte Felswand kommen. Dort finden wir einen schmalen Spalt, den **Devil's Chimney (12)**, in den wir hineinschlüpfen. Sofort weitet er sich zu einem Felskamin, in dem wir auf unebenen Stufen steil aufwärts steigen. An der Oberkante geht es rechts zurück zum **Parkplatz (1)**.

1.30 Std.

St. Catherine's Oratory 21

Mit geringem Aufwand zu einem geschichtsträchtigen Aussichtspunkt

Wenige Aussichtshügel auf der Isle of Wight lassen sich mit geringerem Aufwand erwandern als St. Catherine's Down. Der Blick reicht von Tennyson Down im Westen über fast das gesamte nördliche Tiefland der Insel bis zu den Ventnor Downs im Osten. Und die Aussichten nach Süden über das Undercliff, St. Catherine's Lighthouse und das Meer sind natürlich auch nicht zu verachten. Hinter St. Catherine's Oratory (alias »Pepperpot«), dem Turm auf der Hügelkuppe, der bereits von Weitem die Blicke auf sich zieht, versteckt sich eine bemerkenswerte Geschichte: Historisch belegt ist nämlich, dass die Errichtung des Gebäudes (im Urzustand eine inzwischen verfallene Kapelle mit Leuchtturm) Lord Chale de Godeton im Jahr 1313 als Buße für strandräuberische Aktivitäten auferlegt wurde. Er hatte sich nämlich den für ein Kloster bestimmten Messwein aus einem gestrandeten Schiff unter den Nagel gerissen, eine Freveltat, bei der mit der Kirche nicht zu spaßen war. St. Catherine's Oratory war dann immerhin 200 Jahre lang, zwischen ca. 1328 und 1540, als Leuchtturm in Betrieb.

Ausgangspunkt: Parkplatz Blackgang, 1,7 km westlich von Niton.
Höhenunterschied: 170 Hm.
Anforderungen: Einfache Wanderung auf Graswegen und Trampelpfaden, kurz auf der Straße. Der Pfad entlang der Steilküste läuft etwas zurückversetzt und dürfte auch für nicht schwindelfreie Personen begehbar sein. Zwei Zauntritte.
Einkehr: The White Lion in Niton.
Karte: Explorer Series OL 29 Isle of Wight.

Die Sonne versinkt im Westen der Isle of Wight.

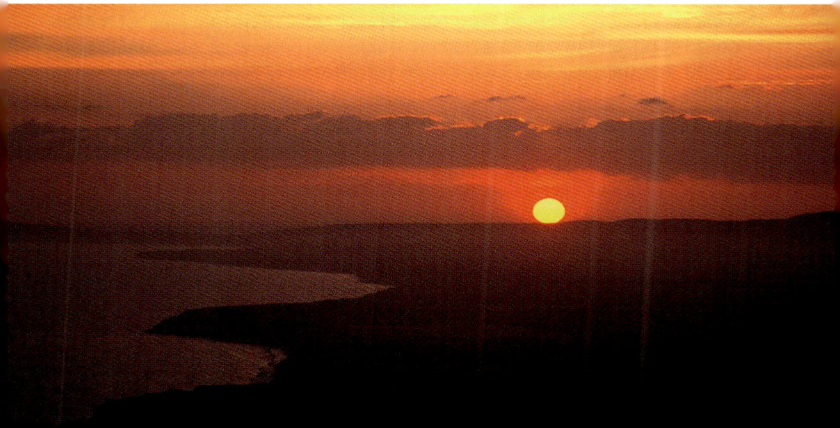

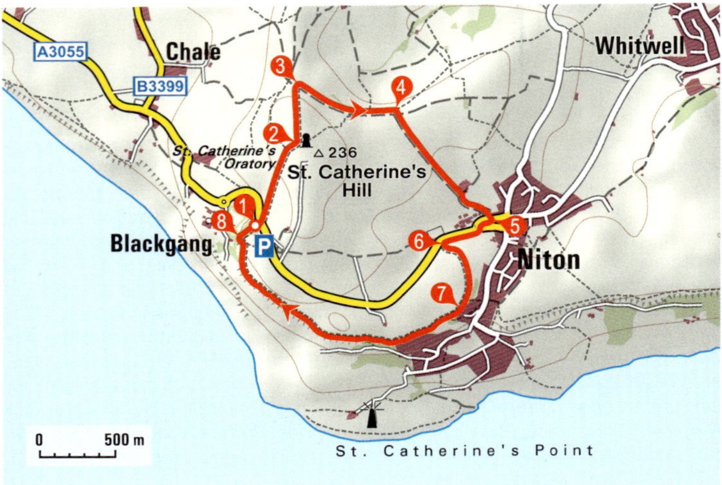

Gegenüber der Parkplatzeinfahrt **Blackgang (1)** steigen wir ein paar Stufen hinauf und biegen dahinter halb links in Richtung St. Catherine's Oratory ab. Mit wechselnden Steigungen erreichen wir die Anhöhe, auf deren Kuppe wir den Turm **St. Catherine's Oratory (2)** aus dem 14. Jh., heute unter dem Namen »Pepperpot« bekannt, ansteuern. Wir gehen geradeaus daran vorbei und anschließend mit einem Zaun rechter Hand den Höhenrücken sanft absteigend nach unten. Im Sattel biegen wir rechts auf einen Wiesenpfad ab **(3)**, der mit geringer Neigung abwärts führt. Bei einer Verzweigung entscheiden wir uns für den rechten Weg **(4)**, der sich als Hohlweg zunächst mit geringem, dann stärkerem Gradienten neigt. Am Ortsrand wird daraus ein Teerweg, auf dem wir die Hauptstraße von **Niton (5)** erreichen. Dort rechts. Unmittelbar hinter dem westlichen Ortsrand nehmen wir einen Pfad links **(6)**. Achtung: Der Wegweiser »Footpath to Coastal Path« versteckt sich in einem Busch. Wir erklimmen die Anhöhe und bewältigen kurz nacheinander zwei Zauntritte. Anschließend wandern wir rechts an einem Zaun entlang hinunter zum **Coastal Path (7)**, auf den wir rechts einschwenken. Mit etwas Abstand begleiten wir nun die Abbruchkante des Kliffs zunächst durch einen Gehölzbestand, dann über Wiesen mit Blick auf St. Catherine's Lighthouse und das Meer links von uns. Dabei geht es

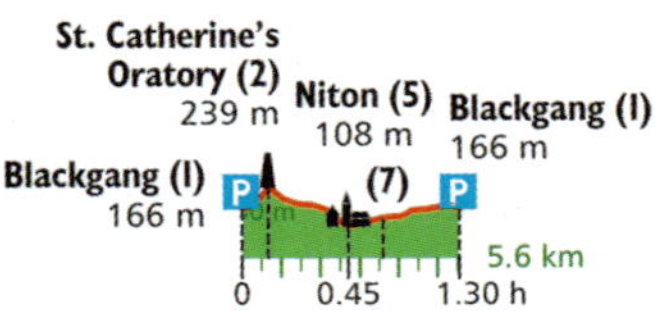

mit geringem Höhengewinn aufwärts. Kurz hinter dem höchsten Punkt des Wegs – und bevor er steil abfällt – biegen wir rechts ab **(8)** und gelangen so zurück zum Parkplatz **Blackgang (1)**.

Der Countdown läuft? St. Catherine's Oratory alias »Pepperpot«.

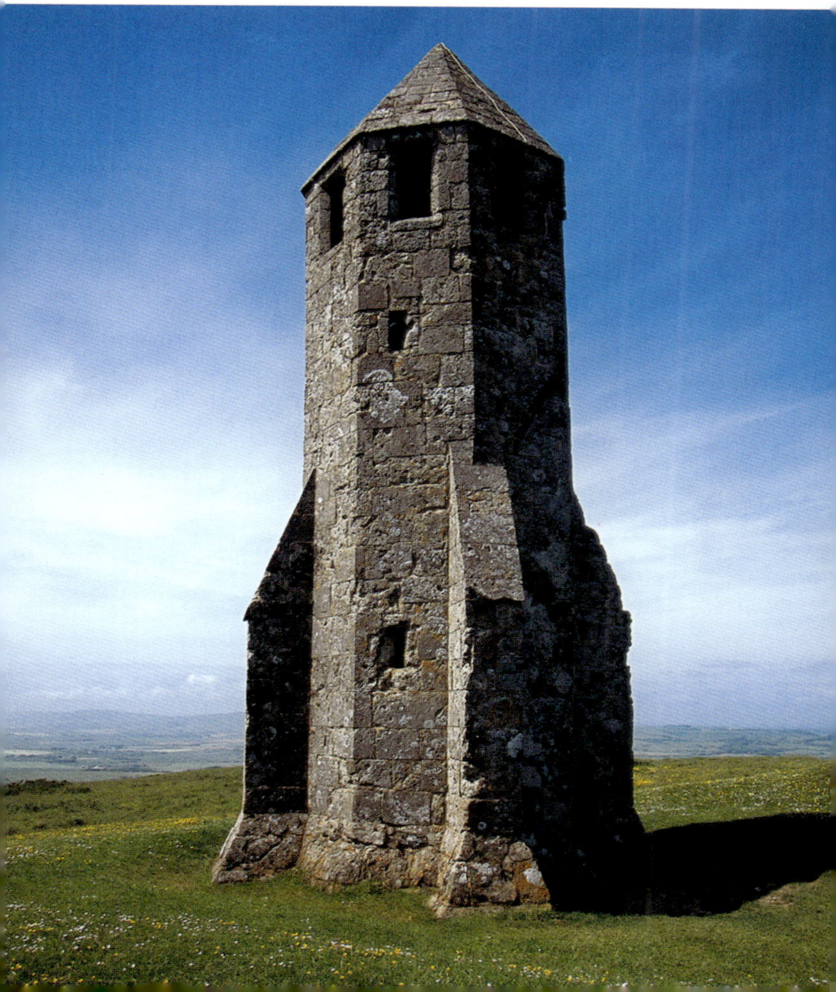

TOP **22** # Von Yarmouth zu den »Needles«

3.30 Std.

Spannende Vielfalt im Westen der Isle of Wight

Diese Wanderung erschließt völlig unterschiedliche Landschaften: Im ersten Teil dominiert die Niederung des River Yar mit seinem tidenbeeinflussten Mündungsbereich (Ästuar), röhrichtbestandenen Ufern, Nasswiesen und Sumpfwäldern. Im zweiten Teil geht es nach einem Abstecher zur hübschen Freshwater Bay hinauf auf die weißen Kalk-Kliffs der Tennyson Down, die von teppichkurzen Magerrasen bedeckt sind. Im äußersten Westen beeindrucken die Zacken der »Needles«, die sich (bei schönem Wetter) aus einem karibisch anmutenden, türkisblauen Meer erheben. Ein wahrer Farbenrausch entfaltet sich dann in der Alum Bay, wo senkrecht gestellte tertiäre Schichten, die »Coloured Sands«, in Gelb-, Ocker- und Rottönen leuchten.

Ausgangspunkt: Parkplatz am westlichen Ortsrand von Yarmouth (gebührenpflichtig).
Endpunkt: Bushaltestelle Alum Bay. Von dort mit dem halbstündlich verkehrenden Bus zurück zum Ausgangspunkt.
Höhenunterschied: 290 Hm aufwärts, 220 Hm abwärts.
Anforderungen: Wanderung auf Grus- und Graswegen sowie Trampelpfaden (punktuell matschig), kurz auf der Straße (ca. 1,5 km). Entlang der Steilküste existieren Wegvarianten, die auch für nichtschwindelfreie Personen begehbar sind. Zwei Zauntritte. Am Strand Gezeiten beachten.
Einkehr: Jeweils in Freshwater Bay und Alum Bay, Kiosk in der New Battery.
Karte: Explorer Series OL 29 Isle of Wight.

Freshwater Bay ist eine der attraktivsten Buchten im Süden der Isle of Wight.

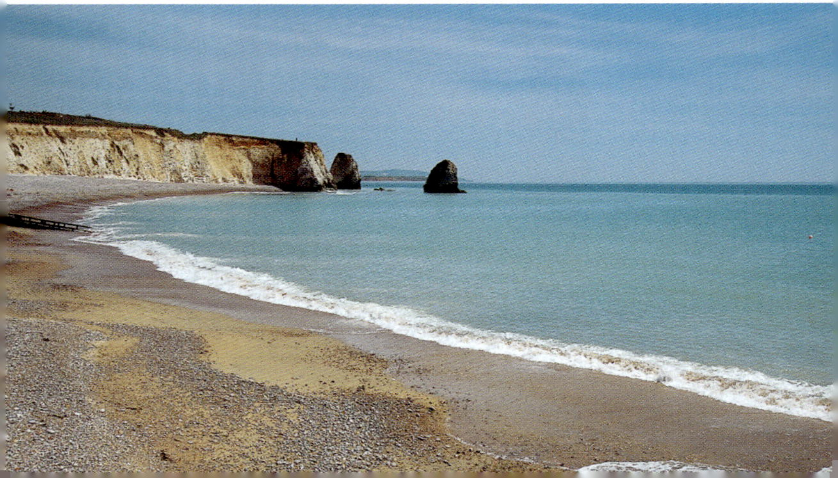

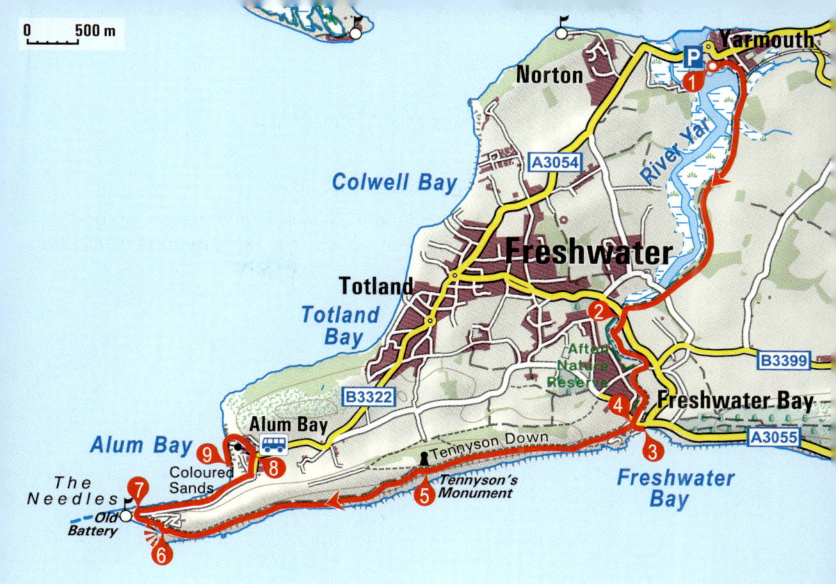

Am südwestlichen Rand des Parkplatzes in **Yarmouth (1)** finden wir einen schmalen Grusweg, der landeinwärts am River Yar entlang führt. Sowohl auf den ersten als auch auf den zweiten Weg biegen wir rechts ab (»Causeway and Freshwater«) und marschieren auf einer ehemaligen Bahntrasse nach Süden. Nach knapp 2,5 km kreuzen wir eine Straße und treffen nach weiteren 500 m auf die querende A 3055. Dort wenden wir uns kurz nach links, bevor wir beim Schild **»Afton Marsh Local Nature Reserve« (2)** einen Pfad nach rechts wählen. Bei einer mit wenigen Schritten erreichten Gabelung wählen wir zunächst den Pfad geradeaus, bevor er einen Bogen nach links beschreibt. Der Pfad schlängelt sich durch eine feuchte Niederung (stellenweise matschig). Kurz hinter einem Holzsteg gelangen wir zu einer Querstraße und finden die Fortsetzung unseres Weges wenige Meter rechts versetzt (auch hier etwas matschig). Der Pfad mündet auf eine Wohnstraße, der wir geradeaus zur Hauptstraße folgen. Ein kurzer Abstecher nach links bringt uns zur **Freshwater Bay (3)**. Anschließend gehen wir auf der Hauptstraße nach Westen und biegen am Ortsrand zunächst links, und nach wenigen Metern halb rechts ab (**4**; »Coastal Path«). Auf Gras-

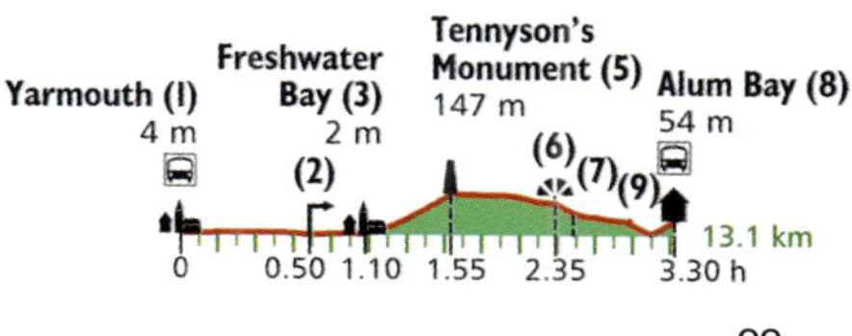

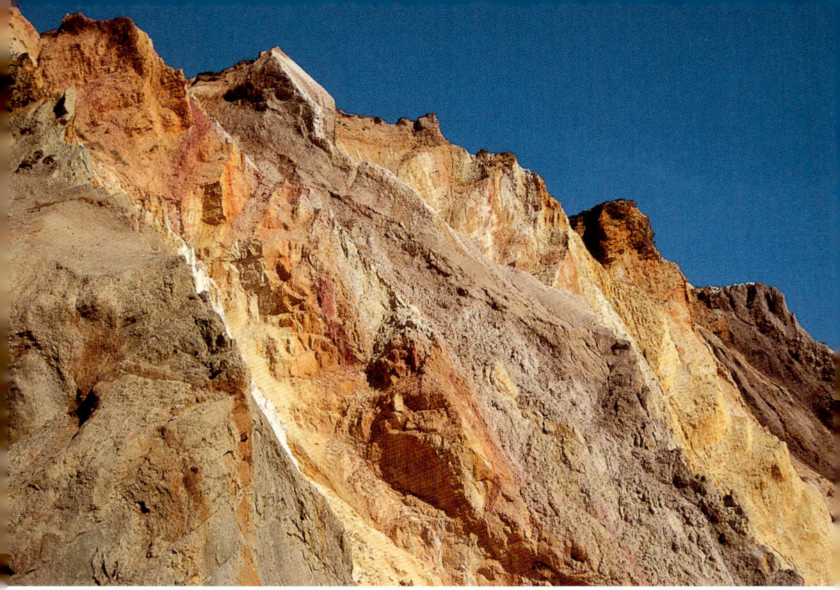

Das Farbspektakel der »Coloured Sands« hat seinen Ursprung im Tertiär.

wegen ersteigen wir Tennyson Down und können schon von Weitem **Tennysons's Monument (5)** am höchsten Punkt erkennen. Dort schwenkt der Grasweg geringfügig nach links und verliert an Höhe. Bevor er erneut ansteigt, nutzen wir an einem Zaun den rechten der beiden Zauntritte und gehen in geringer Entfernung rechts am Zaun entlang, bevor wir das Grundstück über ein Törchen verlassen. Dahinter geht es geradeaus weiter. Von einem Teerweg aus können wir links einen Abstecher zu einem Aussichtspunkt auf die »**Needles**« (**6**; »Viewpoint«) machen, bevor wir die Station der Küstenwache passieren. Auf Höhe der New Battery steigen wir links zur **Old Battery (7)** ab. Von dort nehmen wir das Sträßchen rechts nach **Alum Bay (8)**, wo wir an einer Wendeschleife die Bushaltestelle finden.
Vorher besuchen wir aber noch ein weiteres Highlight: Wir gehen an der Haltestelle vorbei und biegen 200 m dahinter links und bei einer weiteren Verzweigung ebenfalls links in ein Tälchen ab. Den Steilabbruch hinunter zum Meer überwinden wir auf Treppen. Dort links machen wir Bekanntschaft mit den senkrecht gestellten, tertiären Schichten, den **Coloured Sands (9)**, die ein fantastisches Farbspektakel in Gelb-, Ocker- und Rottönen bieten. Natürlich können wir auch den übrigen Strand erkunden! Zurück zur **Bushaltestelle (8)** auf demselben Weg.

5.00 Std.

New Forest bei Brockenhurst 23

Durch Südenglands größtes Waldgebiet

Die Bezeichnung »New Forest« könnte ein wenig in die Irre führen, denn der Wald ist wahrlich nicht neu: Er erhielt seinen Rechtsstatus als königliches Jagdgebiet bereits im Jahr 1079, nämlich durch Wilhelm den Eroberer! Heute hat der als Nationalpark ausgewiesene New Forest viele Gesichter: Alte Eichenwälder, sonnendurchflutete Birkenhaine, aber auch die ein oder andere Nadelholzaufforstung prägen seine Erscheinung. Darüber hinaus findet man kleine Quellnischen und Moore, mäandrierende Waldbäche, Lichtungen unterschiedlicher Ausdehnung sowie weitläufige Heideflächen.

Ausgangspunkt: Parkplatz Balmer Lawn. Am nördlichen Ortsrand von Brockenhurst nach Osten in Richtung Beaulieu abbiegen und gleich rechts auf den Parkplatz fahren.

Höhenunterschied: 200 Hm.

Anforderungen: Tour auf Forstwegen, Wald- und Wiesenpfaden, kurzzeitig auf Hartbelag (ca. 2,1 km). Bei Nässe streckenweise matschig. Da im New Forest weder Wegweiser noch Markierungen existieren, ist ein gutes Orientierungsvermögen erforderlich.

Einkehr: The Oak Inn in Bank.

Variante: Die Tour lässt sich entlang eines ausgewiesenen Radwegs zwischen WP 4 und WP 8 in eine nördliche (ca. 6,5 km, einfach »blau«, auch für Kinder geeignet) und eine südliche Runde (ca. 15,5 km, mittel »rot«) aufteilen.

Karte: Explorer Series OL 22 New Forest.

Bachläufe und Feldgehölze akzentuieren eine Heidefläche des New Forest.

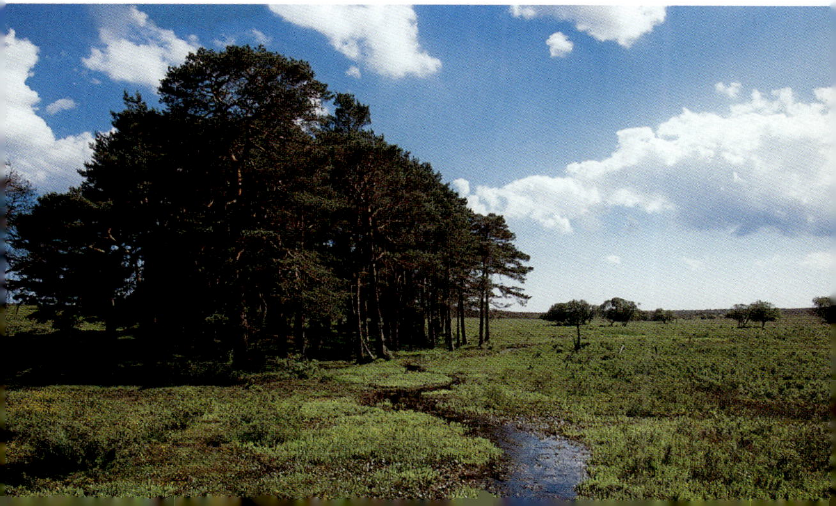

Vom Parkplatz **Balmer Lawn (1)** begeben wir uns zur Hauptstraße A 337, gehen auf ihr 200 m nach Norden und übersteigen gegenüber der Einfahrt zum Campingplatz einen Zauntritt. Wir wandern den Waldweg hinein, gehen bei einer Verzweigung halb links und überqueren einen Steg links. Wir begleiten den Bach etwa 300 m aufwärts, bevor wir uns links zum Waldrand durchschlagen und dahinter rechts abbiegen. An der westlichen Grenze der Offenfläche wenden wir uns auf einem Feldweg links. Am Ober Corner geht dieser in ein Teersträßchen über, das wir nach gut 200 m über eine Brücke rechts verlassen. Unmittelbar danach zweigt links ein Erdweg ab und folgt dem Ober Water bachaufwärts. Auf Höhe des Parkplatzes Puttles Bridge überqueren wir links einen Steg und erreichen den Parkplatz **Whitefield Moor (2)**. Gegenüber der Einfahrt wählen wir den Pfad schräg rechts. Wir lassen mehrere Einmündungen unbeachtet, biegen erst in einer feuchten Senke rechts ab und halten auf ein Feldgehölz zu. Dahinter finden wir halb rechts ein Pfädchen und anschließend einen breiteren Weg rechts abwärts. Wir überqueren das Ober Water, erreichen einen Waldrand und gehen geradeaus durch das Tor. Links am Grundstück des Rhinefield House entlang und anschließend rechts auf einem Feldweg stoßen wir auf ein Teersträßchen und gehen dort links. Vor dem **Rhinefield Cottage (3)** erneut links. Nach 400 m folgen wir dem Hauptweg um einen Rechtsknick. Hinter der Bachquerung nehmen wir die zweite Möglichkeit rechts und spazieren geradeaus durch das Blackwater Arboretum. Auf der anderen Straßenseite setzen wir unseren Weg geradeaus in einer Schneise fort und gelangen auf einen breiten Forstweg. Wir lassen mehrere Kreuzungen unbeachtet und kommen auf eine große Lichtung, wo wir vor der Brücke über das **Highland Water (4)** links auf einen Trampelpfad abbiegen. Mal mit mehr, mal mit weniger Abstand begleiten wir den Bach durch alten Eichenwald, wo uns der ein oder andere gefallene Baumriese zu einem Umweg nötigt. Wir überqueren rechts einen **Steg (5)** und marschieren anschließend mit geringer Steigung aufwärts

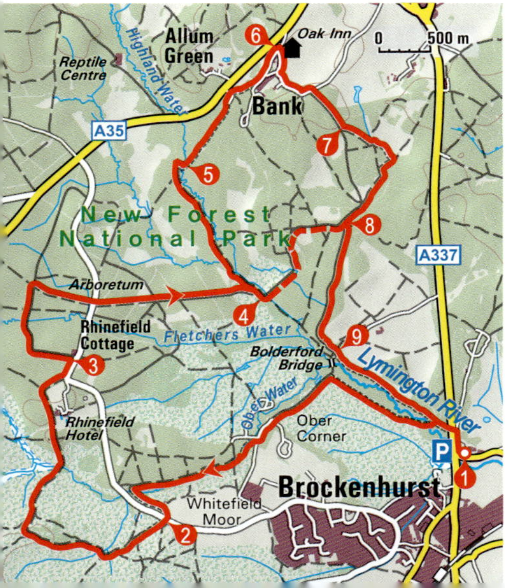

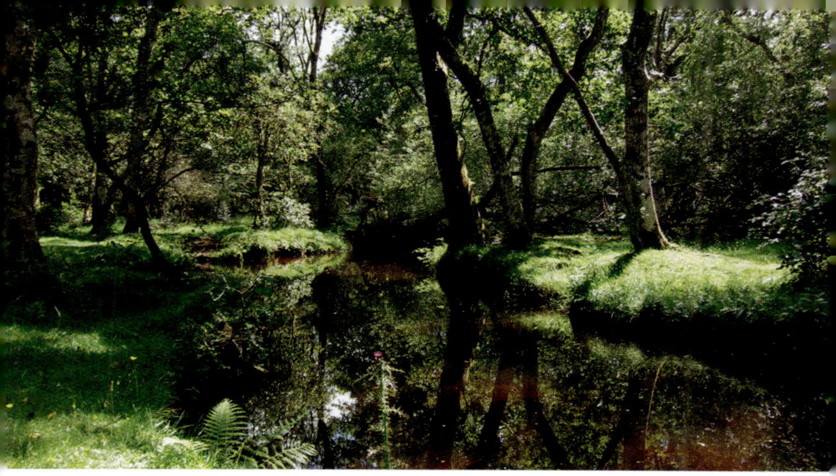

Das Ober Water mäandriert durch lichten Eichen- und Birkenwald.

und an einer Kläranlage vorbei. Wo der Feldweg links abknickt, betreten wir halb rechts eine Wiese und erspähen durch einen Gehölzstreifen die Häuser von Bank. Wir gehen auf dem Sträßchen geradeaus und wenden uns hinter dem **»Oak Inn« (6)** nach rechts. Jenseits einer Senke gewinnen wir wieder etwas an Höhe, betreten rechts durch ein Törchen erneut Wald und orientieren uns 50 m danach auf einen breiten Forstweg rechts. Nach ca. 500 m biegen wir beim zweiten Pfad halb links ab **(7)** und durchqueren nach 300 m ein Törchen links. Dahinter entscheiden wir uns für den rechten Pfad und entdecken jenseits eines Kiefernbestands einen Steg. Bei der nach 50 m folgenden Kreuzung wenden wir uns nach rechts, gelangen wieder auf den breiten Forstweg und erreichen auf ihm eine Kreuzung. Hier halten wir uns links **(8)**. Nach 1,5 km durch Wald wenden wir uns bei einer T-Kreuzung nach rechts und finden uns binnen Kurzem vor der **Bolderford Bridge (9)** über das Highland Water wieder. Unmittelbar davor entdecken wir ein schmales Pfädchen, das ziemlich wurzelig und stellenweise schlammig ist und uns nach 1,4 km wieder zur A 337 bringt (bei feuchten Verhältnissen besser den Hinweg nutzen). Rechts erreichen wir wieder den Parkplatz **Balmer Lawn (1)**.

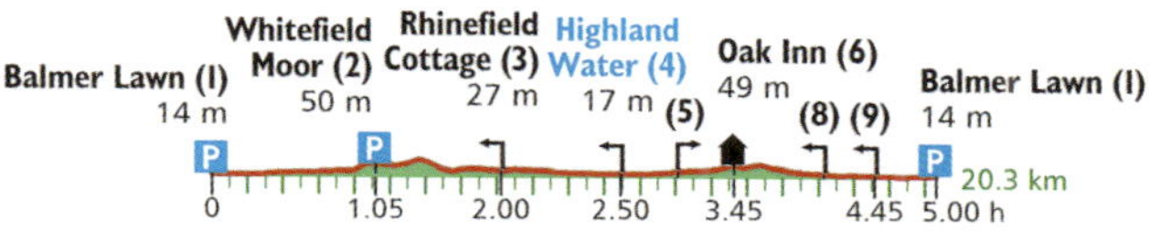

24 Portuguese Fireplace und Acres Down

1.40 Std.

Kurze Schnupperrunde im Herzen des New Forest

In England ist ein so großes Waldgebiet wie der New Forest eine seltene Ausnahme. Eine zusätzliche Besonderheit stellt die Beweidung mit Pferden, Rindern, Eseln und Schweinen dar, die einträchtig neben dem Rot- und Damwild grasen und den Wald lichten, so weit bzw. hoch die gierigen Mäuler reichen. Auch für waldverwöhnte Mitteleuropäer gibt es dabei den ein oder anderen Aha-Effekt, denn der New Forest führt vor Augen, wie während des Mittelalters unsere heimischen Wälder ausgesehen haben könnten, die nicht nur der Bau- und Brennholzproduktion, sondern auch als Waldweide für das Vieh dienten. Natürlich ist auch die Begegnung mit den frei herumlaufenden Nutztieren und – mit einem Quäntchen Glück – dem Wild ein zusätzliches Highlight.

Ausgangspunkt: Parkplatz James Hill. Am westlichen Ortsrand von Lyndhurst zunächst in Richtung Emery Down und hinter dem »New Forest Inn« links in Richtung Bolderwood abbiegen und nach 400 m links auf den Parkplatz fahren.
Höhenunterschied: 120 Hm.
Anforderungen: Kurze Runde auf Forstwegen, Wald- und Wiesenpfaden, bei Nässe streckenweise matschig. Da im New Forest weder Wegweiser noch Markierungen existieren, ist ein gutes Orientierungsvermögen erforderlich.
Einkehr: Keine.
Karte: Explorer Series OL 22 New Forest.

Vom westlichen Teil des Parkplatzes **James Hill (1)** nehmen wir einen ausgetretenen Waldpfad und wählen bei einer Verzweigung nach knapp 150 m die rechte Möglichkeit **(2)**. Der Pfad schlängelt sich durch den Laubwald, wobei wir kleinere Pfädchen nach links und rechts unbeachtet lassen. Bei

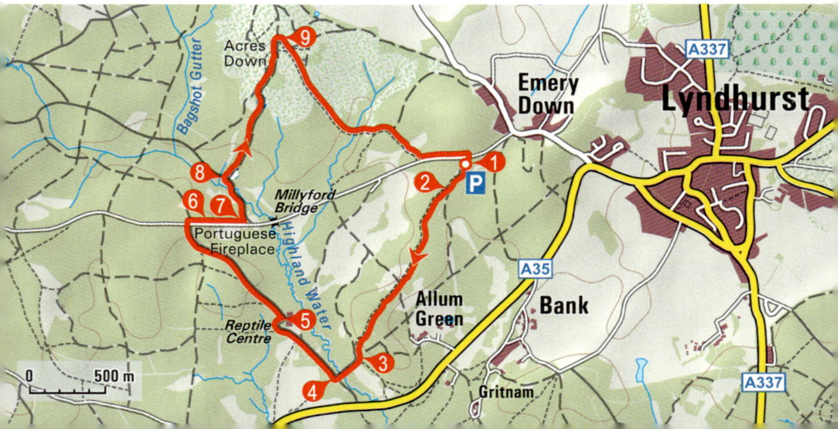

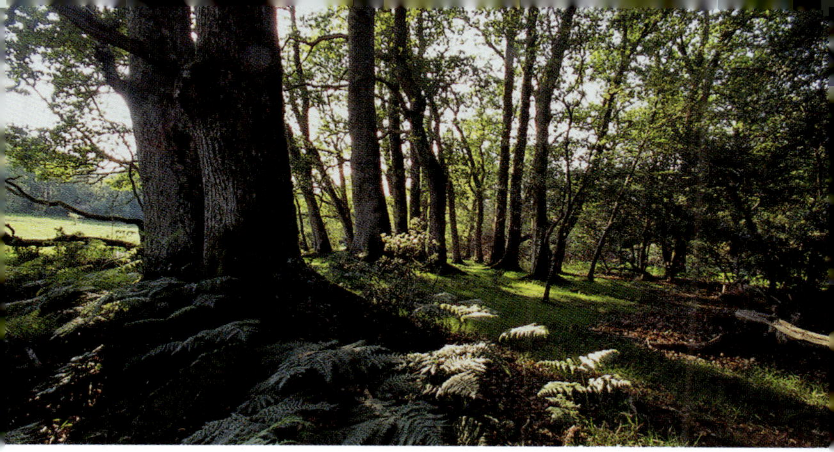

Waldbestände wechseln sich ab mit kleinen Lichtungen.

einer Kreuzung auf einer größeren Lichtung halten wir uns weiter geradeaus. Dahinter verliert der Weg etwas an Höhe und nimmt am Hangfuß eine von rechts einmündende Fahrspur auf. Kurz darauf gelangen wir an eine T-Kreuzung und gehen rechts **(3)**. Wir erreichen eine Brücke und finden dahinter einen breit ausgebauten Forstweg **(4)**, dem wir rechts zum **Reptile Centre (5)** folgen. Der Fahrweg schlägt links einen Bogen um das Reptile Centre und setzt sich dahinter durch Nadelwald fort. Eine Abzweigung links lassen wir unbeachtet und gehen auf der querenden Teerstraße rechts. Vorbei am **Portuguese Fireplace (6)** kommen wir auf eine Lichtung und biegen am **Parkplatz Millyford Bridge (7)** links auf einen Forstweg ab. Knapp 100 m hinter einer Brücke, auf einer kleinen Lichtung, entdecken wir rechts einen schmalen Pfad **(8)**. Mit geringer Steigung geht es zunächst durch Wald, dann über (feuchte) Lichtungen hinauf zum **Acres Down (9)**, einer offenen Heidefläche auf einer Anhöhe – sogar mit etwas Aussicht!

Auf der Anhöhe zweigt spitzwinklig eine Fahrspur rechts ab. Bald verlieren wir auf ihr wieder an Höhe, überqueren in der Senke einen schmalen Bach mit einem großen Schritt und marschieren auf einer Lichtung aufwärts. Am oberen Rand dieser Lichtung entscheiden wir uns für denjenigen Pfad, der in einem Rechtsbogen in den Wald hineinführt.

Auf ihm gelangen wir in eine offene, recht nasse Senke, wo wir halb links am Waldrand gegenüber einen schwach ausgeprägten Hohlweg erkennen. Bereits nach 50 m entlässt dieser uns auf die Straße, der wir links zurück zum **Parkplatz (1)** folgen.

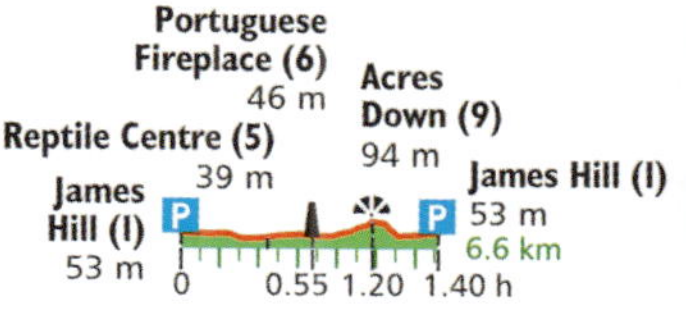

TOP **25**

Latchmore Bottom und Fritham Plain

4.15 Std.

Unterwegs auf Heiden, in Bachniederungen und unter alten Baumbeständen

Der nordwestliche Teil des Nationalparks New Forest wird von weitläufigen Heiden, Bachniederungen und Wäldern in sogenannten »Inclosures« (gegen Verbiss eingezäunte Baumbestände) dominiert. Inclosures waren im 18. Jahrhundert eine Reaktion auf den immer stärkeren Holzmangel, der v. a. für den Schiffsbau der Seemacht England ein ernsthaftes Problem darstellte. (Kein Wunder bei einem Bedarf von 2000 alten Eichen für ein einziges Kriegsschiff!) Lange bevor die Bäume hiebsreif waren, eroberten jedoch Stahlschiffe die Weltmeere.

Ausgangspunkt: Parkplatz Telegraph Hill, an der Verzweigung von B 3078 und B 3080.

Höhenunterschied: 200 Hm.

Anforderungen: Wanderung auf Feld- und Forstwegen sowie Wiesenpfaden, streckenweise matschig, eine Furt (kann umgangen werden). Da im New Forest weder Wegweiser noch Markierungen existieren, ist ein gutes Orientierungsvermögen erforderlich.

Variante: Die Tour lässt sich zwischen WP 2 und WP 9 entlang eines ausgewiesenen Radwegs in eine nördliche (ca. 9 km, einfach »blau«, auch für Kinder geeignet) und eine südliche Runde (ca. 13 km, mittel »rot«) aufteilen.

Einkehr: The Royal Oak in Fritham.

Karte: Explorer Series OL 22 New Forest.

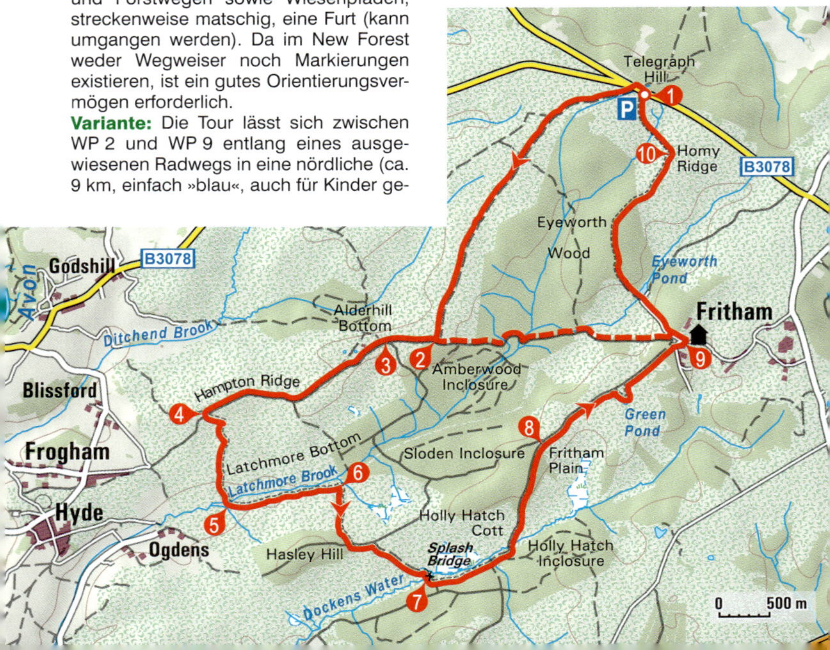

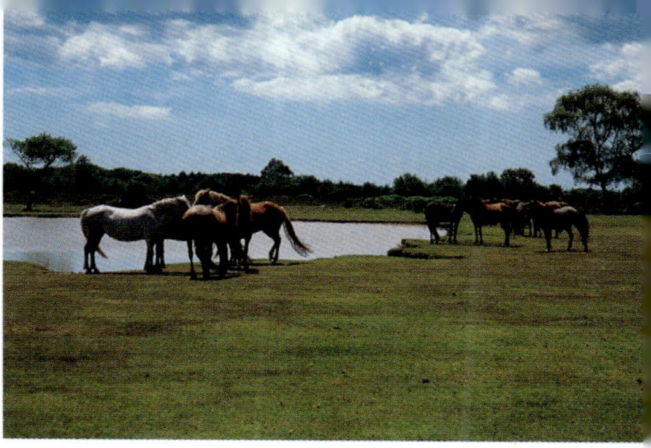

New-Forest-Ponys am Green Pond.

Wir wählen den Feldweg, der nördlich (!) des Parkplatzes **Telegraph Hill (1)** von der Hauptstraße abzweigt und zunächst nach Westen, dann nach Südwesten führt. Abzweigungen kleinerer Wege lassen wir unbeachtet. Nach ca. 3 km über Heideland erreichen wir **Amberwood Inclosure (2)** und treffen dort auf einen breiten Querweg, dem wir nach rechts folgen. Am Waldrand halten wir uns auf dem Hauptweg geradeaus und bei einer Gabelung nach 500 m halb links **(3)**. Vom **Hampton Ridge** aus öffnet sich links der Blick in den Latchmore Bottom, in den wir (nachdem wir einen kegelförmigen Vermessungspunkt – Trig-Point – rechter Hand passiert haben) links auf einem ausgetretenen Pfad absteigen **(4)**. Am Talgrund hält der Pfad direkt auf die Furt im **Latchmore Brook (5)** zu (diese Furt lässt sich rechts umgehen, dann 1,2 km länger). Wenige Meter dahinter biegen wir links auf einen Grasweg ab. Kurz bevor wir einen Nadelwald (Sloden Inclosure) erreichen, zweigt rechts ein aufwärts führender Pfad ab (**6**; stellenweise nass), auf dem wir ein Wäldchen auf der Kuppe ansteuern. Wir gehen kurz links daran entlang und biegen dann links auf einen Feldweg ab, den wir bei der nächsten Gelegenheit rechts talwärts verlassen. Ein paar Meter jenseits der **Splash Bridge (7)** wählen wir links einen (feuchten) Grasweg, der bald auf einen Feldweg mündet. Hinter dem Holly Hatch Cottage schwingt er sich halb links den Hang hinauf und durchquert einen alten Eichen-, Eiben- und Stechpalmenwald, der uns auf **Fritham Plain (8)** entlässt. Geradeaus (evtl. mit einem kurzen Abstecher rechts zum Green Pond) erreichen wir **Fritham (9)** und gehen auf dem Teersträßchen links. Im Talgrund passieren wir Eyeworth Pond und wandern anschließend mit Aufwärtstendenz durch einen alten Buchen- und Eichenwald. Nach und nach wird der Wald lichter und geht schließlich wieder in Heide über. An einem Feldgehölz auf dem **Homy Ridge (10)** biegen wir links ab und kommen jenseits einer Senke wieder am **Parkplatz (1)** an.

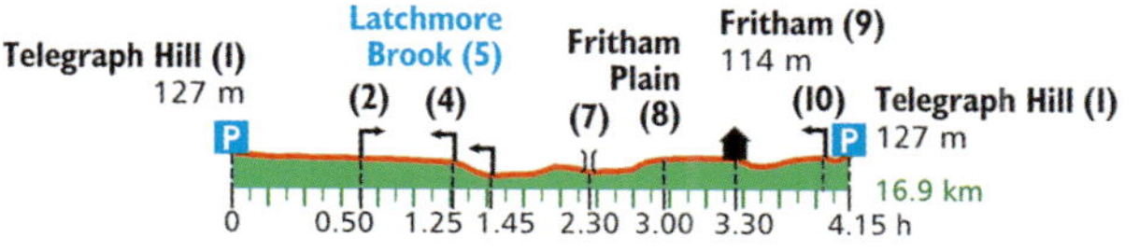

26 Winchester

2.15 Std.

Spaziergang zur Hauptstadt des mittelalterlichen Wessex

Winchester begann seine Existenz als römische Gründung und wurde bald zur Garnisonsstadt ausgebaut. Es erreichte im frühen Mittelalter den Höhepunkt seiner Bedeutung als Hauptstadt des Königreichs Wessex. Die mittelalterliche Stadtstruktur und die reiche historische Bausubstanz machen das Städtchen zu einem lohnenden Ausflugsziel.

Ausgangspunkt: Parkplatz Garnier Road. An der Kreisverkehr-Kreuzung von A 31 und B 3330 (westlich der Ausfahrt 10 der M 3) in Richtung St. Cross halten und unmittelbar hinter einer Unterführung links abbiegen. Bei Anfahrt mit dem Bus: Start in Winchester.
Höhenunterschied: 130 Hm.
Anforderungen: Spaziergang überwiegend auf Hartbelag (ca. 6 km), daneben auf Gruswegen sowie Trampelpfaden. Nicht durchführbar bei Hochwasser.
Einkehr: Zahlreiche Möglichkeiten in Winchester.
Variante: St. Catherine's Hill kann eben umgangen werden.
Karte: Landranger Series 185 Winchester & Basingstoke.

Am Südende des Parkplatzes an der **Garnier Road (1)** unterqueren wir eine stillgelegte Bahntrasse und biegen rechts aufwärts ab. Bei einer Gabelung nach 50 m gehen wir links und ersteigen **St. Catherine's Hill (2)** auf unregelmäßigen Stufen. Die obere Wallanlage überwinden wir geradeaus und überschreiten die Kuppe. Auf der Südseite steigen wir über eine Treppenanlage ab und wenden uns am Hangfuß auf einem Teerweg links. Wir unterqueren erneut die alte Bahntrasse, wenden uns unweit dahinter bei einer Kreuzung rechts (**3**; »St. Cross«) und überqueren den Talgrund. Auf der anderen Seite finden wir einen Richtungspfeil nach rechts (»Hospital of St. Cross«). Durch ein Törchen **(4)** betreten wir einen Grasweg und passieren bald darauf den Gebäudekomplex des **Hospital of St. Cross (5)**, dessen Zugang wir auf der Nordseite entdecken. Anschließend setzen wir unseren Weg in nördlicher Richtung fort, kreuzen ein Teersträßchen und gehen anschließend am östlichen Ufer des

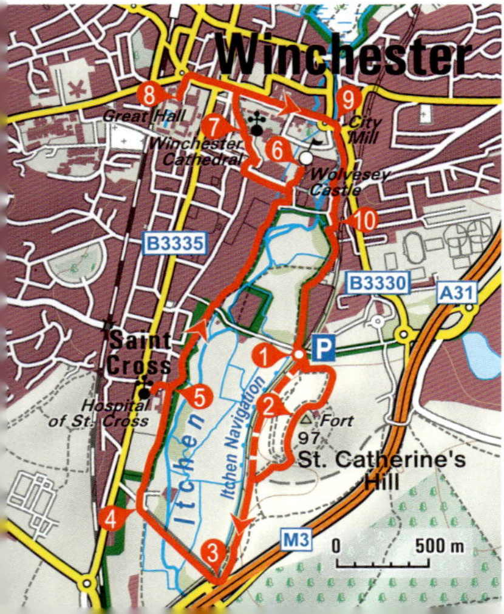

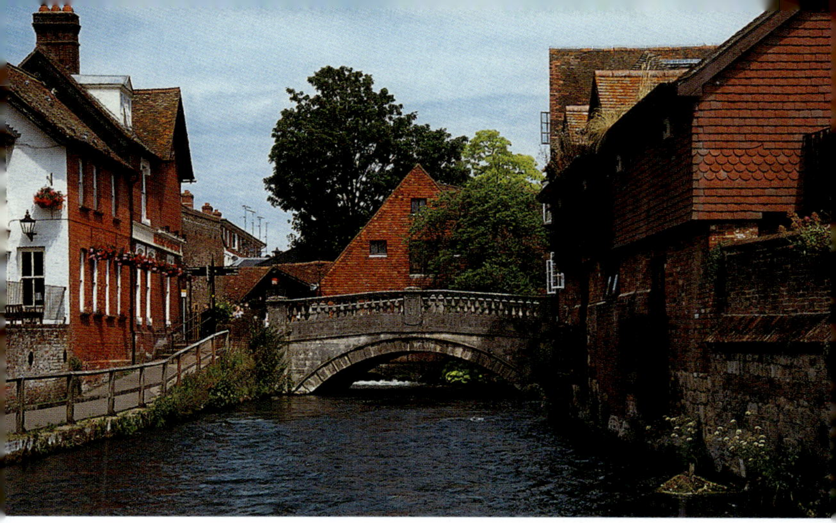

Blick vom Riverside Walk auf die City Mill.

River Itchen weiter. Am Stadtrand von Winchester umrunden wir Winchester College rechts, machen halb rechts einen Abstecher zur Ruine von **Wolvesey Castle (6)** und setzen unseren Weg dann nach Westen fort. Wir betreten die Altstadt rechts durch das mittelalterliche Kingsgate und biegen danach erneut rechts ab. Hinter dem Steinbogen, der die Grenze der Cathedral Close markiert, geht es nach links. Dann steuern wir auf die Kathedrale zu und entdecken unmittelbar am Gebäude links einen schmalen Durchlass, durch den wir auf den Vorplatz der **Winchester Cathedral (7)** kommen. Durch die Lindenallee und eine schmale Gasse gelangen wir auf die High Street und unternehmen links einen Abstecher zum West Gate und zur **Great Hall (8)**. Auf dem Rückweg schlendern wir auf der High Street, an der Statue Alfreds des Großen vorbei, hinunter zum Fluss und biegen gegenüber der sehenswerten **City Mill (9)** rechts auf den Riverside Walk ab. Vor einem den Fluss überspannenden Gebäude nutzen wir links einen Steg und gehen dahinter rechts. Wo das Sträßchen rechts abknickt, marschieren wir 100 m geradeaus weiter, bevor wir durch ein kleines Törchen rechts den Pfad entlang der **Itchen Navigation (10)** betreten. Auf Graswegen geht es am Gewässer entlang bis zu einer Brücke, die wir links überqueren und so wieder am **Parkplatz (1)** anlangen.

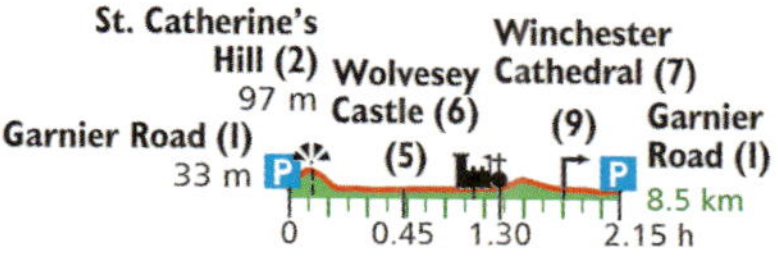

27 Kennet & Avon Canal bei Newbury

5.00 Std.

Unterwegs an einem Zeugen der industriellen Revolution

Der Kennet & Avon Canal, fertiggestellt 1810 und somit ein typisches Kind der industriellen Revolution, war einige Jahrzehnte lang die Hauptachse des Gütertransports zwischen Bristol und London. Durch den Ausbau des Eisenbahnnetzes erfuhr er ab 1860 einen rapiden Bedeutungsverlust und war Anfang des 20. Jahrhunderts so verkommen, dass er nicht mehr befahrbar war. Nach Instandsetzungsarbeiten durch den Kennet & Avon Canal Trust wurde er 1990 wieder in Betrieb genommen und ist heute bei Freizeitkapitänen sehr beliebt. Der Reiz für den Wanderer liegt sowohl im Wechsel zwischen ländlicher Umgebung, städtischem Umfeld und Auenlandschaft des River Kennet als auch in der Begegnung mit den typischen bunten Narrowboats.

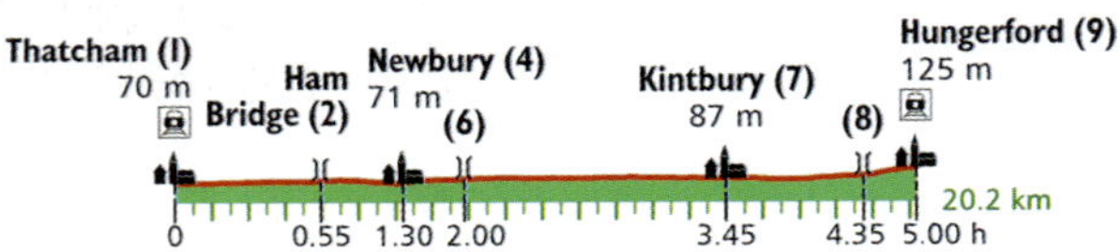

Ausgangspunkt: Parkplatz südlich der Thatcham Station (gebührenpflichtig).
Endpunkt: Hungerford Station. Zurück mit dem etwa stündlich verkehrenden Zug.
Höhenunterschied: 70 Hm aufwärts, 20 Hm abwärts.
Anforderungen: Einfache, aber lange Wanderung auf Grus-, Feld- und Graswegen. Nicht durchführbar bei Hochwasser.
Einkehr: Zahlreiche Möglichkeiten in Newbury und Hungerford; The Dundas Arms in Kintbury.
Variante: Als kürzere Etappe bietet sich die Strecke zwischen Newbury (WP 4) und Kintbury (WP 7) an (ca. 9,5 km, zurück mit dem Zug, einfach »blau«, auch für Kinder geeignet).
Karte: Landranger Series 174 Newbury & Wantage.

Direkt gegenüber der westlichen Einfahrt zum Parkplatz südlich der **Thatcham Station (1)** finden wir den Einstieg für unsere Kanalwanderung in Form des Wegweisers »Ham Bridge«. Auf einem breiten Grusweg wandern

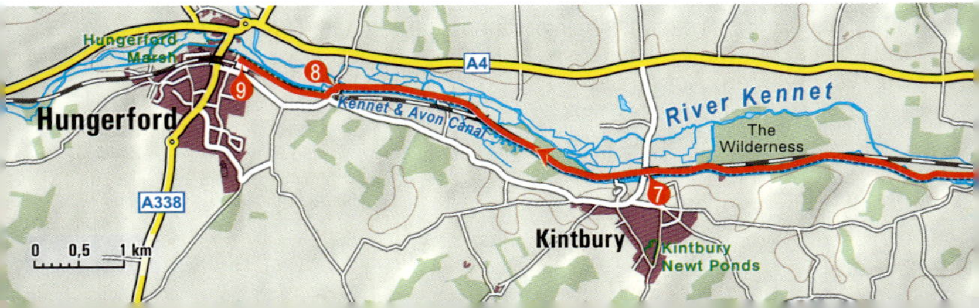

wir westwärts durch ländliche Umgebung. An der **Ham Bridge** (**2**; Brücke Nr. 50) erreichen wir die östliche Peripherie von Newbury und wechseln auf die andere Kanalseite. Bereits bei **Brücke Nr. 53 (3)** geht es wieder zurück auf die Ursprungsseite, auf der wir in den Innenstadtbereich von **Newbury (4)** gelangen. Die Bridge Street überqueren wir und finden in einer Gasse gegenüber die Fortsetzung unseres Wegs (»Newbury Locks«). Nach wenigen hundert Metern nutzen wir eine **Schwenkbrücke** (**5**; Brücke Nr. 62), um auf die linke Seite des Kanals zu gelangen. Kurz auf einem Sträßchen entlang des Kanals, dann wieder auf einem Grusweg verlassen wir Newbury in Richtung Westen. Mit **Brücke Nr. 64 (6)** beenden wir vorerst die Exkursion auf die Südseite des Kanals und setzen unseren Weg im Norden fort. In einem der anschließenden Abschnitte wurde der Fluss selbst schiffbar gemacht, sodass mit Auwald, Nasswiesen und Röhrichten links und rechts vorübergehend echtes Auefeeling aufkommt. Danach geht es am künstlich geschaffenen Kanalbett mit ländlichem Ambiente weiter nach **Kintbury (7)**. Hinter dem Ort verschmälert sich der Weg zu einem Pfad, der seinerseits zeitweise zu einem Grasweg mutiert. Wir erreichen **Brücke Nr. 82 (8)**, wechseln ein letztes Mal die Seiten und wandern links des Kanals bis auf Höhe eines Stegs. Dort biegen wir links ab und finden wenige Schritte aufwärts den Bahnhof von **Hungerford (9)**.

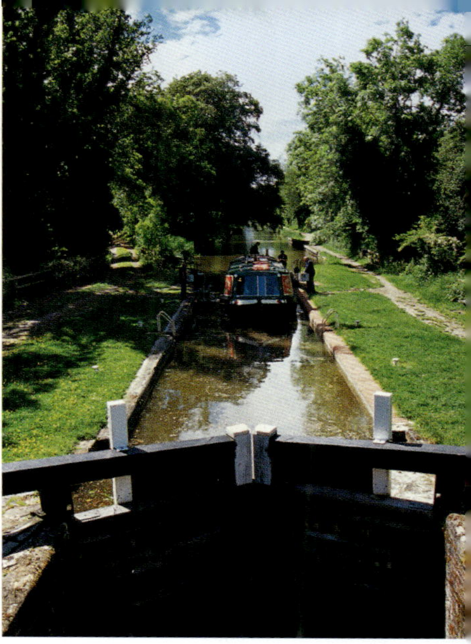

Ein Narrowboat an der Schleuse.

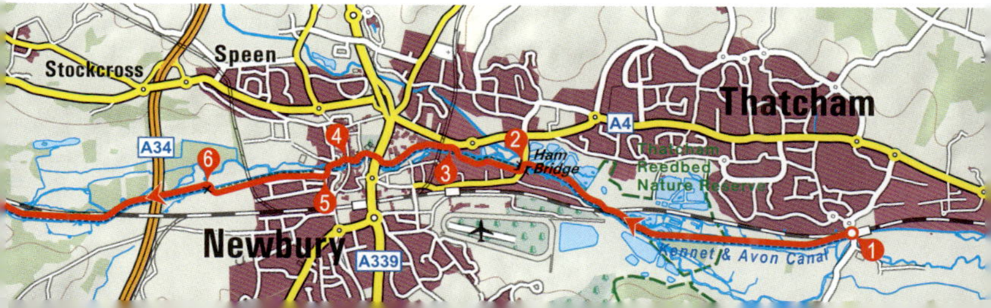

28 Walbury Hill

3.00 Std.

Einsame Hügel und Täler in der Grenzregion dreier Grafschaften

Nur auf schmalen Sträßchen gelangt man zum Ausgangspunkt der Tour, die in der abgeschiedenen und hügeligen Grenzregion zwischen Berkshire, Wiltshire und Hampshire angesiedelt ist. Die Wanderung verbindet weite Ausblicke von den Hügeln – Walbury Hill ist die höchste Erhebung im zentralen Südengland – mit abwechslungsreichen und kleinräumigen Tälern. Auffallend ist der für englische Verhältnisse hohe Waldanteil mit Eichen- und stellenweise auch Buchenbeständen. Im Frühjahr ist der Unterwuchs mit dem flächenhaften Blau der Blauglocken, dem Weiß des Bärlauchs und dem Gelb der Schlüsselblumen eine echte Augenweide.

Ausgangspunkt: Parkplatz am Osthang des Walbury Hill. Von der A 343 am nordöstlichen Ortsrand von Hurstburne Tarrant in Richtung Faccombe abbiegen und bei einer Verzweigung der Beschilderung nach Faccombe rechts folgen. Durch den Ort geradeaus hindurch, nach gut 3 km bei einer Verzweigung links und nach 300 m erneut links auf den Parkplatz.

Höhenunterschied: 250 Hm.

Anforderungen: Einfache Wanderung auf Feld-, Wald- und Graswegen, kurzzeitig Straße. Etwas Orientierungsvermögen ist erforderlich.

Einkehr: Keine.

Karte: Landranger Series 174 Newbury & Wantage.

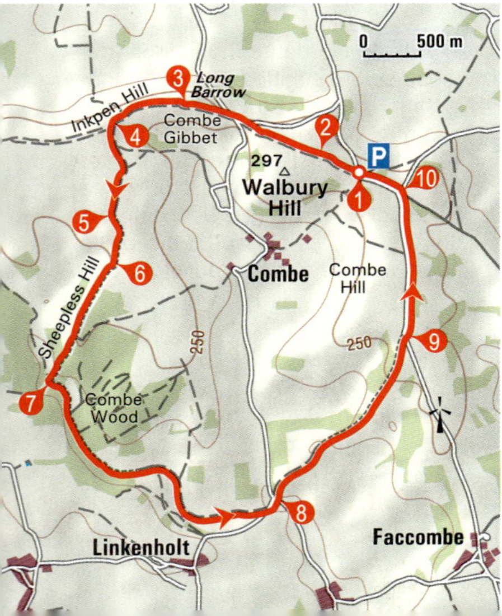

Vom **Parkplatz (1)** starten wir in Richtung Westen und gehen den Feldweg zum **Walbury Hill (2)** hinauf. Bevor wir den höchsten Punkt erreichen, passieren wir den Erdwall der eisenzeitlichen Befestigungsanlage ein erstes, im Abwärtsgehen ein zweites Mal. Im Sattel zwischen Walbury Hill und Inkpen Hill kreuzen wir ein kleines Sträßchen und steuern dahinter geradeaus auf **Combe Gibbet (3)** und einen Long Barrow zu. Anschließend verliert der Weg geringfügig an Höhe. Bevor er erneut etwas ansteigt, biegen wir links auf eine Traktorspur ab **(4)** und folgen ihr in einem leichten

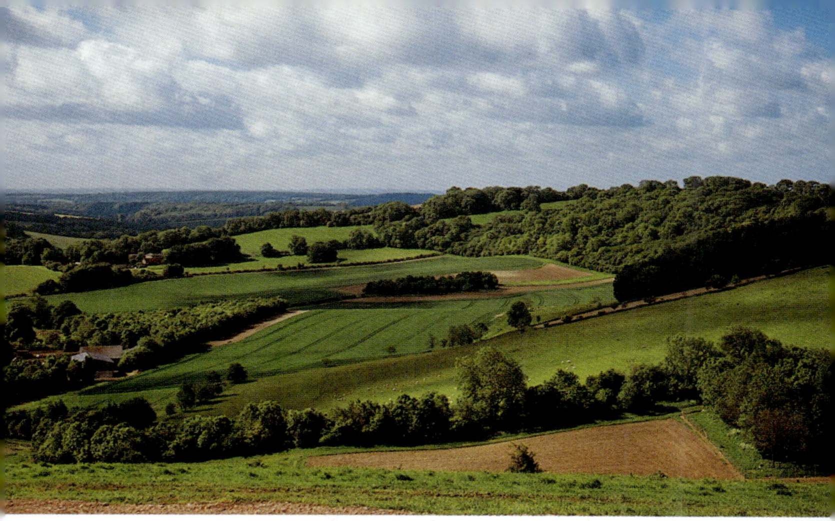

Am Walbury Hill findet sich eine kleinstrukturierte Heckenlandschaft.

Rechtsbogen. Hinter einem Tor heißt es aufpassen: Nicht geradeaus in das verführerisch vor uns liegende Tälchen hinab, sondern nach links abbiegen **(5)** und auf einem Grasweg am Hang entlang gehen! Wir halten uns auf dem Höhenrücken des **Sheepless Hill (6)**, setzen unseren Weg rechts an einem Waldrand entlang fort und wandern schließlich – ohne Pfade rechts und links zu beachten – zügig hinunter in das Tal. Dort links **(7)**.
Wir gehen durch ein Törchen und bleiben dahinter dem Talgrund treu, wobei wir zunächst auf einem Trampelpfad einige Gehölzbestände durchqueren, bevor sich der Pfad zu einem Feldweg verbreitert und durch Offenland führt. Wo der Feldweg ein Sträßchen erreicht, biegen wir links ab. Nach 100 m gelangen wir an eine Kreuzung **(8)**, entscheiden uns für den Feldweg, der geradeaus führt, und wandern den Hang hinauf. Nach der ersten Steigung wählen wir bei einer Gabelung den halb rechten Weg. Im weiteren Verlauf des Waldwegs wechseln sich stärkere und schwächere Anstiege ab. Am Oberhang erreichen wir offenes Gelände und gelangen auf eine Querstraße. Auf ihr orientieren wir uns links **(9)**. Nach 1,3 km erreichen wir die Hangkante, folgen dem Teerweg nach links **(10)** und sehen nach wenigen Hundert Metern wieder den **Parkplatz (1)** vor uns.

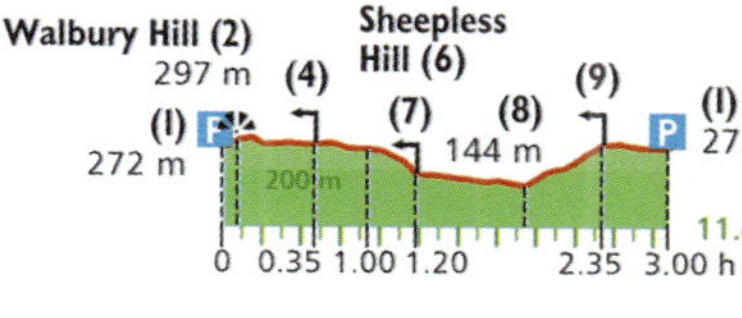

29 Crofton Pumping Station und Wilton Windmill

2.15 Std.

Ein Spaziergang nicht nur für Technikfreunde

Historische Technik und reizvolle Landschaft sind die Leitmotive dieses Spaziergangs. Wer hat sich angesichts eines Kanals nicht schon gefragt, wie früher eigentlich das Wasser in den Kanal kam? Wäre nämlich nicht für Nachschub gesorgt, würde der Kanal vom Scheitelpunkt her schnell trocken fallen, denn bei jeder Schleusendurchfahrt fließt Wasser in der Größenordnung von 2000 Badewannen in das niedrigere Kanalniveau ab. Wenn kein oberhalb des Kanals liegendes Reservoir geschaffen werden konnte, musste das Wasser aus einem niedriger gelegenen Sammelbecken (hier: Wilton Water) hochgepumpt werden. Dazu wurde die Crofton Pumping Station gebaut, die heute als Industriedenkmal geschützt ist. Die beiden dampfbetriebenen Pumpen (Beam Engines) sind die Schmuckstücke der Anlage.

Ausgangspunkt: Kleiner Parkplatz am Kennet & Avon Canal südwestlich von Great Bedwyn. In Great Bedwyn in Richtung Wilton abbiegen und hinter der Kanalbrücke rechts auf den Parkplatz fahren.
Höhenunterschied: 90 Hm.
Anforderungen: Spaziergang auf Erd-, Feld- und Graswegen, abschnittsweise Straße.
Einkehr: Café in der Pumping Station, The Swan Inn in Wilton.
Tipp: 1) An mehreren Wochenenden im Sommer werden Dampfmaschine und Pumpen in Betrieb genommen. Diese »Steaming Days« werden auf www.croftonbeamengines.org angekündigt.
2) Führungen durch die Wilton Windmill im Sommer jeweils sonntags, 14–17 Uhr.
Karte: Landranger Series 174 Newbury & Wantage.

Ausgehend von der **Parkmöglichkeit (1)** begleiten wir den Kennet & Avon Canal in Richtung Südwesten bis zur Brücke Nr. 100. Dort überqueren wir sowohl Brücke als auch Bahngleise **(2)** und wählen bei den anschließenden zwei Verzweigungen jeweils die linke Straße. Wir passieren die **Crofton Pumping Station (3)** und folgen der Straße bis unmittelbar hinter der Brücke über den Kanal. Dort links und auf dem Treidelpfad am Kanal entlang bis unterhalb der Pumping Station, wo wir beim Wegweiser »Wilton Windmill« rechts abbiegen **(4)**. Auf einem Grasweg gehen wir am Wilton Water entlang bis zum Örtchen **Wilton**

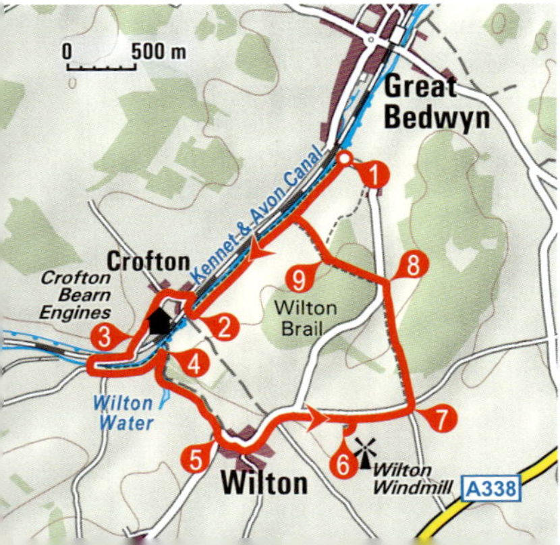

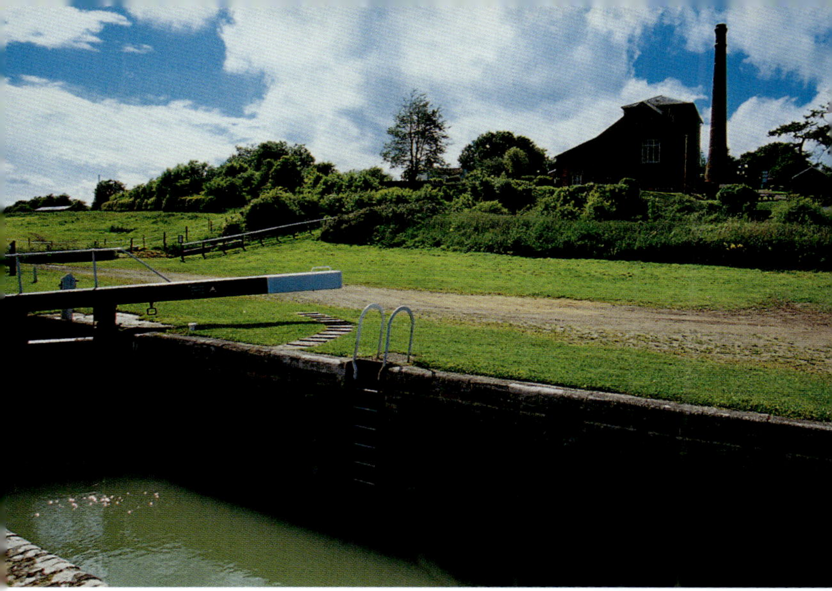

Die Crofton Pumping Station sorgt für Wassernachschub im Kanal.

(5), wo wir uns auf der Hauptstraße links wenden. In dem schmucken Dorf halten wir uns bei Verzweigungen links (»Great Bedwyn«) und lassen 100 m hinter dem Ortsende eine Abzweigung nach rechts unbeachtet. Erst bei einer weiteren Gabelung entscheiden wir uns für das Sträßchen nach rechts, auf dem wir in Richtung Windmühle steuern. Nach 500 m führt ein schmaler Stichweg rechts zur **Wilton Windmill (6)**. Anschließend geht es ca. 500 m weiter auf der Straße entlang, bis wir – gegenüber der Abzweigung einer Straße – links auf einen Saumpfad abbiegen **(7)**. Auf dem (bei Nässe matschigem) Feldweg gelangen wir durch Wald und Offenland zu einer Straße, halten uns dort rechts und biegen nach wenigen Schritten auf einen breiten Forstweg in einer Waldschneise **(8)** links ein. Im Wald geht es einen Hügel hinauf und auf der anderen Seite wieder hinunter. Wo der Forstweg am Hangfuß nach links kurvt, nehmen wir halb rechts einen Trampelpfad **(9)**. Vom Waldrand aus wandern wir geradeaus an einem Ackerrain entlang, treffen wieder auf den Kennet & Avon Canal und biegen rechts ab zum **Parkplatz (1)**.

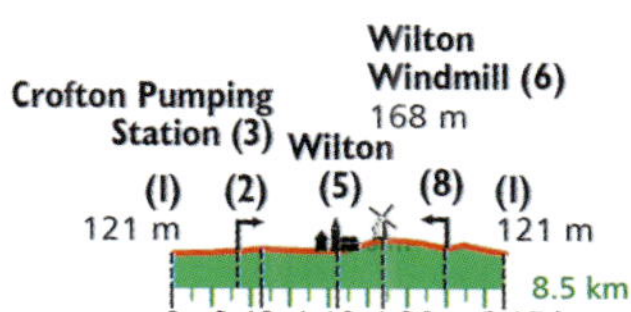

TOP **30** # Stonehenge

5.30 Std.

Zum bedeutendsten steinzeitlichen Bauwerk Europas

Stonehenge, das hinsichtlich seiner Bedeutung in einer eigenen Liga spielt, nähert man sich idealerweise wandernd über die Hügel und kann dabei einen lohnenden Blick auf die umgebende Landschaft werfen. Umso beeindruckender erscheint dann nämlich die Leistung, die über Jahrtausende hinweg nicht nur in dieses Bauwerk als sichtbarstes Zeichen neolithischen Gestaltungswillens geflossen ist, sondern auch in die oberirdisch weniger gut sichtbaren Strukturen wie »The Avenue« und »The Cursus« oder auch in die zahlreichen umgebenden Hügelgräber, die nirgendwo sonst in England in so hoher Zahl und in so großem Formenreichtum existieren.

Ausgangspunkt: Parkplatz Recreation Road. In Amesbury die A 345 in Richtung Town Centre verlassen, durch den Ort hindurch fahren und in einer Rechtskurve links in die Recreation Road abbiegen.
Höhenunterschied: 210 Hm.
Anforderungen: Einfache, aber lange Wanderung auf Feld- und Graswegen, einige Zauntritte. Straßen (ca. 2,0 km). Nicht durchführbar bei Hochwasser.
Einkehr: Stonehenge Visitor Centre.
Varianten: 1) Ohne Abstecher zum Visitor Centre und zum Woodhenge, ca. 14 km. 2) Start am Visitor Centre (WP 5), von dort zum Henge und weiter wie beschrieben bis WP 8 wandern. Dort durch ein Törchen links und entlang des Cursus wieder zurück (ca. 9,5 km, einfach »blau«, auch für Kinder geeignet).
Hinweis: Der Eintritt zum Steinkreis ist nur mit »Timed Tickets« möglich, die im Visitor Centre erhältlich sind. Eine Vorbestellung (Tel. +44 870 3331181) ist empfehlenswert.
Karte: Landranger Series 184 Salisbury & The Plain.

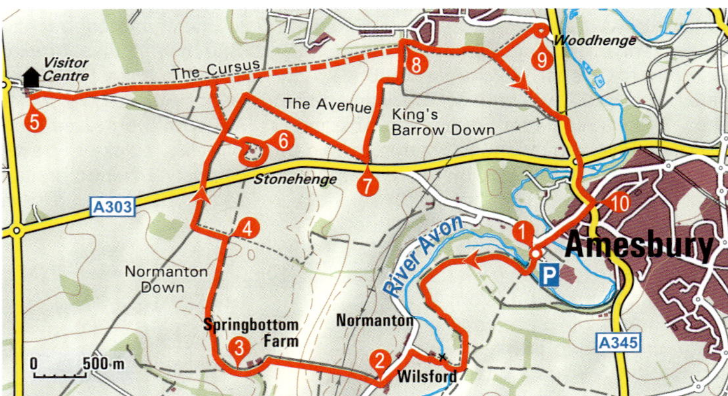

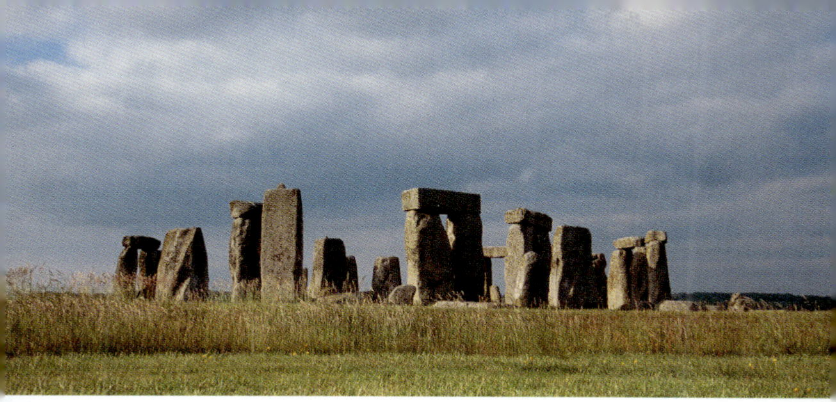

Stonehenge, das bedeutendste neolithische Bauwerk Europas, ist Weltkulturerbe.

Am Parkplatz **Recreation Road (1)** orientieren wir uns am Wegweiser »Durnford«, überqueren den River Avon und zweigen dahinter rechts ab. Wir begleiten den Halbbogen der Flussschleife und nehmen – bevor der Weg aufwärts führt – die Verzweigung halb rechts nach Normanton, wandern am Hangfuß entlang und überqueren rechts eine kleine Brücke. Unweit davon passieren wir den Avon und gehen mit einer Hecke zu unserer Linken hinauf zur Straße. Wir biegen links ab, verlassen die Straße aber bereits in **Wilsford (2)** nach rechts (»Springbottom Farm«). Dabei nutzen wir nicht das Sträßchen, sondern den Pfad im begleitenden Gehölz. In der Senke auf der anderen Hügelseite wechseln wir dort, wo der Gehölzstreifen endet, links auf die Straße, laufen an der Springbottom Farm vorbei und an der Abzweigung zu einem Feldweg (links) wählen wir die breite Grastrasse geradeaus (**3**; »Stonehenge«). Kurz hinter einer Kette von Tumuli, den **Normanton Down Barrows (4)**, biegen wir links auf einen Grasweg ab und orientieren uns auf dem folgenden Feldweg rechts. Wir überqueren die stark befahrene A 303 und haben Stonehenge in einigem Abstand rechts vor uns. Anschließend kreuzen wir ein weiteres Sträßchen. Diejenigen, die das Visitor Centre aufsuchen wollen, gehen auf der gegenüberliegenden Seite durch das erste Holztörchen zur Linken und steuern auf einem Grasweg diagonal auf die Reihe der Cursus Barrows zu. Dahinter geht es weitere 100 m geradeaus, bevor wir bei einer quer verlaufenden, linearen Bodenerhebung, der südlichen Begren-

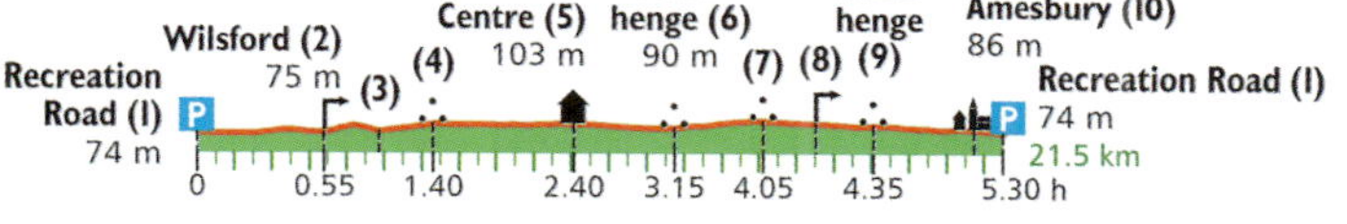

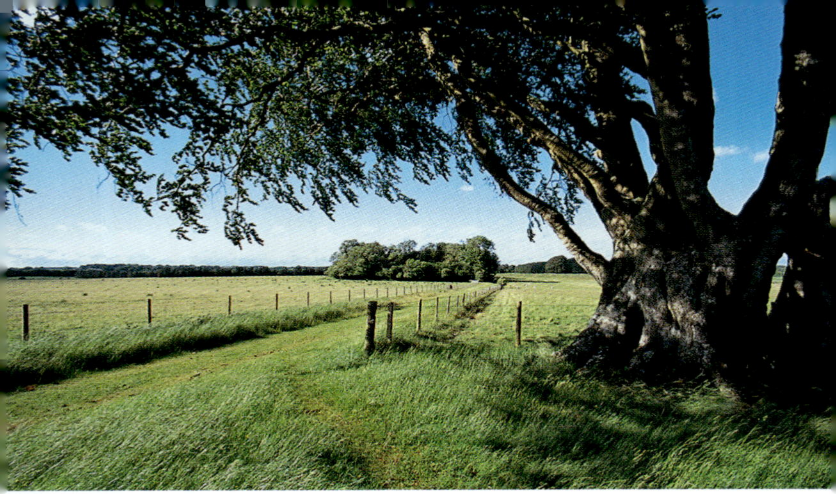

Mächtige Buchen bewachen den Grasweg entlang der Kings' Barrows.

zung des Cursus, links abbiegen und an ihr entlang die Lücke im Waldbestand anpeilen. Dahinter gelangen wir auf einem Wiesenweg geradeaus zur Straße und folgen dieser rechts zum **Visitor Centre (5)**. Mit der vorbestellten Eintrittskarte geht es auf dem Ankunftsweg (oder mit dem Shuttle) zurück zum **Stonehenge (6)**.

Nach Abschluss der Besichtigung biegen wir – ebenso wie diejenigen, die keinen Abstecher zum Visitor Centre machen wollen – in den breiten Feldweg nach Nordosten ein, gehen ihn knapp 400 m entlang und verlassen ihn durch das dritte Törchen rechts. Dann wandern wir auf einem Wiesenweg quer über das Grasland nach Südosten. An der östlichen Seite übersteigen wir einen Zauntritt und folgen links einem Wiesenweg. An den sieben Grabhügeln der **Kings' Barrows (7)** vorbei wandern wir nach Norden. Hinter einem Rechtsknick gelangen wir an eine T-Kreuzung, bei der wir uns für den linken Weg entscheiden. Vor einem Siedlungsrand biegen wir nach ca. 400 m rechts auf einen Fußpfad ab **(8)** und können nach Passieren eines Wäldchens linker Hand durch ein Tor einen Abstecher nach links zum **Woodhenge (9)** machen.

Wieder zurück, folgen wir weiter dem Pfad, der zunächst auf einen Feldweg mündet. Dieser trifft wiederum auf die Hauptstraße, wo wir uns rechts halten. Den Kreisverkehr unterqueren wir auf der östlichen Seite via Fußgängerunterführung. An der Straße entlang erreichen wir **Amesbury (10)**, biegen auf die High Street rechts ab und gelangen durch das Ortszentrum hindurch wieder zur Recreation Road und auf ihr zurück zum **Parkplatz (1)**.

3.00 Std.

Rund um Avebury 31

Auf den Spuren prähistorischer Baumeister

Die Landschaft rund um Avebury, wie Stonehenge Weltkulturerbe, birgt nicht nur viele Höhepunkte prähistorischen Schaffens, sondern kann auch einige Superlative präsentieren: So ist der Steinkreis von Avebury derjenige mit dem größten Durchmesser (427 m) und Silbury Hill der größte von Menschenhand geschaffene prähistorische Hügel Englands. Die Wanderung schließt – neben einigen Rundhügelgräbern – ein teilweise begehbares Langhügelgrab (West Kennet Long Barrow) und eine weitere kreisförmige Struktur, »The Sanctuary«, ein.

Ausgangspunkt: Parkplatz 300 m westlich des Silbury Hill direkt an der A 4. Bei Anfahrt mit dem Bus: Start in Avebury.
Höhenunterschied: 100 Hm.
Anforderungen: Einfache Wanderung auf Feld- und Graswegen, kurzzeitig auf der Straße. Einige Zauntritte.

Einkehr: Red Lion Inn in Avebury.
Tipp: Die im Alexander Keiller Museum (NT) in Avebury ausgestellte Sammlung stein- und bronzezeitlicher Artefakte gehört zu den bedeutendsten prähistorischen Zeugnissen Englands.
Karte: Landranger Series 173 Swindon & Devizes.

Der Zweck des in der Jungsteinzeit geschaffenen Silbury Hill liegt im Dunkeln.

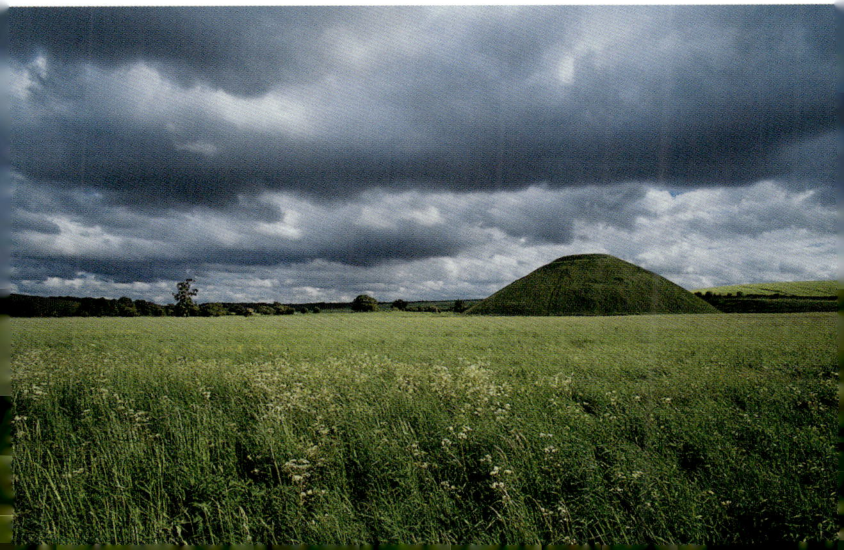

An der Nordseite des **Parkplatzes (1)** beginnt ein von Zäunen gesäumter Wiesenweg, auf dem wir mit etwas Abstand am Silbury Hill vorbei nach Nordosten wandern. Hinter einem Steg biegen wir rechts ab **(2)**, gehen auf einem stellenweise überwachsenen Pfad am Bach entlang und erreichen die A 4. Dort finden wir die Fortsetzung unseres Wegs halb links versetzt auf der anderen Straßenseite. Wir folgen dem Grusweg hinunter zum Bach und um einen Linksknick herum und biegen wenige Meter danach rechts auf einen aufwärts führenden Grasweg ab. Dieser bringt uns zum **West Kennet Long Barrow (3)**, dessen vorderer Teil begehbar ist.
Bis zum Hangfuß nutzen wir retour denselben Weg und orientieren uns dann rechts. Über einen Zauntritt gelangen wir auf eine Traktorspur, queren einen Fahrweg und gehen hinter einem breiten Tor auf einem schmalen Wiesenpfad geradeaus weiter. Er mündet nach einem Rechtsbogen auf einen Feldweg, auf dem wir links die Straße erreichen. Dort links, über eine Brücke und unmittelbar danach rechts. Wir bewegen uns an einem Ackerrain entlang und stoßen auf einen Fußweg, auf den wir links abbiegen **(4)** und zwischen Hecken aufwärts steigen. Wir besichtigen **»The Sanctuary« (5)**, kreuzen dann die A 4 geradeaus und gewinnen auf dem gegenüberliegenden Feldweg etwas an Höhe. Nach 700 m entdecken wir links eine Traktorspur **(6)**. Auf ihr geht es in einem Rechtsbogen nach Norden und mit etwas Gefälle in

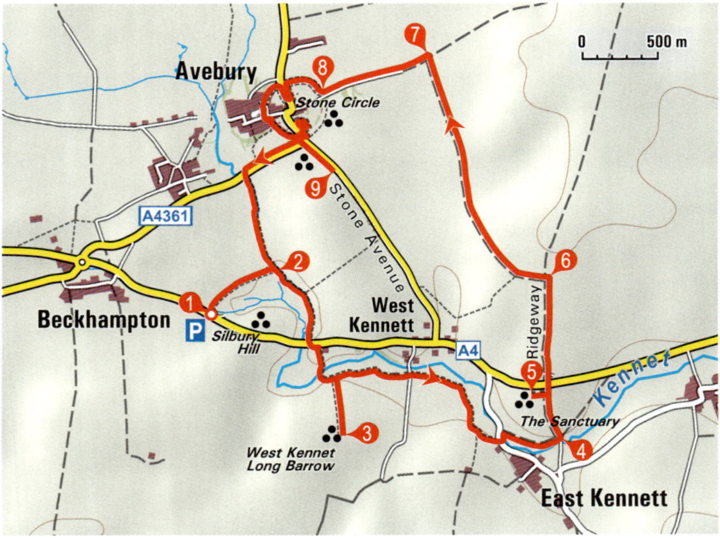

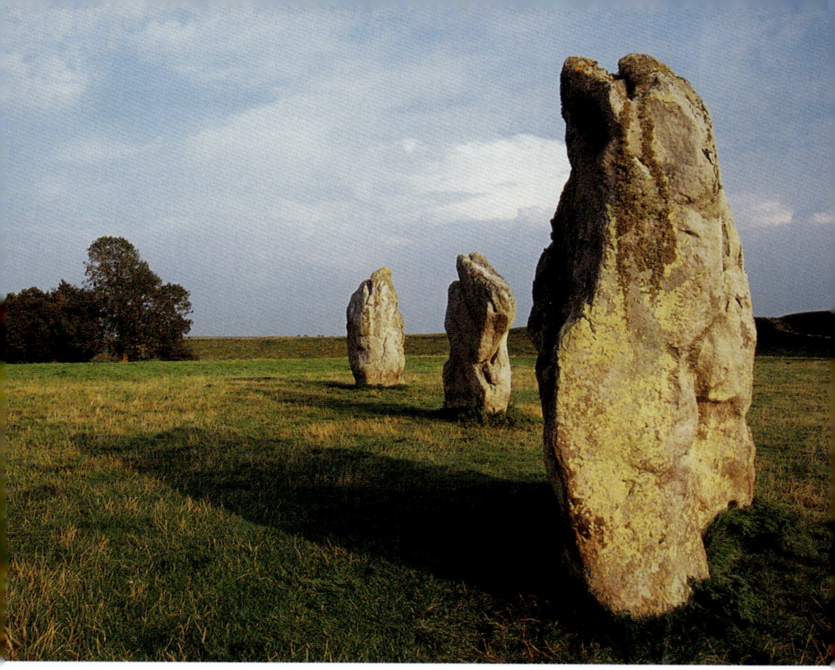

Die Sarsensteine sind Bestandteil von Englands größtem Steinkreis.

Richtung Avebury. Bei einer T-Kreuzung nach 1,8 km links **(7)**. Nach 700 m, direkt hinter dem ersten Erdwall des Steinkreises, durchqueren wir ein Törchen rechts und umrunden Dreiviertel des **Avebury Stone Circle (8)** gegen den Uhrzeigersinn (Achtung, Straßenquerungen!). Auch dem vierten Viertel und den Steinsetzungen von **The Avenue (9)** zollen wir die erforderliche Aufmerksamkeit, bevor wir auf der Hauptstraße um die Rechtskurve nach Westen wandern. Kurz vor einer Brücke über einen Bach biegen wir links auf einen Fußpfad ab und erreichen wieder den schon bekannten Steg **(2)**, über den wir rechts den **Parkplatz (1)** ansteuern.

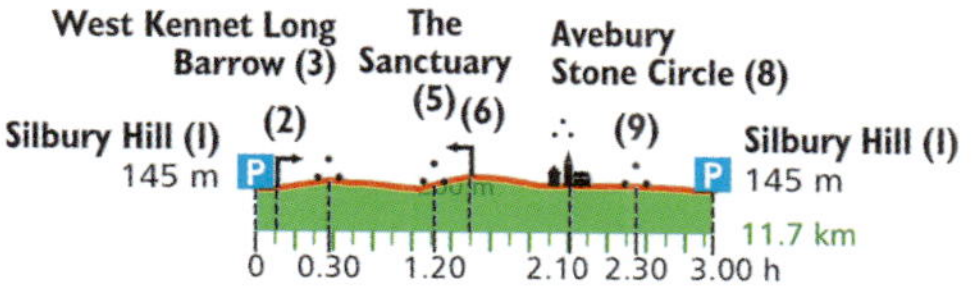

32 Marlborough Downs

4.30 Std.

Zur Heimat von Rennpferden und zur »Wiege« der Sarsensteine

Die Marlborough Downs, eine weitläufige Hügellandschaft, bilden eine markante Stufe zur niedriger gelegenen Ebene von Avebury und bieten sich somit als Aussichtsbalkon für weite Blicke nach Westen und Norden an. Eine Besonderheit ist hier das Trainieren von Rennpferden, die auf zahlreichen Trainingsbahnen bewegt werden. Wer sehr früh unterwegs ist, kann die Pferde bei der Morgenarbeit beobachten. Einige weitere bemerkenswerte Aspekte dieser Tour sind Barbury Castle, eine eisenzeitliche Hügelfestung, der Ridgeway, eine der ältesten Überlandverbindungen Englands, und der geomorphologisch spannende Fyfield Down, von wo die Sarsensteine von Stonehenge und Avebury stammen (bei den Sarsensteinen handelt es sich um harte Sandsteine, ihr Name leitet sich von »Sarazene« im Sinne von »heidnisch« ab, bedeutete also »Heidensteine«). Mussten beim Transport der Steine vom Fyfield Down nach Avebury »nur« etwa 3 km bewältigt werden, waren bis zum Aufstellungsort in Stonehenge mehr als 30 km zu überwinden! Dabei konnten die bis zu 50 t schweren Sarsensteine ja nur mit Muskelkraft und Steinzeittechniken über Hügel und Täler bewegt werden.

Ausgangspunkt: Parkplatz am Hackpen Hill. Von der A 4361 südlich von Broad Hinton (zwischen Swindon und Avebury) in Richtung Hackpen Hill abbiegen und 2,5 km bis zum Parkplatz auf der Anhöhe fahren.
Höhenunterschied: 280 Hm.
Anforderungen: Wanderung über Feld- und Graswege; stellenweise ohne Wegspur, daher ist etwas Orientierungsvermögen erforderlich. Vorsicht und Rücksichtnahme beim Queren der Galopp-Trainingsbahnen!
Einkehr: Keine.
Karte: Landranger Series 173 Swindon & Devizes.

Auf den weitläufigen Marlborough Downs werden Rennpferde trainiert.

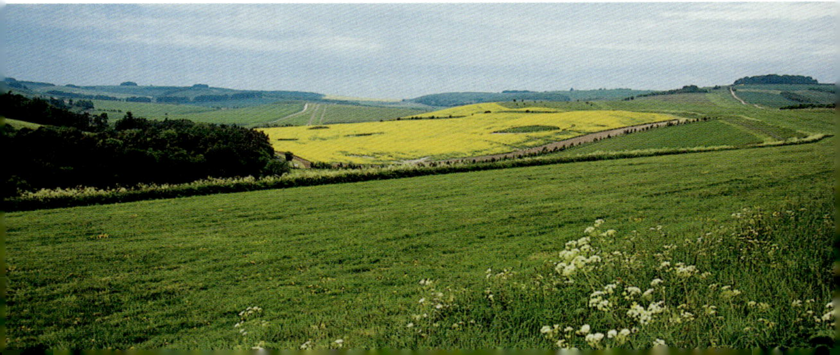

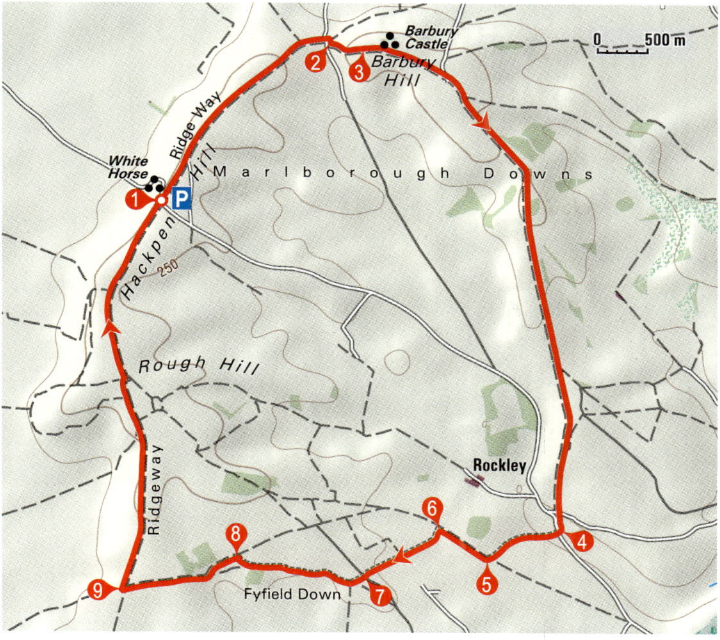

Vom Parkplatz am **Hackpen Hill (1)** marschieren wir auf dem Feldweg mit geringem Auf und Ab nach Nordosten. Nach 2 km verliert der Weg etwas an Höhe und erreicht einen Sattel. Hier biegen wir auf eine Straße rechts ab, die wir schon nach 50 m links aufwärts verlassen **(2)**. Wir erklimmen **Barbury Hill (3)** mit der Wallanlage Barbury Castle, überqueren den Hügel geradeaus und erreichen hinter einem Parkplatz ein Sträßchen. Dort rechts. Nach wenigen Metern geht die Straße in einen Feldweg über, dem wir auf den nächsten 4,5 km mit Abwärtstendenz folgen. Am Hangfuß mündet er auf eine Hauptstraße, auf der wir den Weg geradeaus fortsetzen. Nach 100 m

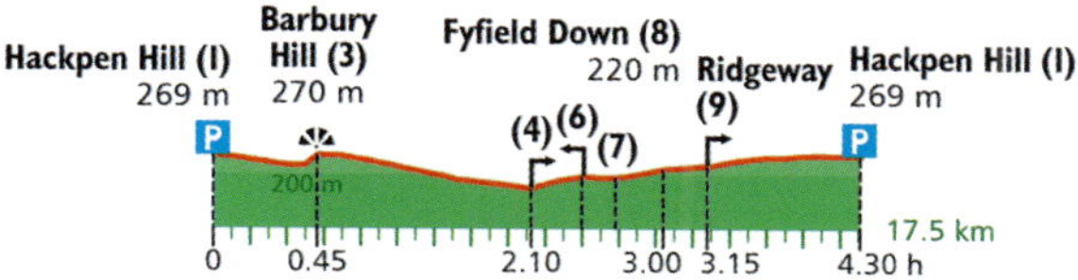

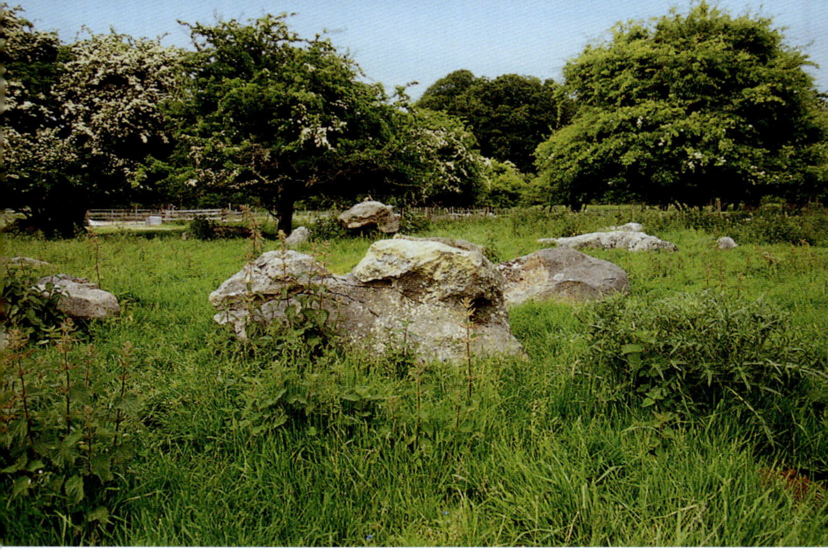

Fyfield Down ist die Heimat der Sarsensteine von Stonehenge und Avebury.

stoßen wir auf einen »Bridlepath« **(4)**, der etwas überwachsen rechts den Hang hinaufführt. Auf der Anhöhe biegen wir rechts auf einen Feldweg ab **(5)**. Nach etwa 400 m heißt es aufpassen, denn die Abzweigung ist ziemlich unauffällig: Nur eine Unterbrechung im Zaun und ein unaufdringlicher Pfeil weisen uns nach links **(6)**. Wir wandern ohne Weg in eine Mulde hinunter (Vorsicht beim Queren der Trainingsbahn!) und auf der anderen Seite zunächst mit einer Hecke, dann mit einem Rain linker Hand aufwärts. Wir kreuzen eine Fahrspur **(7)** und eine weitere Trainingsbahn, bevor wir einen breiten Feldweg erreichen. Auch ihn überqueren wir und peilen dahinter (auch hier die Trainingsbahnen beachten) einen Wegweiser halb rechts an. Wir orientieren uns dort – unabhängig von den Richtungsweisern, die unser Ziel nicht anzeigen – halb rechts und passieren ein Kieferngehölz oberhalb. Wir wandern auf etwa gleichbleibender Höhe nach Westen und finden uns bald in einer mit riesigen Steinblöcken übersäten weiten Mulde, **Fyfield Down (8)**, wieder. Wir erreichen einen Feldweg, halten uns dort links und ersteigen einen Hang. An der Oberkante mutiert der Feldweg hinter einer weiteren Trainingsbahn zu einem Grasweg, auf dem wir zur westlichen Hangkante der Marlborough Downs gelangen. An der dortigen Kreuzung rechts **(9)**. Mit etwas Höhengewinn wandern wir auf dem Ridgeway nach Norden und schließen nach knapp 4 km die Runde am **Hackpen Hill (1)**.

3.15 Std.

Castle Combe 33

Zu einem der hübschesten Dörfer Englands

Dieser Ausflug führt über offene Höhen und entlang hübscher Bachtäler zum pittoresken Örtchen Castle Combe, das im südlichsten Zipfel der Cotswolds liegt, einer Landschaft, die für ihre Anmut und ihre hübschen Dörfer bekannt ist und für viele Engländer den Inbegriff des idyllischen, ländlichen Englands darstellt. Castle Combe bildet da keine Ausnahme und wurde bereits mehrfach unter die drei hübschesten Orte Englands gewählt. Im Dorf selbst scheint die Zeit im Mittelalter stehen geblieben zu sein, als im 15. Jh. der Woll- und Tuchhandel ein prosperierendes Gemeinwesen hervorbrachte. Heute ist Castle Combe nicht nur ein Anziehungspunkt für Touristen, sondern kam schon oft als Filmkulisse zum Einsatz, wie z. B. bei der Verfilmung einer Poirot-Episode von Agatha Christie oder bei Steven Spielbergs Film »War Horse« (auf Deutsch »Gefährten«).

Ausgangspunkt: Parkplatz im Ort Ford. In Ford nach Corsham abbiegen und 50 m hinter dem White Hart Inn links auf den Parkplatz fahren.
Höhenunterschied: 260 Hm.
Anforderungen: Einfache Wanderung auf Gras- und Feldwegen, abschnittsweise auf der Straße. Punktuell feucht, bei Regen stellenweise schmierig; einige einfache Zauntritte.
Einkehr: Einige Einkehrmöglichkeiten in Castle Combe, White Hart Inn in Ford.
Karte: Explorer Series 156 Chippenham & Bradford-upon-Avon oder Landranger Series 173 Swindon & Devizes.

Ein Trampelpfad schlängelt sich durch das Tälchen des Broadmead Brook.

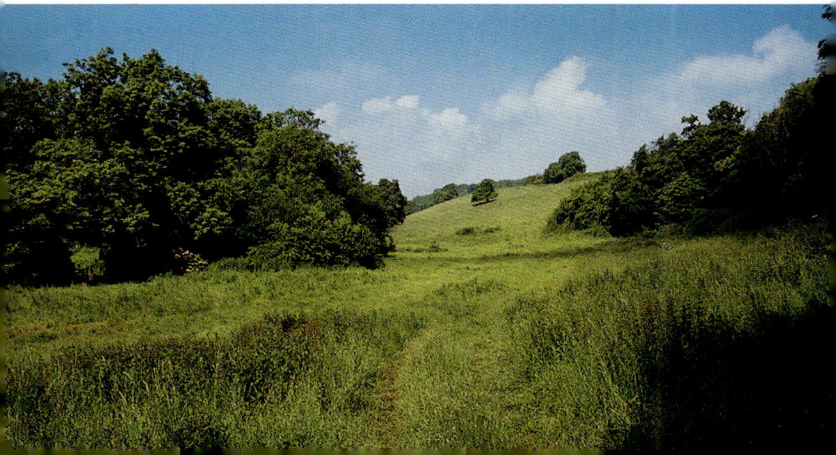

Vom Parkplatz in **Ford (1)** begeben wir uns zur Hauptstraße A 420 und biegen links ab. Hinter der Kirche finden wir rechts die **Old Coach Road (2)**, die nach einem kurzen Anstieg in einen ebenen Feldweg übergeht. Er mündet auf ein Teersträßchen, auf dem wir rechts **North Wraxall** erreichen. Nach der Kirche rechts **(3)**. Kurz vor einer Hochspannungsleitung finden wir einen Wegweiser **(4)**, der uns links quer über eine Wiese schickt. Wir kreuzen eine Straße, überqueren nach 20 m einen Zauntritt halb rechts und peilen auf der anderen Seite der Wiese einen weiteren Zauntritt an (nicht das breite Tor rechts). Anschließend wandern wir auf einem Feldweg nach Norden. Am Ortsrand von **West Kington (5)** biegen wir halb rechts in einen schmalen Durchgang ab und erreichen nach 200 m den Talgrund. Dort wenden wir uns auf der Straße nach rechts. Bei einem »Bridlepath«-Wegweiser verlassen wir sie nach links **(6)**. Durch Wald und Offenland gelangen wir zu einer weiteren Straße, der wir links folgen. Kurz darauf biegen wir rechts auf einen weiteren Saumpfad ab. Wir erreichen einen Bach, der uns rechts begleitet. Bei einer Häusergruppe gelangen wir auf einen Querweg und orientieren uns dort rechts **(7)**. Hinter einem Waldstück treffen wir auf einen Golfplatz, vor dessen Betreten wir eine dort montierte Handglocke betätigen. Wir gehen sowohl auf dem Teerweg als auch nach der Brücke rechts. Dann wählen wir den Trampelpfad schräg links aufwärts. Hinter einer Anhöhe im Wald stoßen wir rechts auf eine Treppe, die bergab führt.

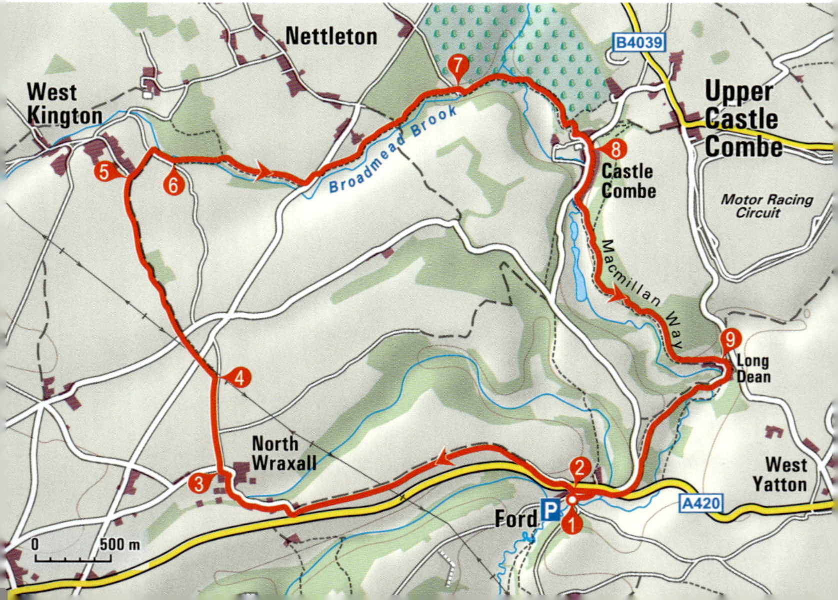

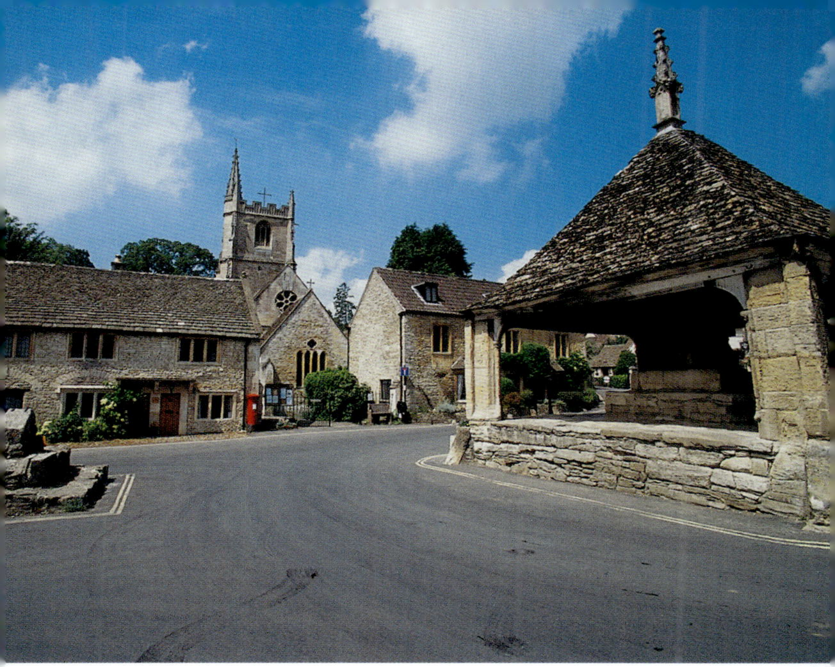

Der pittoreske Dorfplatz von Castle Combe ist (fast) pures Mittelalter.

Anschließend gelangen wir durch schmale Gässchen ins Zentrum von **Castle Combe (8)**. Wir setzen unseren Weg auf der Hauptstraße nach Süden fort, entdecken 200 m jenseits der Straßenbrücke über den By Brook links eine Fußgängerbrücke (Wegweiser) und gewinnen am östlichen Talrand gemächlich an Höhe, bevor sich der Weg nach **Long Dean (9)** senkt. An der dortigen Kreuzung entscheiden wir uns für den Saumpfad halb rechts und überqueren eine Brücke. An einem Gebäude gehen wir unmittelbar rechts vorbei und in einem Hohlweg den Hang hinauf. Hinter einem Zauntritt geht es auf gleicher Höhe über eine Weide, wo wir über einen weiteren Zauntritt ein Sträßchen erreichen und uns dort links halten. Am Hangfuß sehen wir Ford vor uns und biegen zunächst auf die Hauptstraße rechts und dann links zum Parkplatz in **Ford (1)** ab.

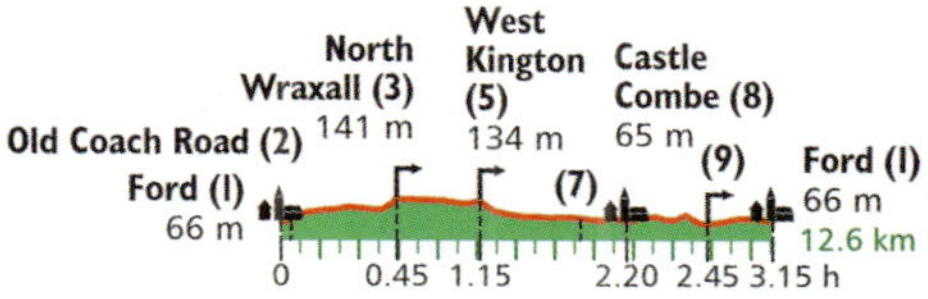

34 Bath

1.30 Std.

Weltkulturerbe mit römischen Thermen und georgianischem Stadtensemble

Bath blickt auf eine lange Siedlungsgeschichte zurück, denn bereits den Kelten waren die dort austretenden heißen Quellen heilig und der Göttin Sul geweiht. Die Römer errichteten dann ausgedehnte Thermenanlagen, wodurch Aquae Sulis ein vielbesuchter Pilgerort wurde. Heute präsentiert sich Bath städtebaulich geschlossen und elegant in georgianischem Stil mit zahlreichen architektonischen Highlights, Museen und Ausstellungen. Wer sie, wie auch die Gässchen der Innenstadt, intensiver erkunden möchte, füllt leicht einen ganzen Tag.

Ausgangspunkt: Charlotte Street Car Park (gebührenpflichtig).
Höhenunterschied: 100 Hm.
Anforderungen: Einfacher Spaziergang auf Hartbelag, entlang des Kanals auf Gruswegen. Nicht durchführbar bei Hochwasser.
Einkehr: Zahlreich.
Karte: Explorer Series 155 Bristol & Bath.

An den Sanitäranlagen am oberen Rand des **Parkplatzes (1)** vorbei betreten wir den Victoria Park, orientieren uns am Musikpavillon nach links und erreichen die Marlborough Lane. Dort und am **Royal Crescent (2)** jeweils rechts. Wir passieren das Halbrund, folgen der Brock Street nach Osten und entscheiden uns im Circus für die nächste Straße links. Nach wenigen Metern wenden wir uns vor den **Assembly Rooms (3)** rechts. Wir spazieren die Gas-

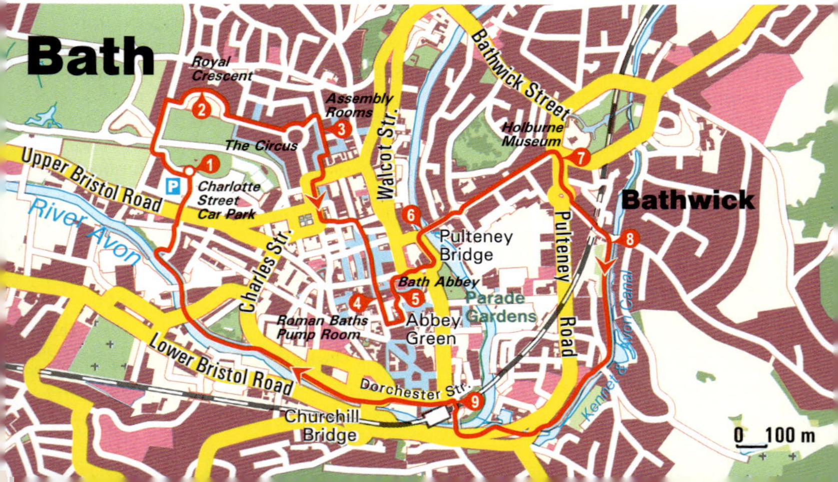

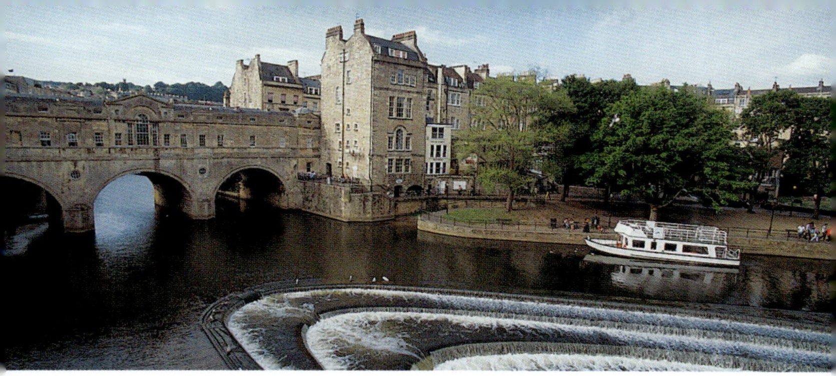

Die Pulteney Bridge über den River Avon wurde im palladianischen Stil erbaut.

se hinunter und erreichen mit einer Rechts-links-rechts-links-Kombination die Gay Street. Dort links. Am Südrand des parkartigen Queen Square biegen wir links ab. Nach 100 m und über eine Kreuzung geradeaus gelangen wir zur New Bond Street, von der die Union Street nach Süden abzweigt. Auf ihr schlendern wir abwärts, passieren den Pump Room und die **Roman Baths (4)** und finden 100 m dahinter links die Abzweigung der Abbeygate Street. An deren Ende halten wir uns erneut links und gehen über das Abbey Green hinweg (auf der linken Seite halten) zum Eingangsportal der **Bath Abbey (5)**. Hinter der Kirche geht es nach rechts. Diese Richtung behalten wir bei, bis wir die Grand Parade erreichen und links abbiegen. Die nächste Möglichkeit rechts lockt uns über die **Pulteney Bridge (6)**, von wo wir geradeaus das **Holburne Museum (7)** ansteuern. Davor zweigt rechts die Darlington Street ab. Beim nächsten Kreisverkehr erklimmen wir halb links Bathwick Hill. Vor der Brücke über den **Kennet & Avon Canal (8)** finden wir rechts einen Durchlass, durch den wir auf den Treidelpfad gelangen.

Wir folgen dem Kanal nach Süden, wechseln über die stark befahrene Pulteney Street die Kanalseite und erreichen den River Avon. Wir nutzen den links in Sichtweite befindlichen Steg (Halfpenny Bridge) und gelangen geradeaus durch einen Fußgängertunnel unter dem Bahnhof hindurch zur **Dorchester Street (9)**. Dort links. Wir erreichen hinter dem Busbahnhof halb links die Churchill Bridge und setzen unseren Weg dahinter am nördlichen Flussufer nach Westen fort. Dann nutzen wir den links abzweigenden Uferpfad, der direkt am Fluss entlangführt. 150 m hinter der zweiten Brückenunterquerung treten wir rechts durch ein Kissing Gate, biegen scharf rechts ab und halten uns vor der Häuserfront links. Wir behalten diese Richtung bei, kreuzen zwei Querstraßen und erreichen wieder den **Parkplatz (1)**.

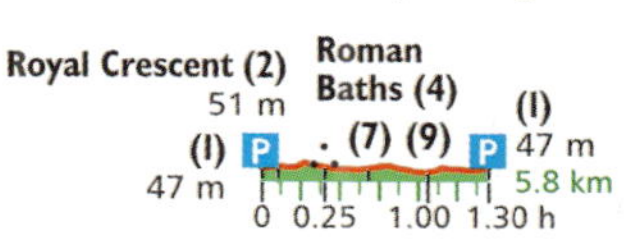

35 *Avon und Wellow Valley*

5.30 Std.

Täler und Kanäle im Hinterland von Bath

Die Wanderung berührt vier verschiedene Täler, führt an einem »aktiven« Kanal entlang und tangiert Relikte des aufgelassenen Somerset Coal Canal. Damit folgt sie auch den Spuren von William Smith, dem Begründer der modernen Geologie. Mit seinen aus dem Kanalbau gewonnenen Erkenntnissen hinsichtlich der Schichtung und des Alters der Gesteine bahnte er bereits vor Darwins Veröffentlichungen den Weg für eine revolutionäre Veränderung der Weltsicht.

Ausgangspunkt: Parkmöglichkeit an der A 36 gegenüber der (nördlichen) Zufahrt nach Hinton Charterhouse. Bei Anfahrt mit dem Zug: Start in Avoncliff.
Höhenunterschied: 330 Hm.
Anforderungen: Lange Wanderung auf Gras-, Erd- und Feldwegen. Einige Zauntritte; punktuell (sehr) nass. Zwischen Midford und Hinton Charterhouse sind Pfadfindergeist und gutes Orientierungsvermögen erforderlich. Nicht durchführbar bei Hochwasser.
Einkehr: In Avoncliff, Midford, Combe Hay und Hinton Charterhouse.
Karte: Explorer Series 155 Bristol & Bath, 142 Shepton Mallet & Mendip Hills East oder Landranger Series 172 Bristol & Bath.

Wir finden den Beginn des Wegs 20 m nördlich des **Parkplatzes (1)**. Über ein paar Stufen geht es rechts in den Wald hinein und geradeaus ein Täl-

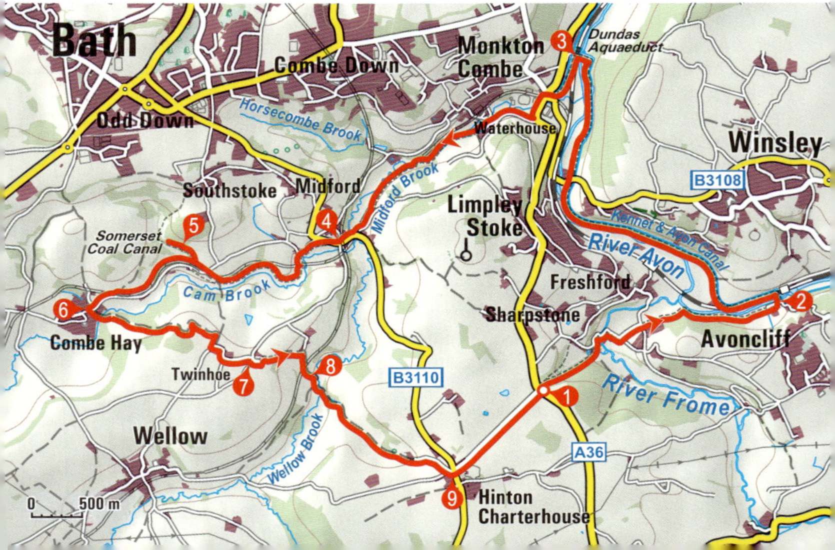

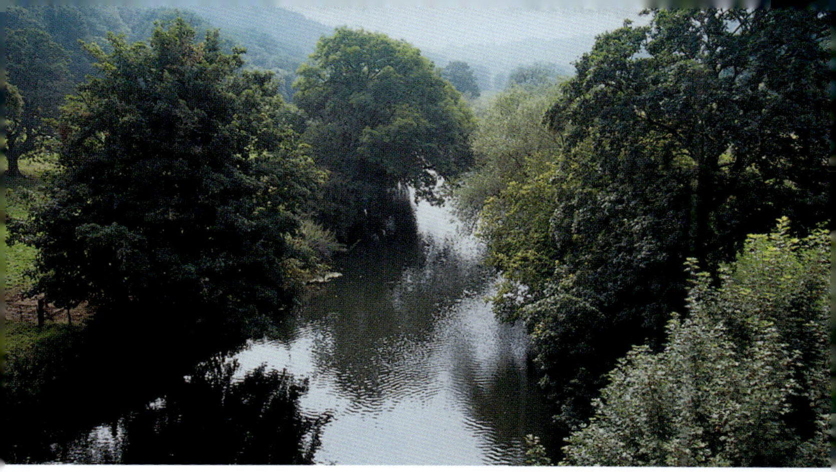

Das Avon Valley ist eines von vier Tälern, die die Wanderung berührt.

chen hinunter (nicht links abbiegen). Hinter einem Törchen gehen wir links und gelangen auf einen breiteren Weg. Auf dem anschließenden Sträßchen rechts und nach einer Brücke die erste Straße links. An einer T-Kreuzung wandern wir geradeaus auf einem Grasweg weiter und erreichen mit einem Rechtsbogen den River Avon, den wir flussaufwärts begleiten. In **Avoncliff (2)** bringt uns eine Treppe hinauf zum Kennet & Avon Canal, dem wir nach links folgen. Die nächsten 5 km wandern wir auf der linken Kanalseite entlang. Hinter dem **Dundas Aquaeduct (3)** halten wir uns links (»Radstock«), erreichen eine breite Straße und gelangen auf ihr rechts zur A 36, wo wir uns nach links wenden. Nach 200 m biegen wir rechts in die Waterhouse Lane ein. Bei einer Gabelung rechts. Das private Grundstück am Ende der Zufahrt umgehen wir rechts und marschieren anschließend im Talgrund weiter. In einem Gehölzbestand geht es halb links ein paar Schritte aufwärts. Dann tasten wir uns (mit einem Zaun rechter Hand) mit gleichbleibender Höhe und Richtung über einige sehr nasse, gehölzbestandene Quellbereiche (Markierungen). Anschließend lichtet sich das Gehölz und geht in eine Weide über. Der Grasweg mündet auf ein Sträßchen, auf dem wir bergabwärts **Midford**

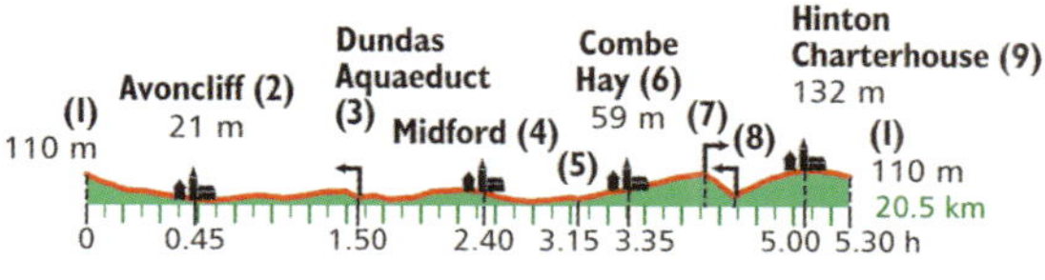

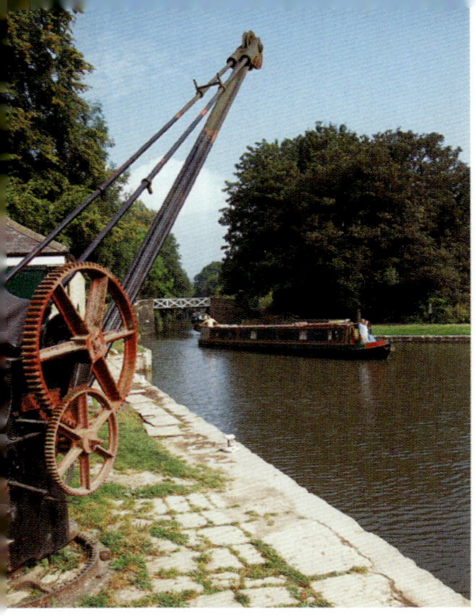

Historische Krananlage.

(4) erreichen und auf der Hauptstraße rechts abbiegen. Vor einer Unterführung finden wir links einen schmalen Fußpfad. Nun sind wir auf dem Damm des ehemaligen **Somerset Coal Canal (5)** unterwegs. Nach ca. 500 m umgehen wir eine Böschung mit einem kurzen Schlenker (Markierung) und setzen anschließend den Weg am ehemaligen Kanal fort. Nach ca. 1 km zweigt in einem Waldstück ein Pfad rechts ab und erreicht bergauf eine Straße. Schnell verlieren wir, uns links haltend, wieder an Höhe und machen am Hangfuß einen Abstecher nach rechts durch die Unterführung zu den alten Schleusenanlagen. Zurück am Abzweig schlagen wir einen zunächst straßenparallelen Fußpfad ein, der bald in einen Einschnitt hineinführt. Diesen verlassen wir mit ein paar Stufen nach links, erreichen wieder die Straße und gelangen abwärts nach **Combe Hay (6)**, wo wir hinter den ersten Häusern links auf einen Saumpfad abbiegen. Nach einem ersten Anstieg geht es halb links (Markierung) und mit wechselnden Steigungen aufwärts. Am Oberhang passieren wir eine erste Hecke geradeaus, schwenken vor der zweiten Hecke nach links und folgen ihrem Bogen. Auf dem Feldweg rechts und bei dessen Einmündung auf die Straße links. An einer Kreuzung gehen wir geradeaus und biegen dann rechts auf die Zufahrt zu den **Middle Twinhoe Barns (7)** ab, die wir vor den Eingangspfeilern links verlassen. Nun geht es auf undeutlicher Wegspur geradeaus (nordöstlich) über eine Wiese, durch ein in der Hecke verstecktes Törchen und dann links quer über einen Acker (dort Markierung), wo uns rechts ein Gehölz begleitet. Dann aufpassen: Der Weg setzt sich ein paar Schritte unterhalb – völlig überwachsen – zwischen zwei Hecken fort! Wir kämpfen uns einige Meter durch die Hochstauden, erreichen dann einen gut ausgebauten Querweg und halten uns rechts. Etwa 100 m jenseits der Unterführung am Hangfuß nehmen wir – hinter einem Tor – den undeutlichen Pfad links **(8)** und gehen kurz am Bach entlang. Nach Überquerung des Stegs biegen wir rechts ab. Der Pfad schwenkt links in ein Nebental hinein, dem wir im Talgrund aufwärts bis **Hinton Charterhouse (9)** folgen. Dort links, dann geradeaus über die Kreuzung. Diese Straße stößt nach gut 1 km wieder auf den **Parkplatz (1)**.

Westliche Cranborne Chase

Hill-Hopping und Bottom-Diving

Die Hügel südöstlich von Shaftesbury, darunter auch Melbury Hill und Win Green Hill, bieten einen weiten Ausblick in die Runde und lassen bei guter Sicht das Auge bis zur Isle of Wight schweifen. Das Gelände ist abwechslungsreich, wobei sich »bottoms«, tief eingeschnittene Trockentäler, abwechseln mit »downs«, welligen Hügeln.

Ausgangspunkt: Parkplatz 1,5 km südlich von Melbury Abbas. Straße von Melbury Abbas in Richtung Blandford ca. 1,5 km nach Süden aufwärts fahren. Parkplatz auf der Anhöhe rechts.
Höhenunterschied: 600 Hm.
Anforderungen: Lange Wanderung überwiegend auf Gras- und Feldwegen, einige Abschnitte auf der Straße (3,8 km), einige Zauntritte. Ein recht steiler Abstieg. Der nördliche Hangfuß des Melbury Hill ist bei Nässe äußerst matschig, kann aber nördlich umgangen werden. Orientierungsvermögen ist erforderlich.
Variante: Die Wanderung lässt sich in eine östliche Runde (ca. 8 km, auch für Kinder geeignet) und eine westliche Runde (ca. 13,5 km) aufteilen.
Einkehr: Keine.
Karte: Explorer Series 118 Shaftesbury & Cranborne Chase oder Landranger Series 184 Salisbury & The Plain.

Der Feldweg beginnt an der Nordwestseite des **Parkplatzes (1)** und senkt sich hinunter nach **Compton Abbas (2)**. Dort mutiert der Weg zu einem Teersträßchen und beschreibt eine Rechtskurve. Am nordöstlichen Ortsrand wählen wir rechts einen Feldweg, der in ein Seitental hineinführt. Am Talende geht es mit einem »Bridleway«-Symbol rechts aufwärts und kurz auf einem Feldweg entlang, bevor wir links zum Sattel abbiegen, wo wir ein kleines Törchen entdecken. Von dort ersteigen wir links am Zaun entlang **Melbury Hill (3)** und gelangen auf dem gleichen Weg zurück zum Sattel. Nun durchqueren wir das Törchen, gehen bergab und halten uns am Unterhang rechts.

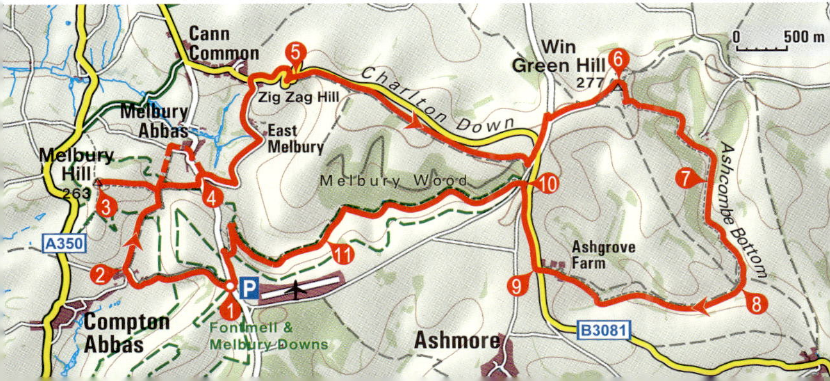

Der Weg setzt sich am bewaldeten Hangfuß fort (bei Nässe sehr matschig) und erreicht eine Straße, auf die wir links abbiegen. Nach gut 100 m zweigt in **Melbury Abbas (4)** rechts eine schmale Straße ab (»East Melbury«), der wir 1,5 km bis zu einer Hauptstraße folgen, auf der wir ebenfalls rechts gehen. Auf ihr müssen wir durch zwei Haarnadelkurven marschieren, bevor am **Zig Zag Hill (5)** ein Saumpfad halb rechts abzweigt. Auf ihm geht es aufwärts und bei einer Gabelung am Oberhang links. Hinter einem Feldgehölz wählen wir den linken, von Heckenreihen gesäumten Weg und erreichen nach ca. 1,4 km ein Sträßchen. Dort links. An einer Kreuzung gehen wir geradeaus, beim Wegweiser »Byway to Win Green« rechts und peilen jenseits des Parkplatzes den Trig-Point (Vermessungspunkt) auf dem **Win Green Hill (6)** an.
Dort wenden wir uns nach rechts und hinter einem Zauntritt links. Nun geht es zügig den Hang hinunter (im Zweifel eher etwas rechts halten), wo wir am Unterhang in den Wald eintauchen. Am Hangfuß biegen wir rechts auf einen Feldweg ab. Wir bleiben in der Talachse des **Ashcombe Bottom (7)** und lassen Verzweigungen nach links und rechts unbeachtet. Wir passieren Ashcombe Farm Cottage, bevor das Tal einen weiten Rechtsbogen beschreibt. Bei der Einmündung eines breiten Seitentals gelangen wir an einen Kreuzungspunkt **(8)**: Wir verlassen den Feldweg, orientieren uns am Wegweiser »Ashgrove Farm« und begleiten den Feldweg mit 20 m Abstand über Wiesen zunächst nach Südwesten, dann nach Westen (der Feldweg besitzt kein Public Right of Way, daher unbedingt über die Wiesen gehen). Mit etwas Abstand passieren wir eine Scheune rechter Hand und bleiben nach einem

Der Trig Point markiert den höchsten Punkt des Win Green Hill.

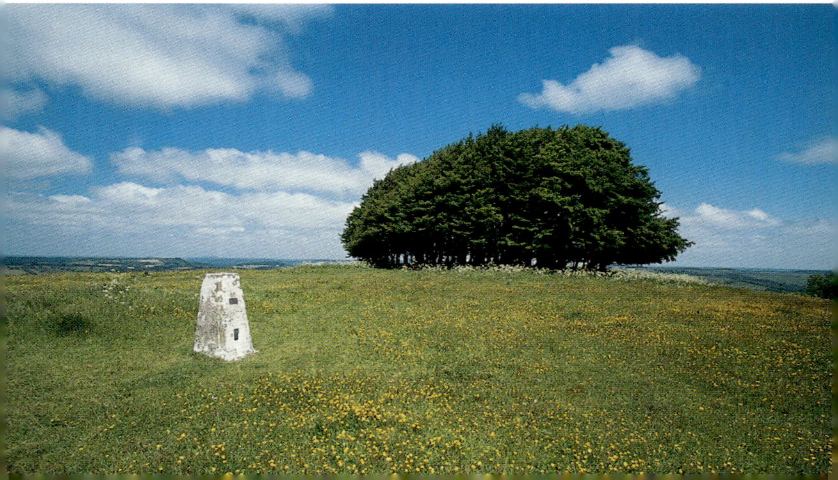

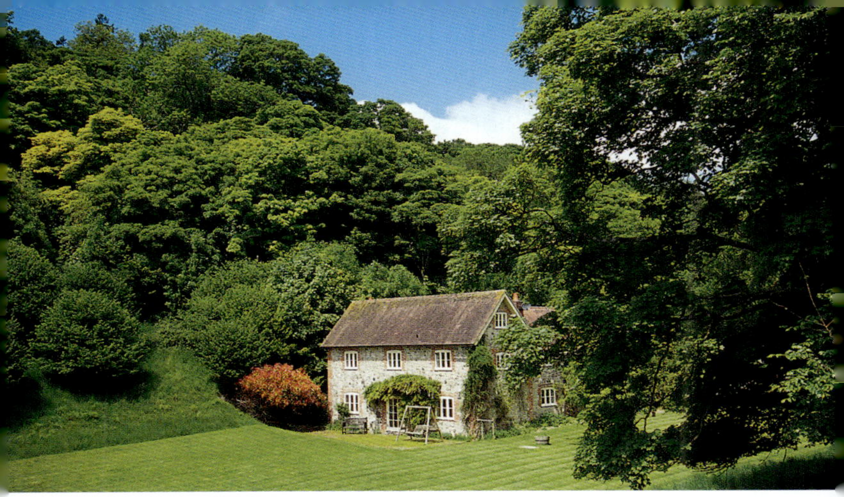

Im Ashcombe Bottom versteckt sich ein schnuckeliges Cottage.

kleinen Linksschwenk weiterhin auf undeutlichen Wegspuren im Talgrund. Schließlich weist uns ein Schild rechts aufwärts, wo bald die Ashgrove Farm in Sicht kommt. Zwischen den Gebäuden hindurch gelangen wir zur Zufahrt und auf ihr zur B 3081 und biegen dort rechts ab **(9)**. Hinter der nächsten Straßeneinmündung queren wir halb links einen Acker auf einem Trampelpfad. Auf dem Sträßchen links. Nach 100 m übersteigen wir rechts einen Zauntritt. Am Waldrand geht es steil hinunter in das Trockental **Melbury Bottom (10)** und zunächst etwas ruppig ohne Weg, später angenehm auf einer Traktorspur im Talgrund entlang nach Westen. 500 m jenseits des Waldrandes entscheiden wir uns bei einer Verzweigung für den linken Weg **(11)**, der schwach ansteigend am linken Talrand entlangführt. Wo ein Zaun das weitere Fortkommen verhindert, biegen wir im spitzen Winkel links ab und gelangen aufwärts, entlang eines Hohlwegs, an den Zaun am Oberhang. Dort erreichen wir rechts einen Zauntritt und dahinter eine Straße, die uns links zurück zum **Parkplatz (1)** bringt.

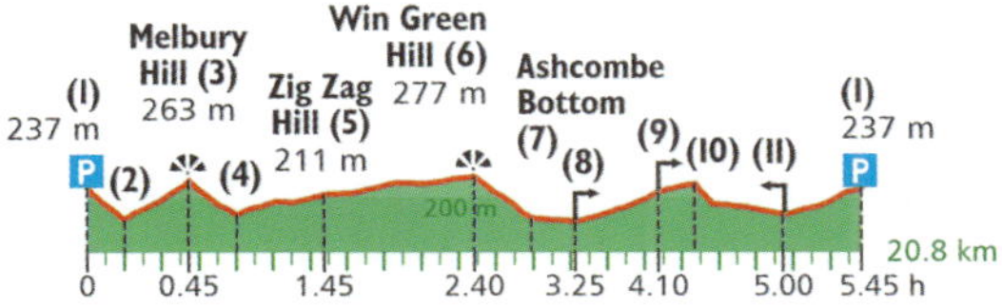

37 Hambledon Hill und Hod Hill

3.15 Std.

Zu zwei bemerkenswerten Wallanlagen über dem Stour Valley

Die Wanderung führt quer über das Stour Valley zum Hambledon Hill, auf dem sich die nach Maiden Castle zweitgrößte eisenzeitliche Hügelfestung Süd-Englands befindet. Der Hügel war seit der Jungsteinzeit besiedelt und wurde über viele Jahrhunderte zu einer beeindruckenden dreifachen Wallanlage ausgebaut, die bis in der Eisenzeit bewohnt war, wobei zur Hochzeit der Besiedlung mehr als 350 Hausstellen vorhanden waren. Heute dient Hambledon Hill als großartige Aussichtskanzel, der im Norden das Blackmore Vale und im Westen und Süden die Stour-Niederung zu Füßen liegen. Auf dem benachbarten Hügel Hod Hill ist noch eine weitere eisenzeitliche Wallanlage zu erkunden, derer sich überdies die Römer für den Bau eines Forts bedienten.

Ausgangspunkt: Parkbucht 200 m vor dem südöstlichen Ortseingang von Shillingstone auf der nordöstlichen Straßenseite.
Höhenunterschied: 270 Hm.
Anforderungen: Wanderung auf Feld- und Graswegen, stellenweise ohne Wegspur, kleine Straßen (ca. 2,8 km), einige Zauntritte. Ein kurzer steiler Aufstieg. Orientierungsvermögen ist erforderlich. Nicht durchführbar bei Hochwasser.
Variante: Eine Abkürzung von WP 7 rechts hinunter zur Straße, dort links und bei der Abzweigung zur Hanford School rechts (ab dort weiter wie beschrieben) verringert die Wegstrecke auf 9,8 km (Wanderung ebenfalls für Kinder geeignet).
Einkehr: The Baker Arms in Child Okeford.
Karte: Landranger Series 194 Dorchester & Weymouth.

Hambledon Hill eignet sich auch für eine Siesta mit Ausblick.

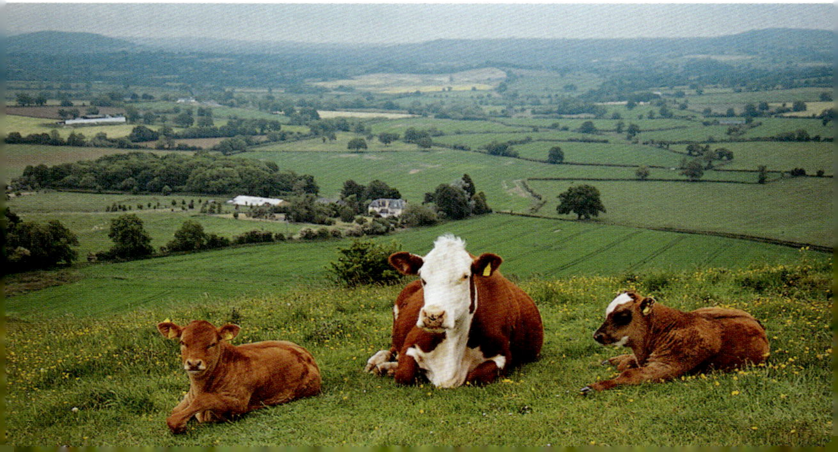

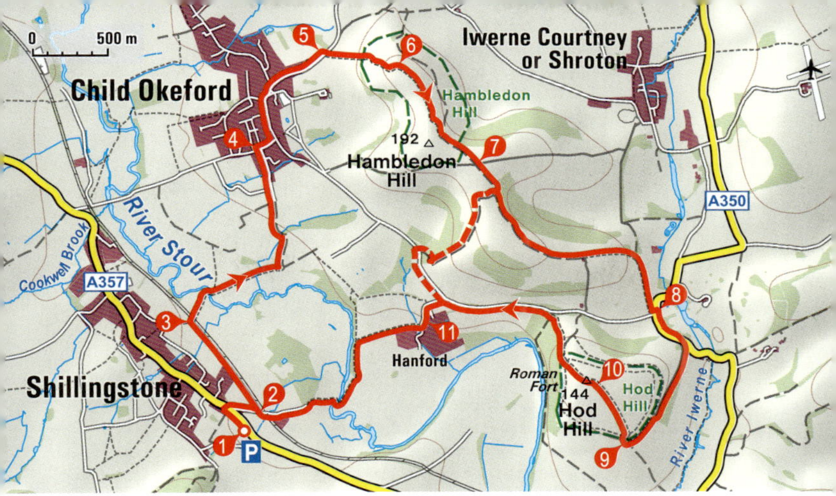

Wir verlassen die **Parkbucht (1)** in Richtung Shillingstone, nehmen vor dem Ortsrand den Feldweg rechts und orientieren uns nach 200 m am »Trailway«-Wegweiser nach links **(2)**. Auf der alten Eisenbahntrasse marschieren wir bis zum Wegweiser »Child Okeford«, biegen rechts ab **(3)** und überqueren einen Fußgängersteg über den River Stour. Hinter dem Steg geht es mit einem minimalen Linksschwenk ohne Wegspur über Weiden (Orientierungshilfe: sichtbarer Feldweg am Hügel gegenüber). Nach 500 m durchqueren wir ein Tor links. Auf dem Feldweg dahinter gehen wir links und folgen ihm gleich darauf durch eine Rechtskurve. Am Ortsrand von **Child Okeford (4)** biegen wir zunächst auf eine Nebenstraße rechts und auf der Hauptstraße links ab. 50 m hinter »The Baker Arms« setzen wir rechts den Weg auf dem Sträßchen in Richtung Iverne Minster fort. Nach 400 m wählen wir rechts einen Pfad unter einer Baumhecke (**5**; FP-Wegweiser beachten). Durch ein Kissing Gate gelangen wir zum Fuß der Wallanlagen und steigen zunächst geradeaus, dann halb rechts den terrassierten Steilhang hinauf. Wir gehen auf dem Rücken des **Hambledon Hill (6)** entlang und erreichen jenseits der südöstlichen Wallanlagen ein Törchen und dahinter eine Kreuzung **(7)**. Dort geradeaus. Anschließend wandern wir den Höhenrücken mit geringem Höhenverlust nach Südosten entlang. Eine Scheune passieren wir geradeaus (nicht rechts auf den Feldweg abbiegen) und werden von einer Baumhecke

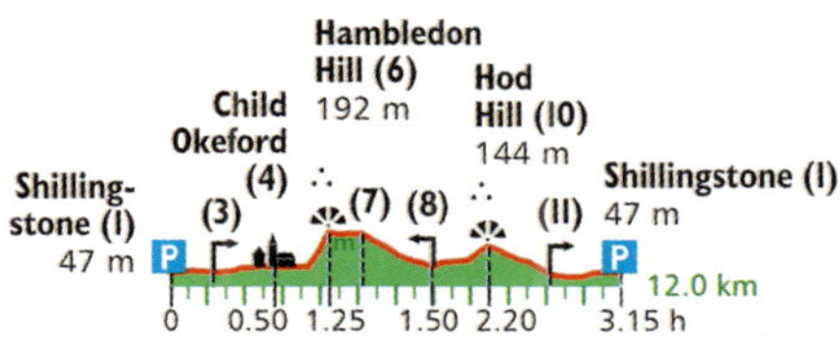

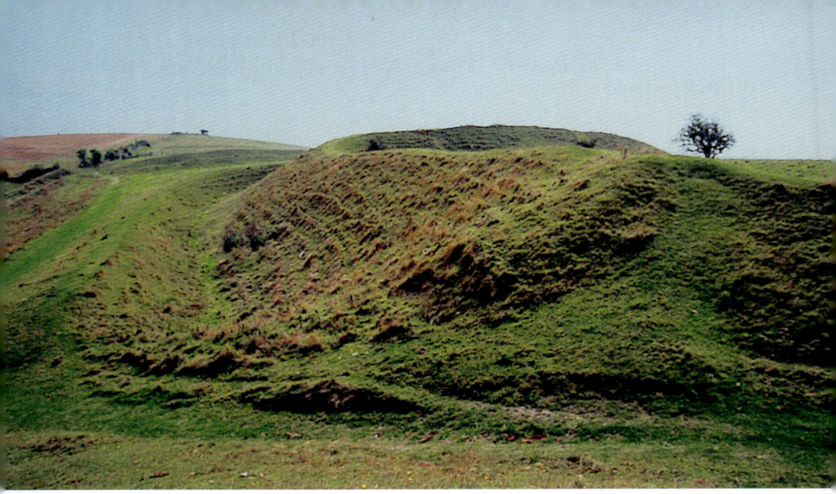

Am Hambledon Hill befindet sich die – nach Maiden Castle – zweitgrößte prähistorische Wallanlage Südenglands.

linker Hand abwärts begleitet. Am Unterhang gelangen wir nach einem Rechtsbogen an eine Straße, wo sich der Pfad auf der anderen Seite halb links fortsetzt **(8)**. Kurz gehen wir straßenparallel nach Süden und dann auf einem Feldweg rechts aufwärts. Wir erreichen auf der Südostseite des Hügels ein breites Tor, das wir nicht durchqueren, sondern den Weg 20 m oberhalb in bisheriger Richtung fortsetzen. An einem Kreuzungspunkt biegen wir rechts ab **(9)**, bemerken die alten Wallanlagen und überschreiten die Kuppe des **Hod Hill (10)**.

Am Nordwestrand, wo wir die Erdwälle der römischen Anlage finden, geht es hinter einem Törchen zügig mit nur schwach erkennbarer Wegspur am Waldrand hinunter. Wir durchqueren am Hangfuß einen Waldgürtel und gehen auf der Straße links. Nach 800 m zweigt ein Teersträßchen links zur Hanford School ab. Bei einer Verzweigung am Hangfuß rechts und nach wenigen Metern erneut rechts durch ein Tor (**11**; FP-Wegweiser), dann wandern wir an einer Scheune vorbei und finden anschließend rechts versetzt (Markierung) die Fortsetzung über eine Weide (ohne Wegspur) mit dem Zaun rechter Hand. Auf der gegenüberliegenden Seite übersteigen wir einen Zauntritt und folgen im Gehölzbestand dem Linksknick des Wegs. Dort, wo uns der Weg wieder ins Offenland entlässt, peilen wir südlich vor uns eine Brücke an. Hinter der Brücke treffen wir auf einen Trampelpfad, der bald zu einem Feldweg mutiert und am Ortsrand von Shillingstone wieder auf die schon bekannte Straße mündet. Links gelangen wir zurück zur **Parkbucht (1)**.

3.00 Std.

Studland 38 TOP

Im Bann von Sand, Strand, Heide und Dünen

Auf der Studland-Halbinsel sorgen nicht nur Dünen, Sand und Strand, sondern auch Heideflächen, Süßwasserseen und kleine Niedermoore für ein abwechslungsreiches und spannendes Landschaftserlebnis. Der Blick auf die schroffen Old Harry Rocks und der markante Agglestone Rock setzen weitere Ausrufungszeichen. Die Bademöglichkeiten sind auch nicht zu verachten!

Ausgangspunkt: Parkplatz Ferry Road (NT, kostenpflichtig) oder auf dem Bankett der Ferry Road (dann Außenspiegel einklappen).
Höhenunterschied: 140 Hm.
Anforderungen: Einfache Wanderung auf Sand. Aufgrund der vielen kreuzenden Pfade etwas unübersichtlich.
Variante: Ost- oder Westteil (5 km/6 km) jeweils als Streckenwanderung; mit dem Bus zurück zum Ausgangspunkt.
Einkehr: Knoll Beach Café, Studland Beach Café.
Hinweis: Der südliche Knoll Beach ist ein normaler Badestrand, der nördliche Bereich ein FKK-Strand.
Karte: Explorer Series OL15 Purbeck & South Dorset.

Sonnenuntergang hinter Jerry's Point und Poole Harbour.

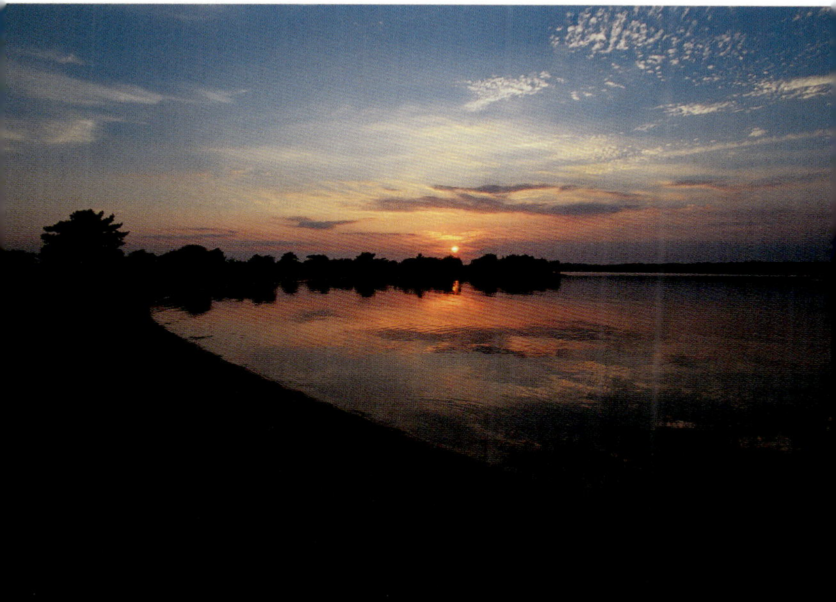

Vom straßenfernen Rand des Parkplatzes **Ferry Road (1)** gelangen wir über einen Steg zum Shell Beach, gehen kurz dort entlang und biegen nach 200 m halb rechts in ein flaches Dünentälchen ab. Der Einstieg zum Dünenpfad **(2)** ist mit »Heather Walk« beschildert. Nach 1 km gehen wir auf einem breiten Querweg nach links und wenden uns nach gut 100 m rechts **(3)**. Hier setzt sich der »Heather Walk« als breiter Pfad in lockerem Sand fort. Nach ca. 700 m treffen wir auf eine Verzweigung **(4)**. Von hier aus kann entweder eine kleine Expedition nach rechts zur »Little Sea« unternommen oder der Weg nach Süden fortgesetzt werden. Für Letzteres halten wir uns mit der lilafarbenen Markierung zunächst geradeaus (Abzweigungen ignorieren!) und anschließend halb rechts. Dort, wo ein gelb markierter Pfad von rechts zu uns stößt, folgen wir der nun lila-gelben Markierung links zu einem Parkplatz. Wir gehen links zum Strand **Knoll Beach (5)** und flanieren nach Sü-

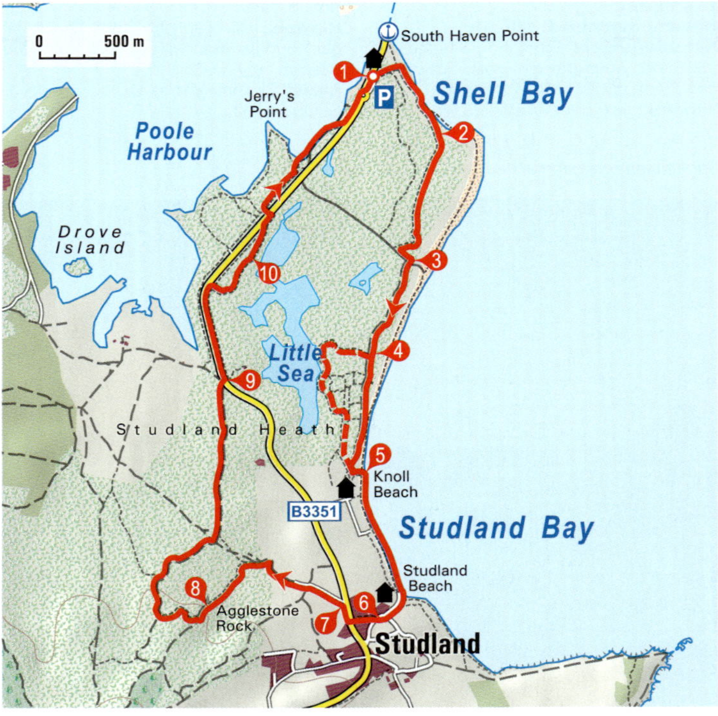

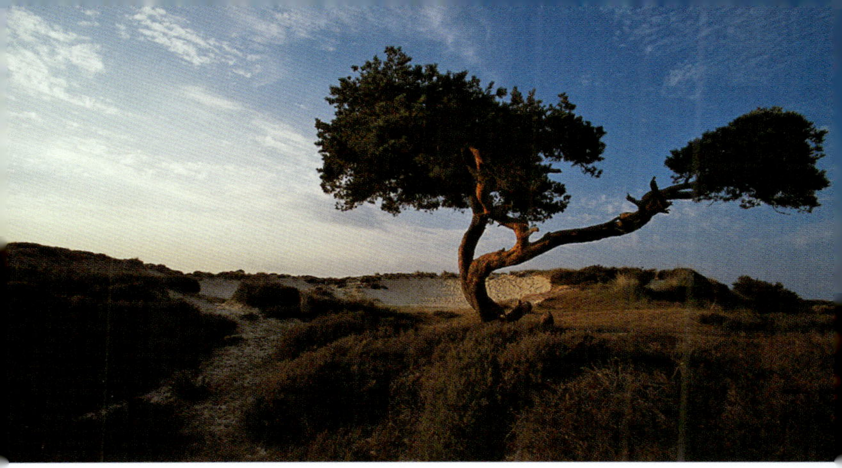

Das letzte Abendlicht taucht die knorrige Kiefer am Shell Bay in warme Farben.

den bis zu seinem Ende. 200 m nach der Auffahrt setzen wir unseren Weg halb rechts durch eine Hohlgasse fort (**6**; »Ferry Road«). Auf der Straße kurz rechts, bevor links ein Feldweg abzweigt (**7**; Wegweiser: »Agglestone Rock«). Eine erste Abzweigung ignorieren wir und finden jenseits der letzten Häuser im Wald – hinter einem Steg – die für uns relevante Abzweigung nach links. Wo wir Heideland betreten, biegen wir erneut halb links ab und steuern auf den **Agglestone Rock (8)** zu. 50 m hinter diesem markanten Felsen entscheiden wir uns für den rechten Pfad und tun dies bei der nächsten Möglichkeit erneut. Zunächst in nordöstlicher, dann nördlicher Richtung gehen wir mit etwas Abwärtstendenz bis zur B 3351 (querende kleinere Pfade lassen wir unbeachtet). Auf der anderen Straßenseite entdecken wir eine straßenparallele Fahrspur **(9)**, der wir links folgen. Wir können sie nach einigen Minuten Wanderzeit an verschiedenen Stellen nach rechts verlassen, um mit Abstechern einen genaueren Blick auf den Binnensee **Little Sea (10)** zu werfen. Bald nähert sich der Weg in einem Linksbogen wieder der Straße an, die wir überqueren. Links versetzt finden wir einen Durchlass in der Hecke. Anschließend halten wir uns auch hier straßenparallel nach Nordosten. Auf den letzten 500 m zurück zum Parkplatz **Ferry Road (1)** wählen wir entweder das breite Straßenbankett zur Rechten oder einen stark überwachsenen und nassen Pfad links, der dafür unmittelbar am Ufer entlangführt.

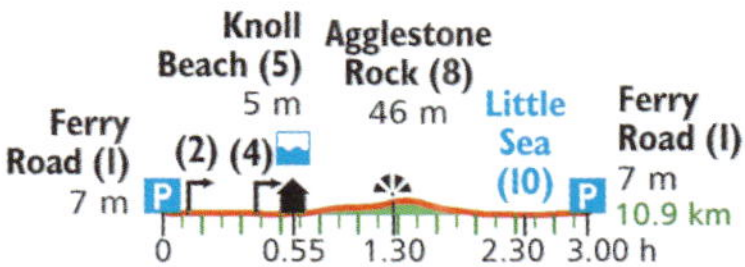

TOP **39**

Kimmeridge Bay und St. Aldhelm's Head

7.15 Std.

Großes Kino in Sachen Küste

Dies ist die Tour der Wahl für Liebhaber anspruchsvoller und faszinierender Küstenwanderungen. Der Blick vom Swyre Head gleich am Beginn der Wanderung gibt einen Eindruck davon, was den ausdauernden Wanderer erwartet: Meer, Steilküste, türkisblaue Buchten und grüne Hügel satt von der Kimmeridge Bay im Westen über Chapman's Pool und St. Aldhelm's Head bis zur Seacombe im Osten.

Ausgangspunkt: Waldparkplatz Houns Tout, ca. 500 m westlich von Kingston.
Höhenunterschied: 920 Hm.
Anforderungen: Lange Wanderung auf schmalen und streckenweise steilen Pfaden und Wiesenwegen, hin und wieder nahe an der Kliffkante, sodass Trittsicherheit und Schwindelfreiheit erforderlich sind. Einige Strecken auf Hartbelag (ca. 4,3 km), einige Zauntritte. Abstieg zu Chapman's Pool von Westen bei Nässe nicht empfehlenswert (alternativ: Zugang von Norden).
Varianten: Kürzere Alternativen sind: 1) Westliche Runde mit Rückkehr via Chapman's Pool: ca. 17 km, schwierig »schwarz«. 2) Westliche Runde mit Rückkehr via Houns Tout: ca. 14,5 km, mittel «rot«. 3) Östliche Runde (Parken nördlich von Worth Matravers) mit/ohne Abstecher zu Chapman's Pool: ca. 11 km/9 km, mittel »rot«.
Einkehr: In Kimmeridge, Worth Matravers (urig: »Square & Compass«) und Kingston.
Karte: Explorer Series OL15 Purbeck & South Dorset.

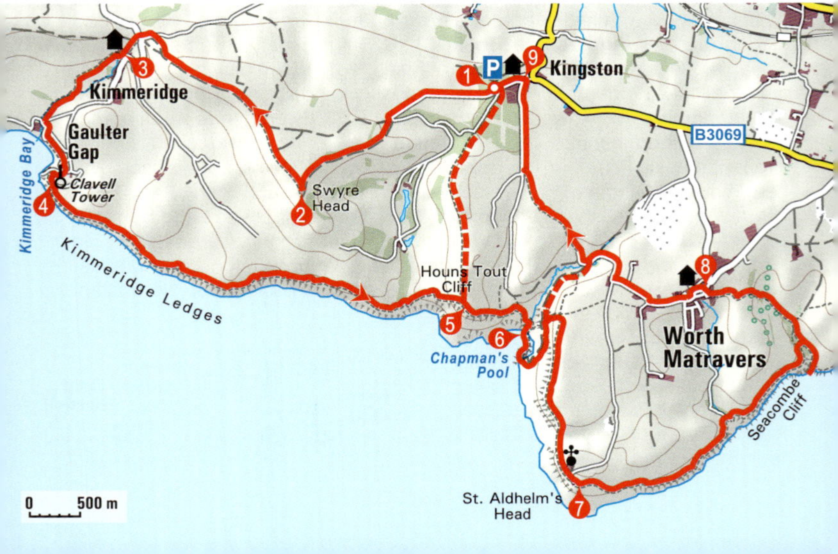

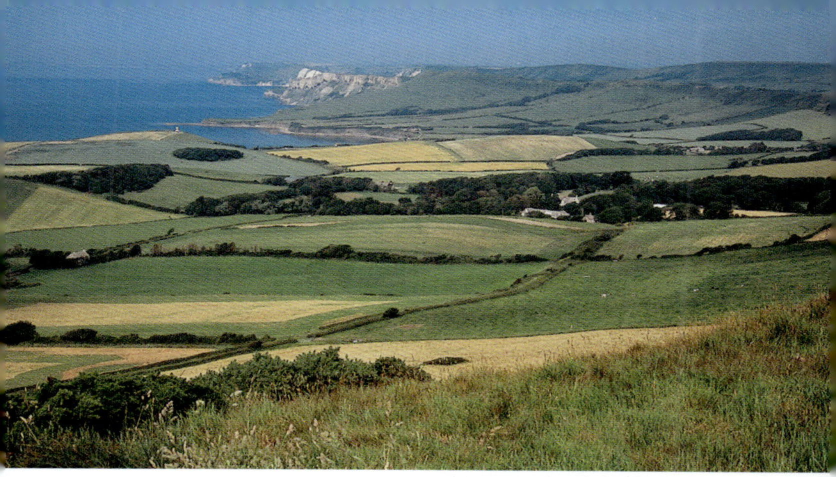

Der Swyre Head ermöglicht eine grandiose Aussicht auf die Jurassic Coast.

Vom Parkplatz **Houns Tout (1)** starten wir auf dem Teersträßchen nach links und gehen nach 1,2 km links durch eine von Steinpfosten gerahmte Einfahrt. Dahinter biegen wir halb rechts auf eine Traktorspur ab und erreichen auf ihr **Swyre Head (2)**. Dort orientieren wir uns rechts und wandern entlang der Hangkante nach Westen. Auf einem kleinen Sträßchen gehen wir links und entdecken gegenüber der Stelle, an der es auf eine Hauptstraße mündet, einen Fußweg, auf dem wir halb links **Kimmeridge (3)** erreichen. Wir durchqueren den Kirchhof und halten uns dahinter rechts (»Kimmeridge Bay«). Um das letzte Haus schlagen wir einen Bogen und peilen einen Zauntritt an einem Gehölz hangabwärts an. Kurz geht es am Gehölzrand entlang, bevor uns ein Wegweiser nach links schickt. Am Bach treffen wir auf einen Fußpfad und folgen ihm rechts. Auf einem Teersträßchen gehen wir links und anschließend am Parkplatz entlang (»Coast Path«). Wir biegen rechts auf einen Feldweg ab und erklimmen vor dem Kimmeridge Bay Maritime Centre links die Treppen zum **Clavell Tower (4)**. Auf den nächsten 4 km geht es mit geringen bis mäßigen Höhenunterschieden direkt an der Steilküste entlang. Dies ändert sich an der Egmont Bight, wo uns der steile Aufstieg zum **Houns**

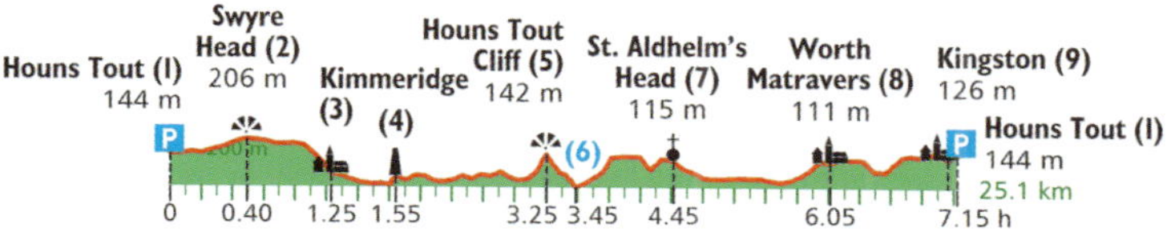

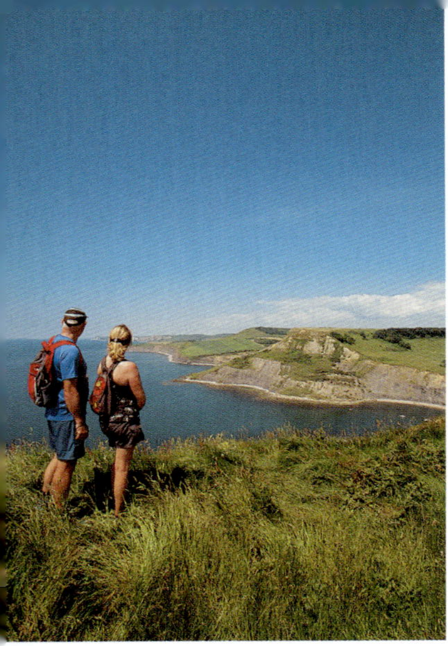

Blick auf Chapman's Pool und Houns Tout Cliff.

Tout Cliff (5) erwartet. Ebenso steil geht es über Treppen auf der anderen Seite hinunter. Hinter einem Zauntritt halten wir uns weglos halb rechts, überqueren eine Senke und steuern dahinter einen Zauntritt unterhalb an. Wir schlagen uns durch ein Schlehengebüsch, steigen kurz, aber steil den Hang hinunter und überqueren die nasse Senke an dessen Fuß. Dann orientieren wir uns rechts und erreichen auf undeutlichen Trittspuren und schmierigem Untergrund **Chapman's Pool (6)**. Dort führt der Weg links am Strand entlang. Zwischen den Bootshütten finden wir einen breiten Pfad, der nach einem Linksbogen an Höhe gewinnt. Wenige Meter nach einem breiten Tor erklimmen wir rechts in Serpentinen den steilen Hang und biegen an der Hangoberkante rechts ab. Nach einem kräftigen Ab- und Wiederanstieg erreichen wir **St. Aldhelm's Head (7)** und setzen nach einem kurzen Abstecher links zur Kapelle (14. Jh.) den Weg geradeaus mit etwas Höhenverlust fort. Wir queren einen Einschnitt geradeaus und bleiben der Steilküste weiterhin treu. In einem zweiten Einschnitt, Seacombe Bottom, können wir einen Abstecher nach rechts zur Küste machen, bevor wir den linken Weg wählen. Wir kreuzen eine Fahrspur, wandern weiter im Tälchen aufwärts und ersteigen links hinter einem Törchen den Hang. Westlich des Hügels halten wir dann gerade auf **Worth Matravers (8)** zu. Jenseits des Dorfteichs in der Ortsmitte biegen wir links auf die Hauptstraße ab. Wir gehen auf ihr an der Weston Farm vorbei und wählen – wo sie links abknickt – einen rechts abwärts führenden Teerweg. Wir durchqueren die Talsohle, bringen ein breites Tor hinter uns und wandern an einer Häuserreihe entlang aufwärts. Alsbald mutiert das Sträßchen zu einem Hohlweg. Ein Tor rechts auf halber Höhe des Hangs lassen wir unbeachtet und steigen weiter links an einer Mauer entlang aufwärts. Jenseits eines breiten Tors durchqueren wir rechts einen Mauerdurchlass und biegen dahinter halb links ab. Wir gelangen zu einem Sträßchen und auf diesem rechts nach **Kingston (9)**, wo wir in der Ortsmitte links gehen und wieder den Parkplatz **Houns Tout (1)** erreichen.

4.30 Std.

Durdle Door und Lulworth Cove 40

Ein Blick ins aufgeschlagene erdgeschichtliche Bilderbuch

Was die Dichte geologischer und geomorphologischer Highlights angeht, läuft die Jurassic Coast zwischen Osmington und West Lulworth zu großer Form auf: Da finden sich mehrere natürliche Felstore, am bekanntesten die beeindruckende »Durdle Door«, weiterhin die senkrecht aufgefalteten Schichten der Purbeck-Gesteine am Stair Hole, sowie Lulworth Cove, eine annähernd kreisförmige Bucht mit türkisblauem Wasser, und fossile Überreste eines tropischen Waldes (»Fossil Forest«) östlich der Bucht.

Ausgangspunkt: Parkplatz Ringstead Down. 1,5 km östlich von Osmington in Richtung Ringstead abbiegen und nach einer Linkskurve geradeaus (in südöstlicher Richtung) aufwärts bis zum Parkplatz fahren. Bei Anreise mit dem Bus: Start in Lulworth Cove.

Höhenunterschied: 600 Hm.

Anforderungen: Schmale, manchmal steinige und streckenweise steile Pfade und Wiesenwege, hin und wieder nahe an der Kliffkante, sodass Trittsicherheit und Schwindelfreiheit erforderlich sind. Kurzzeitig Hartbelag (ca. 2 km).

Einkehr: Mehrere Möglichkeiten in Lulworth Cove.

Varianten: 1) Erweiterung der Wanderung zum Fossil Forest (zzgl. 2,5 km). Aber Achtung: Dieser liegt auf einem Truppenübungsplatz und ist zeitlich nur beschränkt zugänglich. Erkundigen Sie sich im Lulworth Visitor Centre, ob und wann dieser Bereich betreten werden darf.
2) Kürzere Alternative: Start in Lulworth Cove ab WP 7, bis WP 9 wandern und dort links abbiegen. An der Hangkante auf einem Pfad erneut links halten und WP 3 (Seezeichen) ansteuern. Dann wie beschrieben zurück zur Lulworth Cove (ca. 11 km).

Tipp: Badesachen mitnehmen! Sowohl die Buchten unmittelbar westlich und östlich der Durdle Door als auch Lulworth Cove eignen sich prima zum Baden.

Karte: Explorer Series OL15 Purbeck & South Dorset.

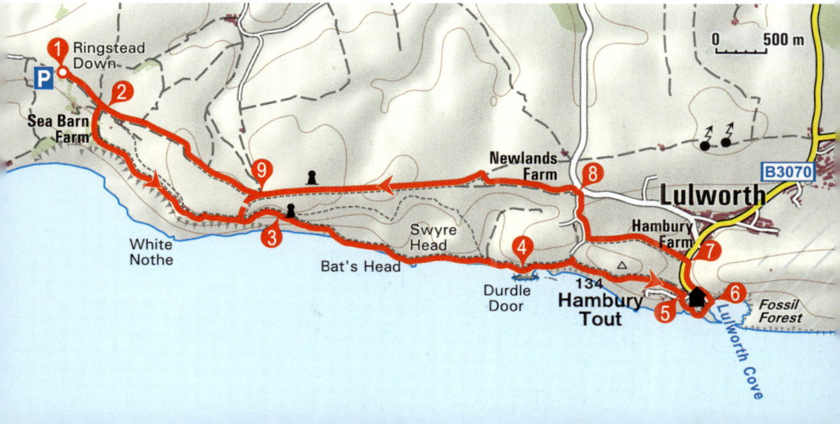

Vom Parkplatz **Ringstead Down (1)** gehen wir in Fahrtrichtung weiter geradeaus. In einer Senke vor der **Sea Barn Farm** stoßen wir auf eine Kreuzung, wo wir den zweiten (Feld-)Weg rechts wählen (**2**; unauffällig »To Coast Path«). Nach etwa 200 m biegen wir halb links ab und betreten nach weiteren 100 m durch ein Törchen links einen schmalen Pfad, der über eine Weide führt. Wir gelangen zu den Coastguard Cottages am White Nothe und passieren sie rechts. Bald danach erreichen wir ein **Seezeichen (3)**, von wo aus der Pfad bergab führt (»Durdle Door«). Nun erwartet uns ein kräftiges und z. T. steiles Auf und Ab, bis wir **Durdle Door (4)** erreichen.
Von dort nehmen wir den breiten Feldweg links aufwärts, den wir kurz vor Erreichen eines Parkplatzes am Hambury Tout nach rechts verlassen. Unterhalb eines Stechginstergebüsches gehen wir mit geringem Höhengewinn nach Osten, bevor der nun breit ausgebaute Weg nach Lulworth abfällt. Hinter dem **Visitor Centre (5)** halten wir uns rechts und nach 50 m links (»Lulworth Cove«), passieren Stair Hole mit den wie Buchseiten aufgeschlagenen Purbeck-Schichten und genießen anschließend den Blick auf **Lulworth Cove (6)**.

Durdle Door zieht nicht nur Schaulustige, sondern auch Badegäste an.

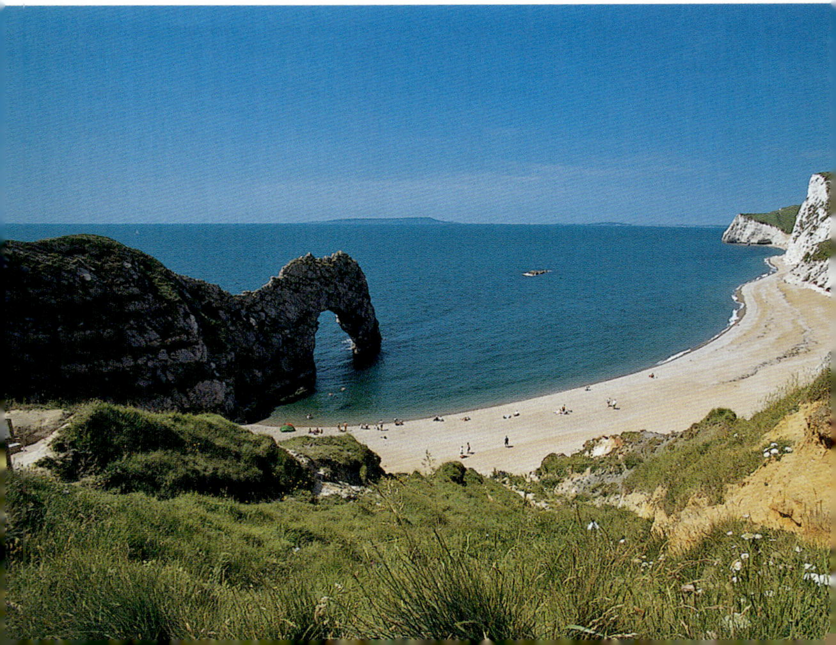

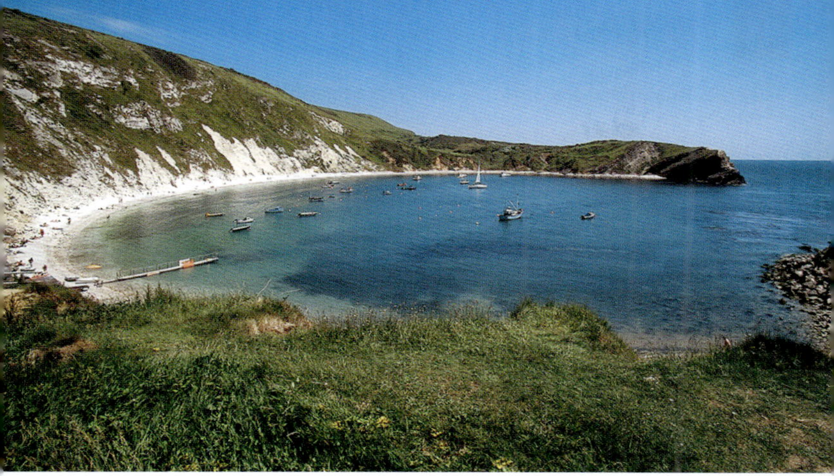

Lulworth Cove vermittelt bei schönem Wetter Karibik-Feeling.

Wir steigen zum Strand ab und gehen dort links die Straße hinauf. Gegenüber den letzten Häusern finden wir links einen Wegweiser »To Coast Path/ Durdle Door« **(7)**, der uns südlich an der Hambury Farm vorbei quer über die Talsenke lotst. Auf der anderen Seite geht es ein paar Stufen hinauf und hinter einem Törchen rechts (»Campsite«). Mit geringer Steigung erreichen wir die Anhöhe, biegen rechts auf ein Sträßchen ab und folgen ihm am Campingplatz entlang bis zur Newlands Farm. Dort halten wir uns sowohl vor als auch nach den Gebäuden links **(8)**. Zunächst auf einer Fahrspur, dann über Wiesen und Weiden steuern wir mit etwas Aufwärtstendenz in Richtung Westen (nur an einer Stelle springt der Pfad etwas zurück, nimmt aber dann die Ursprungsrichtung wieder auf). Unweit hinter dem oberen Seezeichen erreichen wir geradeaus ein breites Tor **(9)** und gehen jenseits davon auf einer Fahrspur weiter. Sie mündet auf einen Feldweg, dem wir zunächst rechts, dann in einem Linksbogen folgen und nach 1 km geradeaus über die schon bekannte Kreuzung **(2)** hinweg wieder zum **Parkplatz (1)** gelangen.

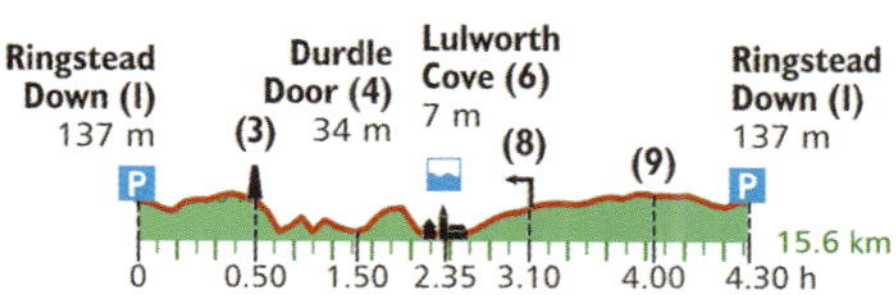

41 Bill of Portland

2.15 Std.

Zerklüftete Küste und historischer Gesteinsabbau vor den Toren von Weymouth

Der Bill of Portland ist die südlichste Spitze der Halbinsel Isle of Portland, die aus Jurakalken besteht, die als »Portland Stone« Berühmtheit erlangten und beim Bau zahlreicher bekannter Bauwerke verwendet wurden (St. Paul's Cathedral in London). Wanderziel sind sowohl die zerklüftete Ostküste mit der Ruine von Rufus Castle und der versteckten Bucht Church Ope Cove als auch das Kap Bill of Portland mit seinem Leuchtturm und dem Pulpit Rock.

Ausgangspunkt: Parkplatz Cheyne Weares südlich von Southwell. Bei Anfahrt mit dem Bus: Busstopp und Start der Tour beim Portland Museum (WP 7).
Höhenunterschied: 170 Hm.
Anforderungen: An der Ostküste steinige und stellenweise exponierte Pfade, die Trittsicherheit und etwas Schwindelfreiheit erfordern, ansonsten Wiesenwege und Straßen (ca. 1,8 km).
Einkehr: Lobster Pot direkt neben dem Leuchtturm.
Tipp: Der Tout Quarry Sculpture Park in einem alten Steinbruch im Nordwesten der Isle of Portland beherbergt Land-Art und Skulpturen zahlreicher Künstler, darunter auch ein Werk von Antony Gormley (öffentlich zugänglich).
Karte: Explorer Series OL15 Purbeck & South Dorset.

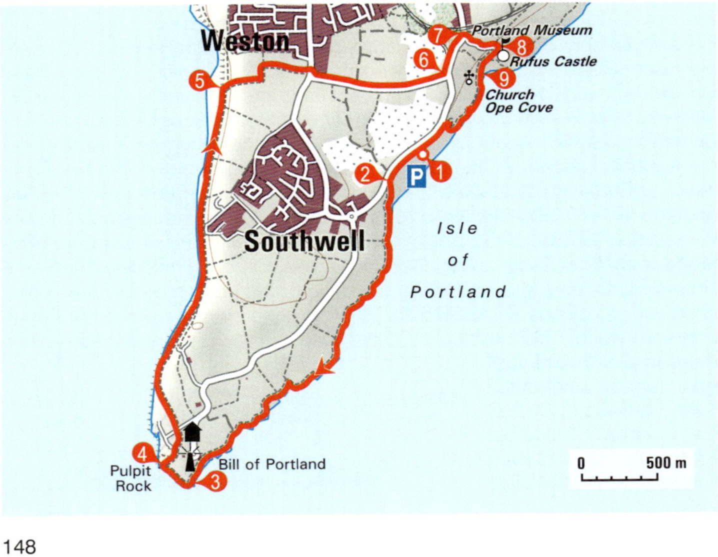

An der Einfahrt des Parkplatzes **Cheyne Weares (1)** nehmen wir die Straße nach links und biegen nach 300 m links auf den **Coast Path (2)** ab. Auf steinigen Wegen bewegen wir uns teilweise recht dicht an der Kliffkante entlang und passieren einige aufgelassene Steinbrüche. Bei Verzweigungen wählen wir jeweils die küstennahe Variante. Hinter der ersten Bootshebeanlage weichen wir halb rechts auf etwas höher gelegenes Gelände aus. In der Folge gehen wir küstennah zwischen den Strandbuden hindurch und halten auf den Leuchtturm zu. Links an ihm vorbei gelangen wir zu einem Seezeichen (Pyramide) am **Bill of Portland (3)**. Wir biegen rechts ab und steuern den **Pulpit Rock (4)** an. Dann müssen wir einer militärischen Anlage landseitig ausweichen und fassen daraufhin einen Nordkurs ins Auge, der uns mit etwas Höhengewinn wieder an die Steilküste führt. Hinter der Station der Küstenwache erreichen wir einen breiten Grasweg, halten in Richtung Norden auf einen unansehnlichen Gebäudekomplex zu und gehen links an ihm vorbei. Danach lassen wir drei Abzweigungen nach rechts unbeachtet und nehmen erst die vierte Möglichkeit (**5**; »Weston«) wahr. Mit einem Links- und einem Rechtsknick mündet unser Pfad auf eine Querstraße. Wir wandern die gegenüber einmündende Weston Street hinein und biegen an ihrem Ende links in die **Pennsylvania Road (6)** ab. Nach 300 m halten wir uns vor dem **Portland Museum (7)** rechts und gehen zur Ruine von **Rufus Castle (8)**. Hinter einem steinernen Torbogen finden wir einen gepflasterten Platz, von dem rechts eine Treppe abzweigt. Auf ihr steigen wir in die **Church Ope Cove (9)** ab (im unteren Drittel führt ein kurzer Abstecher nach rechts zur namengebenden Kirchenruine). Auf der Landseite der Strandhütten am Hangfuß entdecken wir einen schmalen Pfad, der die Bucht in Richtung Süden verlässt. Auf steinigem Untergrund geht es auf einem Steig mit etwas Auf und Ab an der Küste entlang, bevor er in Serpentinen aufwärts kurvt und sowohl die Oberkante des Kliffs als auch die Straße erreicht. Von dort ist der **Parkplatz (1)** links bereits wieder in Sichtweite.

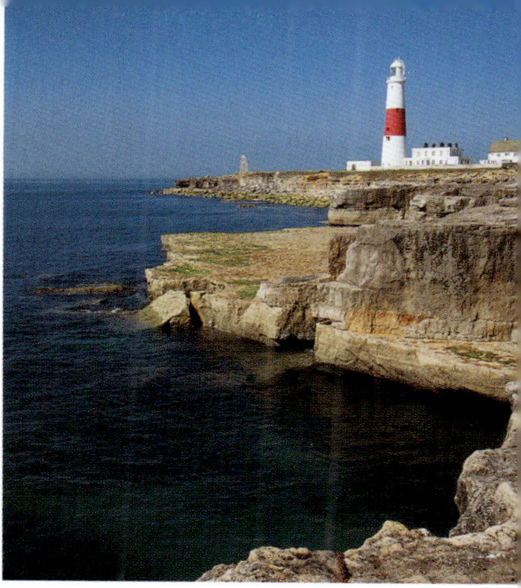

Leuchtturm am Bill of Portland.

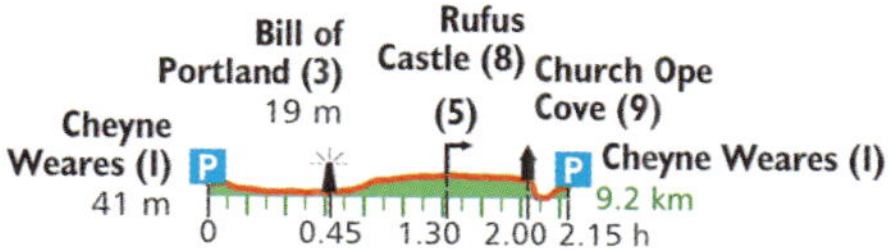

TOP **42** **Chesil Beach und Abbotsbury**

3.00 Std.

Auf Entdeckungstour in einer ungewöhnlichen Küstenlandschaft

Hier jagt eine Attraktion die andere: Da ist Chesil Beach, ein 29 km langer und bis zu 15 m hoher Strandwall aus Kieseln (ein geomorphologisches Schmankerl!), der die dahinter liegende Lagune »The Fleet« und die dort beheimatete »Swannery« vom Meer abtrennt. Weiterhin auf dem Programm stehen eine Hügelfestung, von der fantastische Ausblicke über diese ungewöhnliche Küstenlandschaft möglich sind, Abbotsbury mit seinem dörflichen Charme und die Kapelle St. Catherine's (16. Jh.).

Ausgangspunkt: Parkplatz Chesil Beach (gebührenpflichtig). 500 m westlich von Abbotsbury von der B 3157 nach Südwesten abbiegen (»Subtropical Gardens«) und bis zum Ende der öffentlichen Straße fahren. Bei Anfahrt mit dem Bus: Start in Abbotsbury.
Höhenunterschied: 300 Hm.
Anforderungen: Einfache Wanderung auf Wiesen- und Feldwegen sowie schmalen Pfaden. Kurz auf der Straße (ca. 1,8 km). Mehrere Zauntritte. Tendenz zu »rot«.
Hinweis: Chesil Beach eignet sich aufgrund starker Strömungen nicht zum Baden!
Einkehr: Mehrere Möglichkeiten in Abbotsbury.
Karte: Explorer Series OL15 Purbeck & South Dorset.

Vom Parkplatz **Chesil Beach (1)** aus starten wir auf dem Weg in Richtung Westen, finden nach gut 1,5 km den steinernen Wegweiser **»Hill Fort« (2)** und biegen rechts aufwärts ab. Die East Bexington Farm umgehen wir rechts

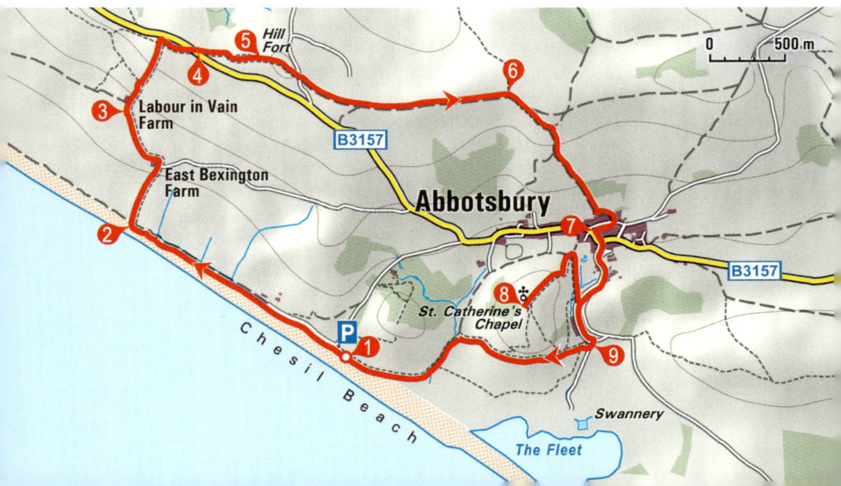

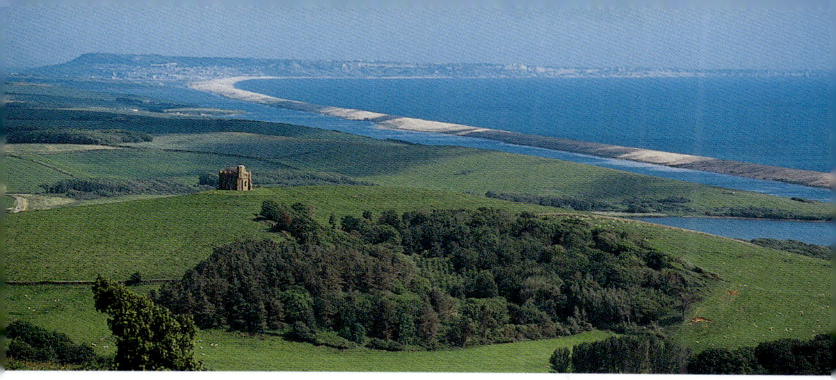

St. Catherine's Chapel, Chesil Beach, The Fleet und Isle of Portland.

und halten uns oberhalb auf einem Feldweg links. Nach 100 m knickt der Pfad halb rechts ab und führt quer über einen Acker. Nach dem Zauntritt an der **Labour in Vain Farm (3)** orientieren wir uns rechts aufwärts und bewältigen nach einem weiteren Zauntritt einen etwas kräftigeren Anstieg. Hinter einer Mauer am Oberhang rechts. Wir überqueren die B 3157 **(4)**, nehmen den Pfad auf der anderen Seite und betreten die eisenzeitliche Befestigungsanlage **Hill Fort (5)** über die westliche und verlassen sie über die östliche Wallanlage. Jenseits eines schmalen Teersträßchens geht es auf dem Höhenrücken nach Osten weiter. Wir durchqueren ein breites Tor, biegen gleich dahinter halb rechts ab **(6)** und passieren am Fuß der Geländestufe ein weiteres Tor. Wir queren auf undeutlicher Wegspur eine Weide abwärts und finden danach einen klar definierten Pfad vor, der uns nach **Abbotsbury (7)** bringt. Auf der Straße am Hangfuß gehen wir rechts und auf der Hauptstraße links. Wo diese links abknickt, halten wir uns weiter geradeaus, passieren die große Zehntscheune der ehemaligen Benediktinerabtei linker Hand und nehmen beim Wegweiser »Swannery Pedestrians« einen schmalen Teerweg halb rechts. Nach 200 m biegen wir beim Wegweiser »Rope Way« scharf rechts ab. Vor einem Hofgebäude wählen wir den spitzwinklig links abzweigenden Weg und steuern auf **St. Catherine's Chapel (8)** zu. Zurück auf demselben Weg bis zum Wegweiser »Rope Way«. Auf dem Sträßchen nach Süden geht es in Richtung **Swannery (9)**. In Sichtweite des Eingangs (ca. 30 m davor) biegen wir auf einen Fußpfad nach Westen ab, wandern am Hügelfuß entlang und gelangen hinter einem Zauntritt links auf eine deutliche Wegspur, die uns zurück zum Parkplatz **Chesil Beach (1)** bringt.

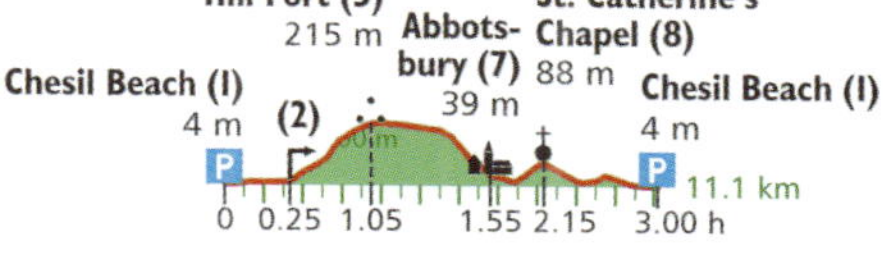

43 Cerne Abbas Giant

3.45 Std.

Über die grünen Hügel Dorsets zu einem markanten Scharrbild

Über grüne Hügel und durch anmutige Täler führt die Wanderung zum Cerne Abbas Giant. Dieses Scharrbild gibt nicht nur hinsichtlich seiner Bedeutung, sondern auch hinsichtlich seiner Entstehungszeit Rätsel auf. Ob es Bestandteil eines keltischen Fruchtbarkeitsritus war, ein Herkules-Abbild aus römischer Zeit ist oder ein mittelalterliches Graffiti, bleibt im Dunkeln. Außerdem bemerkenswert: ein Wünschelbrunnen, nämlich St. Augustine's Wishing Well im Kirchhof von St. Mary in Cerne Abbas. Die korrekte Prozedur zur Wunscherfüllung erfordert das Trinken von einem (Baum-)blatt.

Ausgangspunkt: Parkplatz Hilfield Hill. In Holywell von der A 37 abbiegen (»Minterne Magna«) und nach 4,7 km links nach dem etwas von der Straße zurückgesetzten Parkplatz Ausschau halten. Bei Anfahrt mit dem Bus: Start in Cerne Abbas.

Höhenunterschied: 300 Hm.

Anforderungen: Wanderung auf Feld- und Wiesenwegen (punktuell nass und matschig), schmalen Pfaden und teilweise überwachsenen Fahrspuren. Kurz weglos über Weiden, kurz auf Hartbelag (ca. 2,2 km). Zahlreiche Zauntritte. Etwas Orientierungssinn ist erforderlich.

Einkehr: Mehrere Möglichkeiten in Cerne Abbas.

Karte: Explorer Series 117 Cerne Abbas & Bere Regis oder Landranger Series 194 Dorchester & Weymouth.

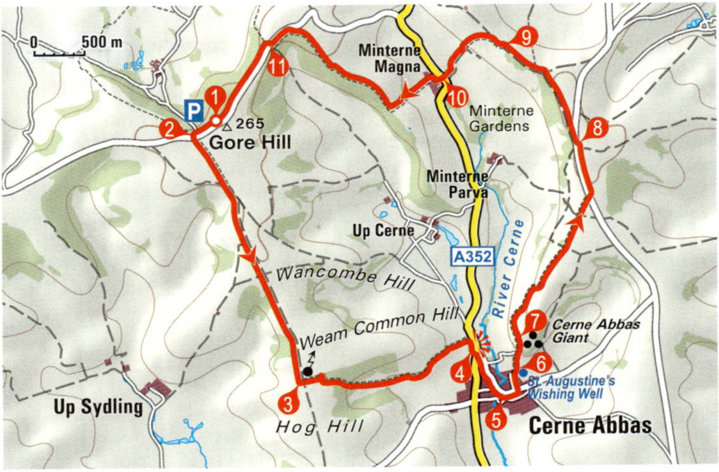

Ausgehend von der Parkplatzzufahrt **Hilfield Hill (1)** marschieren wir 200 m nach rechts und biegen dann links auf einen schmalen Pfad ab (**2**; »to Wessex Ridgeway«). Nach 600 m entlässt er uns geradeaus auf einen breiten Feldweg, wo wir uns bei der anschließenden Gabelung auf dem Hauptweg halb rechts halten (»Hog Hill«). Während der gut ausgebaute Feldweg bald rechts abbiegt, setzen wir unseren Weg geradeaus auf einer stellenweise matschigen Fahrspur auf dem Höhenrücken fort. Wenige Schritte vor einem Sendemast zweigt unser Weg links ab (**3**; »Cerne Abbas«). Am Gehölz gegenüber geht es zunächst rechts und nach 50 m links in den Wald hinein und dort abwärts. Am unteren Gehölzrand orientieren wir uns geradeaus, bevor wir hinter einem Zauntritt eine Wiese queren und deren östliches bzw. unteres Ende ansteuern. Anschließend wandern wir am Hangfuß entlang, wobei wir nacheinander über Weiden, auf einem Heckenweg und auf einem Feldweg entlanggehen. Auf der Hauptstraße rechts und auf der Ortsstraße am **Giant View (4)** halb links. In **Cerne Abbas (5)** biegen wir links auf die Dorfstraße ab und folgen anschließend der links abzweigenden Abbey Street. An deren Ende durchqueren wir rechts einen Torbogen, machen entlang der südlichen Mauer einen Abstecher zu **St. Augustine's Wishing Well (6)** und verlassen anschließend den Friedhof durch ein Törchen in der nördlichen Mauer. Von dort peilen wir geradeaus den Hangfuß an, überwinden einen Zauntritt und steigen eine Treppe hinauf. Unmittelbar zu Füßen des **Cerne Abbas Giant** (**7**; aber ohne

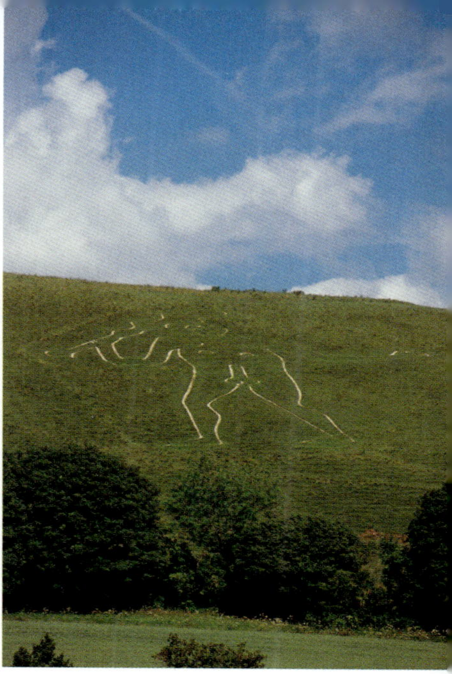

Cerne Abbas Giant.

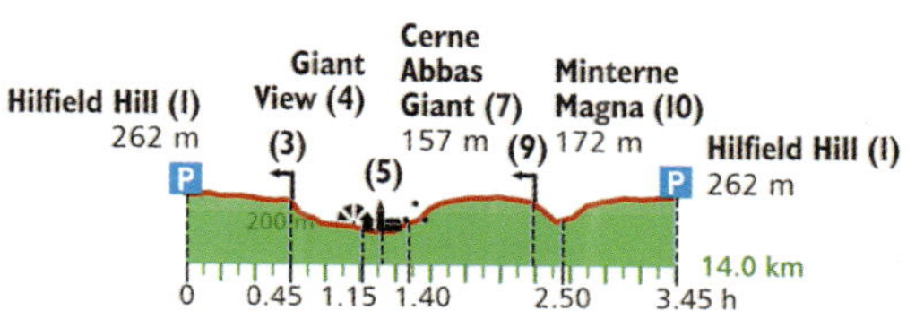

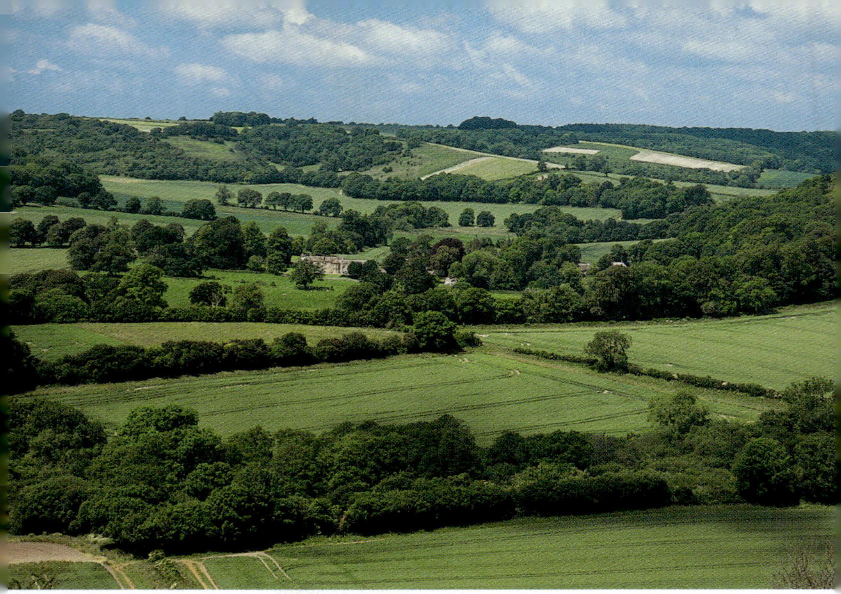

Die Heckenlandschaft um Up Cerne präsentiert sich wie aus dem England-Bilderbuch.

ihn aus dieser Perspektive zu sehen) wandern wir auf einem schmalen Pfad nach Norden, bevor der Steig halb rechts aufwärts schwenkt. Hinter einem Zauntritt am Oberhang queren wir einen Acker und gelangen nach 600 m geradeaus zur A 352, auf die wir links abbiegen. Nach 500 m finden wir links ein Törchen **(8)** und entdecken gleich anschließend eine nach rechts führende, überwachsene Fahrspur. Sie mündet auf einen Feldweg, auf dem wir unseren Weg links fortsetzen (»Minterne Magna«). Bei einem weiteren Wegweiser »Minterne Magna« entscheiden wir uns für die nur schwach sichtbare Wegspur halb links talwärts **(9)**. Am Mittelhang gelangen wir auf einen Feldweg und auf ihm hinunter zum Örtchen **Minterne Magna (10)**. Wir passieren den Eingang zu den Minterne Gardens und kreuzen die Hauptstraße geradeaus. Nun lassen wir uns von den »Footpath«-Markierungen zuerst nach rechts, dann nach links lotsen. Am Ortsrand setzt sich der Weg hinter einer Kreuzung geradeaus fort und führt nach Westen den Hang hinauf. Auf der Anhöhe finden wir in (!) einem Gehölz einen schmalen Waldpfad. Dort rechts. Um einen Acker gehen wir links herum und machen auch den Linksbogen entlang des Waldrandes mit, bevor wir auf einem Trampelpfad rechts zur Straße abbiegen **(11)**. Dort finden wir links eine straßenparallele Fahrspur und kehren auf ihr (oder der Straße) zurück zum **Parkplatz (1)**.

5.15 Std.

Golden Cap mit Hinterland 44

Auf die höchste Erhebung an der Südküste Englands

Auf der ersten Tourhälfte steht die Küste des westlichen Dorsets im Mittelpunkt, wobei Golden Cap, die höchste Erhebung an Englands Südküste, nur einer von mehreren hervorragenden Aussichtspunkten ist, die angesteuert werden. Von dort bietet sich ein Panorama, das von der Isle of Portland im Osten bis zu den Höhen des Dartmoors im Westen reicht. In der zweiten Tourhälfte sind es die Hügel des Hinterlands, von denen sich vielfältige Ausblicke sowohl auf die nähere als auch die weitere Umgebung öffnen.

Ausgangspunkt: Parkplatz Stonebarrow. Vor dem östlichen Ortseingang von Charmouth in die schmale Stonebarrow Lane abbiegen und aufwärts fahren. Parken am hintersten (östlichen) Ende des Parkplatzes. Bei Anfahrt mit dem Bus: Start in Morcombelake.
Höhenunterschied: 720 Hm.
Anforderungen: Wanderung mit teils kräftigem Auf und Ab auf Graswegen, Feldwegen, schmalen Pfaden sowie streckenweise undeutlicher Wegspur. Mehrere Zauntritte, kurze Abschnitte auf der Straße (ca. 2,5 km). Der Weg dürfte auch für nicht-schwindelfreie Personen geeignet sein, da der Weg etwas von der Kliffkante abgesetzt ist. Orientierungsvermögen ist erforderlich.
Einkehr: The Anchor Inn in Seatown.
Karte: Explorer Series 116 Lyme Regis oder Landranger Series 193 Taunton & Lyme Regis.

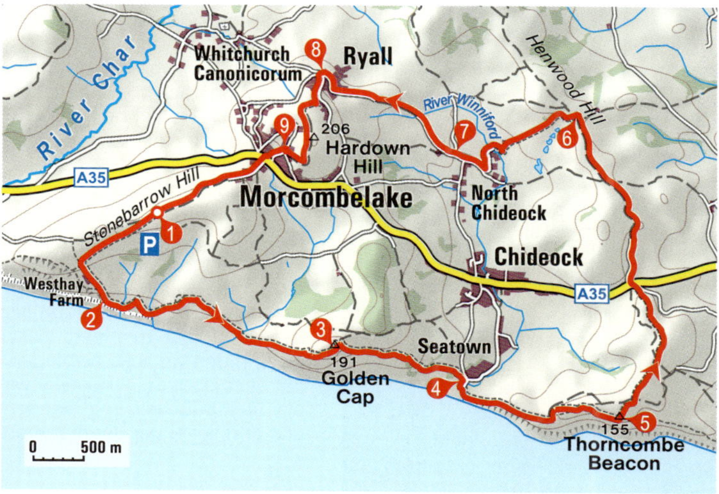

Wir nehmen den Feldweg, der vom Ostende des Parkplatzes **Stonebarrow (1)** nach Südwesten abwärts führt, passieren hinter einer Linkskurve die **Westhay Farm (2)** und stoßen auf der unterhalb gelegenen Wiese auf einen Wegweiser, dem wir nach links folgen. Zunächst mit geringen Höhenunterschieden, dann aber kräftig ansteigend erreichen wir den erstklassigen Aussichtspunkt **Golden Cap (3)**.

Danach geht es bergab auf einem Grusweg, den wir jenseits eines Gehölzstreifens nach rechts verlassen (»Seatown«). Am Hangfuß wenden wir uns auf der Straße in **Seatown (4)** nach rechts und überqueren vor dem »Anchor Inn« links einen Steg. Anschließend fassen wir den Aufstieg zum Ridge Cliff ins Auge und wählen im anschließenden Sattel den halb linken Weg. Oben angelangt halten wir auf **Thorncombe Beacon (5)** zu, biegen dort links ab und überqueren einen breiten Grasweg, um dahinter über einen Zauntritt zu steigen (»Eype Down«). Mit dem Zaun rechter Hand gelangen wir zu einem Gehölz und wandern mit geringem Höhengewinn weiter nach Norden. An der Nordseite des Hügels Eype Down steigen wir halb links ab, behalten diese Richtung bei und erreichen auf Nordkurs die A 35. Auf der gegenüberliegenden Seite gehen wir in ein Sträßchen hinein, das nach dem letzten Haus in einen Hohlweg übergeht. Sowohl bei einer Einmündung von rechts als auch bei einer Kreuzung (ein kurzer Abstecher links in die »Hell Lane« enthüllt beeindruckende Hohlweg-Strukturen) bleiben wir geradeaus auf dem Höhenrücken. Nach 700 m – hinter einer weiteren Einmündung von rechts – biegen wir auf dem **Henwood Hill (6)** durch zwei aufeinanderfolgende Törchen links ab, verlieren etwas an Höhe und umrunden eine Senke rechts. Wir passieren ein Tor am Mittelhang und erreichen ein weiteres Tor am Hangfuß. Dahinter gehen wir geradeaus, mit einem Zaun linker Hand, bis zu einem Feldweg, in den wir links einbiegen. Im Rechtsbogen erreichen wir ein Teersträßchen und wenden uns dort links. Wir durchqueren

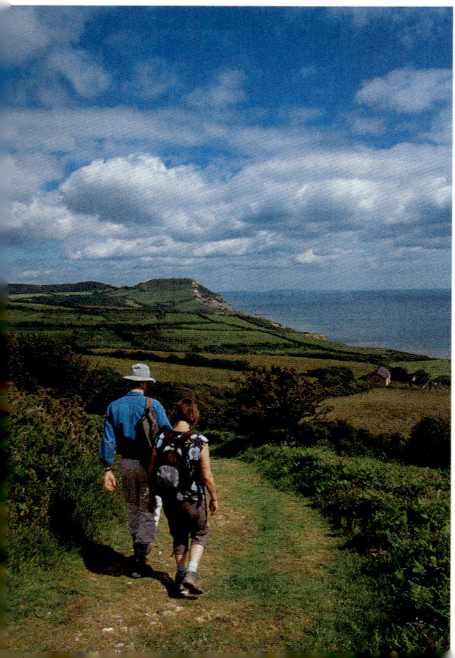

Unterwegs zum Golden Cap.

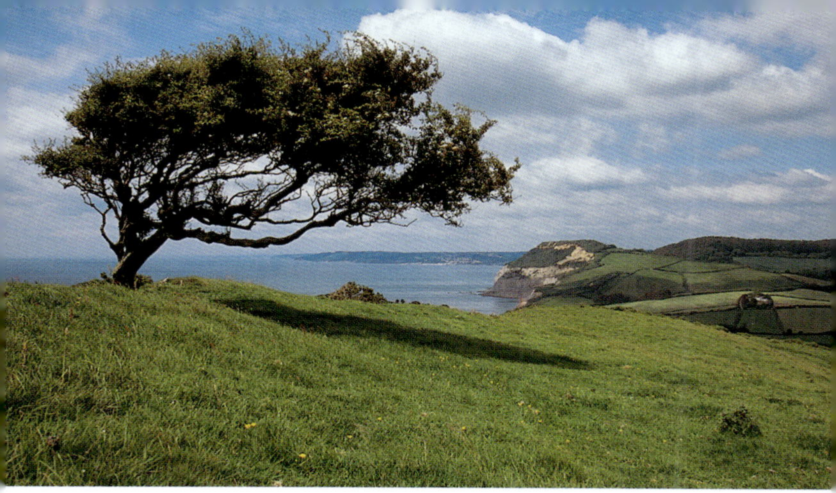

Woher der Wind am Thorncombe Beacon weht, steht außer Frage.

die Streusiedlung North Chideock und ignorieren dabei zwei Abzweigungen nach links. Am westlichen Ortsrand gehen wir bei einer Gabelung geradeaus **(7)** und wandern mit geringem Höhengewinn an einer Hofzufahrt vorbei, hinter der das Teersträßchen in einen Feldweg übergeht. Zunächst eben, dann über einen Bach und schließlich bergan erreichen wir **Ryall (8)**. An der Hauptkreuzung (Orientierungshilfe: rote Postbox) orientieren wir uns links und folgen der Straße bergauf. Am höchsten Punkt der Straße zweigt ein Waldweg rechts aufwärts (!) ab. Auf der Anhöhe betreten wir Heideland und biegen auf einen Feldweg links ab. Wir lassen zwei Abzweigungen rechts unbeachtet und steigen erst am Südrand des Hardown Hill in einem Rechtsbogen hinunter zum Ortsrand von **Morcombelake (9)**. Dort nehmen wir das stärker geneigte Sträßchen abwärts. An der A 35 kurz rechts, bevor wir links in das Sträßchen »Ship Knapp« hineingehen, etwas an Höhe gewinnen (eine Abzweigung links ignorieren) und uns hinter den letzten Häusern bei einer Feldweg-Gabelung für die linke, aufwärts führende Alternative entscheiden. Dieser Weg trifft direkt auf den Parkplatz **Stonebarrow (1)**.

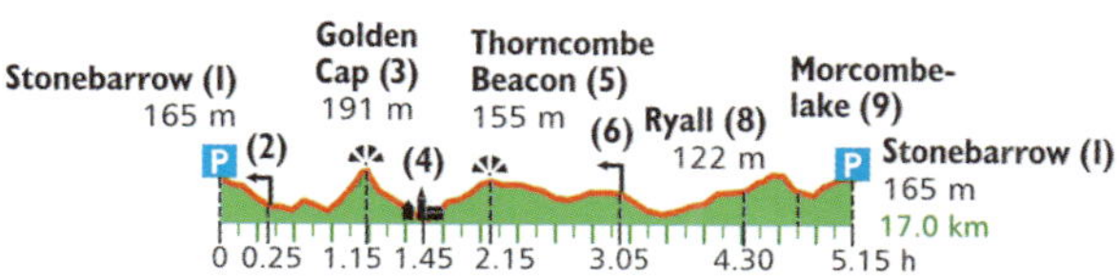

45 Jurassic Coast bei Lyme Regis

2.45 Std.

Durch das charmante Lyme Regis zu einem Mekka für Fossiliensammler

Durch das Hinterland führt die Wanderung in das verwinkelte und charmante Lyme Regis und dann unterhalb der Steilküste zurück nach Charmouth. Hier ist der »Blue Lias« angeschnitten, eine Gesteinsformation, die sich nicht nur durch eine Vielzahl von Ammoniten auszeichnet, sondern v. a. durch die Funde von Saurierfossilien (Ichthyosaurus, Plesiosaurus, Pterosaurus) im 19. Jh. weltberühmt und zum Pilgerort für Fossiliensammler und Naturwissenschaftler wurde. Die Funde sind untrennbar mit dem Namen Mary Anning verknüpft, die – obwohl sie keine wissenschaftliche Ausbildung genoss – als eine der ersten Paläontologinnen gelten kann.

Ausgangspunkt: Parkplatz am Ende der Lower Sea Lane am Charmouth Heritage Coast Centre (gebührenpflichtig).
Höhenunterschied: 230 Hm.
Anforderungen: Erster Tourabschnitt auf Teerstraßen (ca. 3,8 km), Feld- und Graswegen. Zweiter Tourabschnitt am Strand über teilweise felsigen und blockreichen, glitschigen Untergrund und auf Sand. Bei Springflut und Sturm nicht begehbar.
Hinweis: Tour so planen, dass Lyme Regis nicht früher als 3 Std. nach der letzten Flut verlassen und Charmouth nicht später als 3 Std. vor der nächsten Flut erreicht wird.
Einkehr: Zahlreiche Möglichkeiten in Lyme Regis (ansprechende Atmosphäre: Town Mill) und Charmouth.
Karte: Explorer Series 116 Lyme Regis oder Landranger Series 193 Taunton & Lyme Regis.

Auf der Landseite des **Charmouth Heritage Coast Centre (1)** entdecken wir einen Fußpfad und biegen rechts aufwärts in Richtung Higher Sea Lane ab. Wir erreichen die Hauptstraße **(2)** und gehen links auf dem Gehsteig bis zum

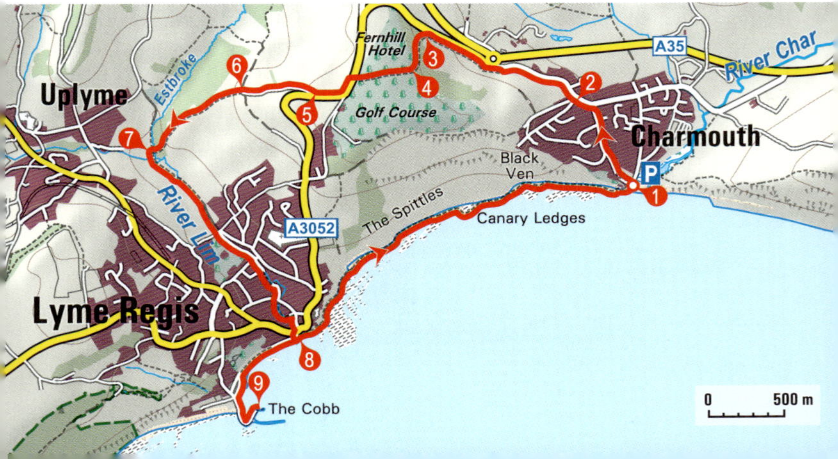

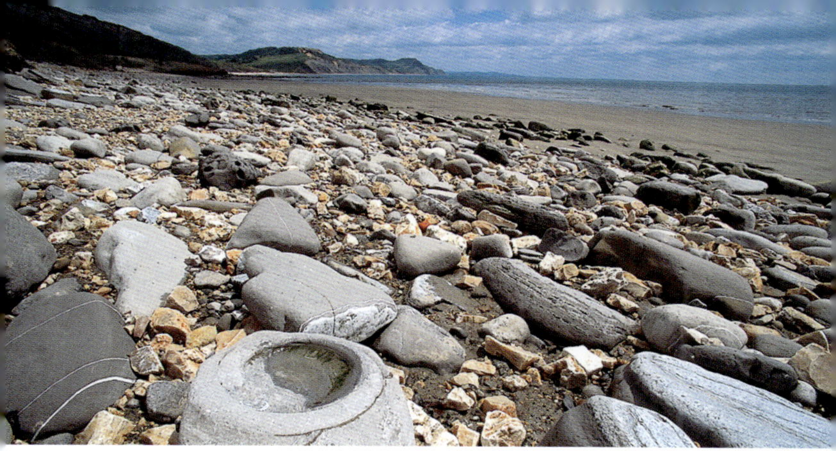

Ammoniten-Überrest (im Vordergrund) am Strand unterhalb der Blue-Lias-Schichten.

Fernhill Hotel (3). Dahinter zweigt links ein Pfad ab, der im Wald ansteigt. Auf der Anhöhe **(4)** überqueren wir einen Golfplatz (weiße Markierungen). Achtung: Wir kreuzen mehrere Bahnen mit wechselnder Spielrichtung. Auf der Hauptstraße wenden wir uns links und begleiten sie um eine Rechtskurve. Kurz darauf stoßen wir auf einen rechts abzweigenden Teerweg **(5)**. Auf halber Höhe des Hangs gelangen wir an eine Kreuzung **(6)** und setzen unseren Weg geradeaus über eine Weide fort. Hinter einem Tor am Hangfuß entscheiden wir uns in einem Gehölz für den linken Weg **(7)**. Nach 100 m queren wir halb links einen Steg und wandern anschließend im Talgrund entlang. Mit dem Bach zunächst auf der linken, dann auf der rechten Seite erreichen wir ein Teersträßchen und den Ortsrand von **Lyme Regis**. Bei den folgenden Kreuzungen halten wir uns geradeaus und wandern am Bach entlang. Auf einem Steg gelangen wir auf die andere Seite und kürzen eine Bachschleife ab, setzen dann aber unseren Weg bachnah fort. An der Town Mill biegen wir links, auf dem nächsten schmalen Sträßchen rechts ab. Auf der Hauptstraße gehen wir ein paar Schritte nach rechts und erreichen den Zugang zum Strand von Lyme Regis **(8)**. Hier können wir rechts einen Abstecher zu **The Cobb (9)** unternehmen. Anschließend orientieren wir uns in Richtung Osten und spazieren seeseitig vor der Häuserzeile auf der Promenade entlang. Am östlichen Ende nutzen wir eine der Treppen. Dann gelangen wir über Sandstrand, aber auch blockreiche Areale unterhalb der Steilküste zurück nach **Charmouth (1)** und können mit etwas Glück die eine oder andere Fossilie entdecken.

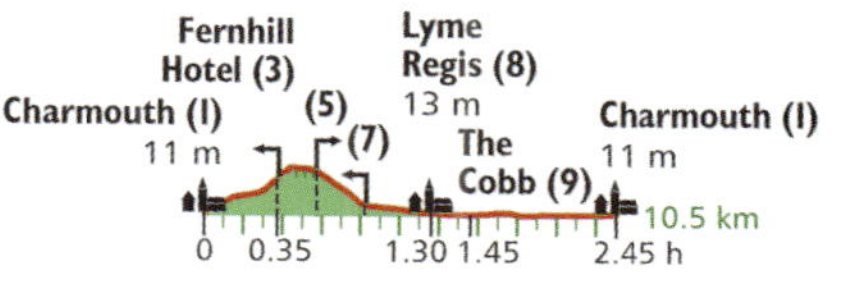

TOP 46 Cadbury Castle

3.45 Std.

Eine eisenzeitliche Hügelfestung mit möglicherweise sagenhaften Wurzeln

Die Wanderung über die Höhenzüge des Schichtstufenrandes ist aussichts- und abwechslungsreich und führt zu einem markanten Hügel. Dort erwarten den Wanderer die Wälle einer eisenzeitlichen Hügelfestung, bei der es sich um das sagenhafte Camelot handeln könnte. Indizien dafür sind die Lage in Bezug auf die damaligen Grenzen des brythonischen Siedlungsraumes, Fundamente einer großen Halle sowie das Flüsschen Cam, das im Norden vorbeifließt.

Ausgangspunkt: Hauptstraße von Corton Denham, Parkmöglichkeit an einer Mauer 100 m nördlich von The Queens Arms (Außenspiegel einklappen). Von Sherborne auf der B 3145 kommend zweimal links (Wegweiser) und einmal rechts in Richtung Corton Denham abbiegen.
Höhenunterschied: 300 Hm.

Anforderungen: Überwiegend einfache Wanderung auf Feld- und Graswegen, aber stellenweise ohne Wegspur. Einige Zauntritte. Kleine Straßen (ca. 2,8 km).
Einkehr: The Camelot in South Cadbury.
Karte: Explorer Series 129 Yeovil & Sherborne oder Landranger Series 183 Yeovil & Frome.

Wir brechen auf der Hauptstraße in **Corton Denham (1)** nach Süden auf und wählen 300 m hinter dem Gasthof »The Queens Arms« ein Sträßchen nach rechts **(2)**. Auf Höhe einer Farm wenden wir uns am »FP«-Wegweiser links

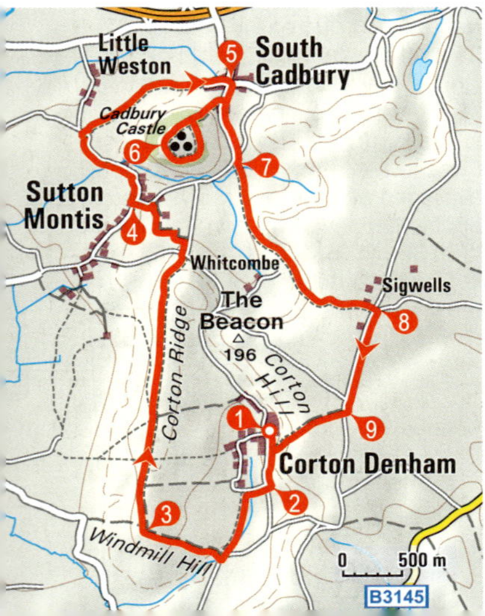

und marschieren ohne Wegspur über eine Weide, wobei ein Zauntritt auf der anderen Seite als Orientierung dient. Auf einen Feldweg biegen wir rechts aufwärts ab, halten uns auf der Höhe **Windmill Hill (3)** ebenfalls rechts und wandern auf dem Geländerücken Corton Ridge auf mitunter undeutlicher Wegspur mit geringem Auf und Ab nach Norden, wobei abzweigende Wege ignoriert werden. Am nördlichen Ende des Höhenzuges umgehen wir eine Kuppe links und erreichen hangabwärts eine Straßenkreuzung. Wir betreten das gegenüberliegende Sträßchen (»South Cadbury«), verlassen es aber schon nach 200 m nach links auf einen Feldweg, der

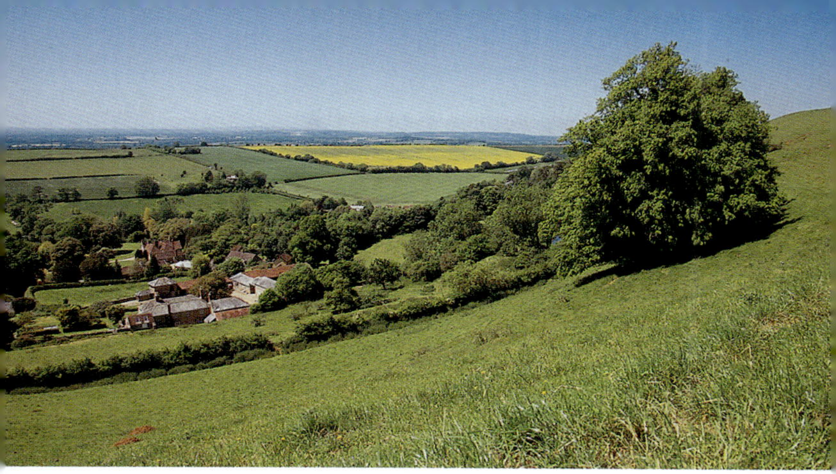

Von der Anhöhe über Corton Denham öffnet sich ein weiter Blick nach Westen.

im Zickzack durchs Gelände kurvt. Auf einer Straße nach links und auf der Hauptstraße von **Sutton Montis (4)** rechts (»Little Weston«). Wir passieren einen Bach und achten bei der folgenden Linkskurve auf die Abzweigung eines Fußpfades rechts. Auf ihm erreichen wir **South Cadbury (5)** und biegen an der Kreuzung rechts ab. Nach 200 m nehmen wir den Feldweg rechts aufwärts, um **Cadbury Castle (6)** einen Besuch abzustatten. Anschließend setzen wir unseren Weg nach Süden fort und finden wenige Meter hinter einer Straßeneinmündung einen Zauntritt links **(7)**. Ein undeutlicher Pfad führt hinunter zum Bach, über einen Steg und anschließend quer über einen Acker. Danach aufpassen: Nicht geradeaus gehen, sondern rechts durch die Hecke schlüpfen, über einen Zauntritt steigen und dann mit dem Zaun linker Hand weiter nach Süden wandern! Leicht ansteigend geht es am Hangfuß entlang und schließlich in einem bewaldeten Tälchen kräftig bergauf. Bei einer Verzweigung auf halber Höhe links. Nach Erreichen der Anhöhe halten wir uns geradeaus, gelangen bei **Sigwells (8)** auf die Straße und gehen dort rechts. Nach knapp 1 km nehmen wir die zweite Abzweigung rechts (**9**; »New Barn Farm«). An der Hangkante durchschreiten wir ein breites Tor rechter Hand und steigen den Hang halb links hinunter. Der Pfad mündet auf ein kleines Sträßchen, auf dem wir mit etwas Gefälle Corton Denham erreichen und rechts zurück zum **Ausgangspunkt (1)** gelangen.

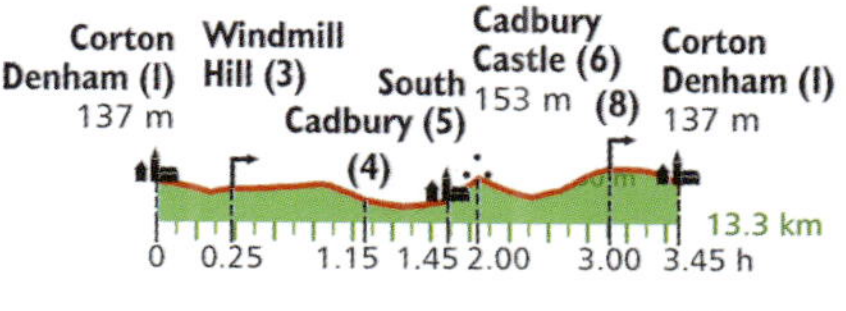

47 Glastonbury Tor

1.45 Std.

Gute Aussichten von einem mythenumwobenen Hügel

Der charakteristische Kegel des Glastonbury Tor (Tor = Hügel) überragt weithin sichtbar die Somerset Levels. Heute ist es nur noch schwer vorstellbar, dass er und benachbarte Erhebungen vor der systematischen Trockenlegung der Levels im frühen Mittelalter als Inseln aus dem regelmäßig überschwemmten Tiefland herausragten, was möglicherweise die historische Wurzel der Avalon-Sage war. Zu Füßen des Glastonbury Tor, in der Glastonbury Abbey, soll außerdem der Sage nach König Artus begraben sein. Jenseits von Sage und Mythos ist der Glastonbury Tor ein lohnender Aussichtspunkt, der mit verhältnismäßig geringer Anstrengung erwandert werden kann.

Ausgangspunkt: Oberes Ende der High Street in Glastonbury. Die High Street ist von den Parkplätzen im und am Rand des Ortszentrums (alle gebührenpflichtig) gut erreichbar.
Höhenunterschied: 180 Hm.
Anforderungen: Wanderung auf Gras- und Feldwegen sowie schmalen Sträßchen. Einige Abschnitte mit undeutlicher Wegspur erfordern etwas Orientierungsvermögen. Zahlreiche Zauntritte. Auf- und Abstieg zum/vom Glastonbury Tor über Treppen.
Einkehr: Zahlreiche Möglichkeiten in Glastonbury.
Karte: Explorer Series 141 Cheddar Gorge & Mendip Hills West oder Landranger Series 182 Weston-super-Mare.

Unsere Runde startet am oberen Ende der High Street in **Glastonbury (1)**. Dort stoßen wir – in deren Fortsetzung – auf das Sträßchen »Bove Town«, dem wir aufwärts folgen. Nach einer Linkskurve (ab hier: Old Wells Road) erreichen wir den höchsten Punkt der Straße und gehen abwärts. Ca. 50 m hinter einem Kirchengebäude biegen wir rechts auf einen Feldweg ab **(2)**,

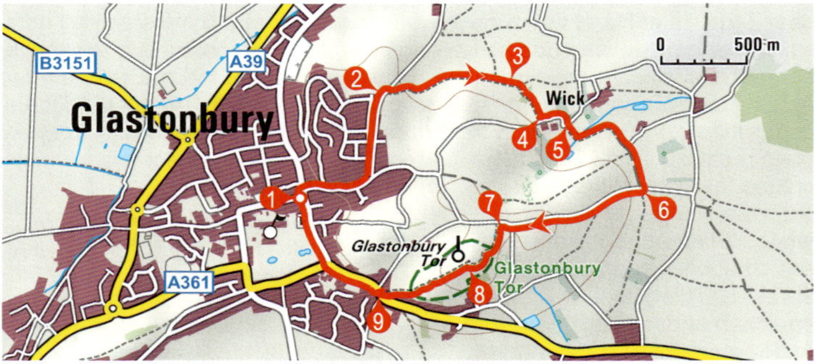

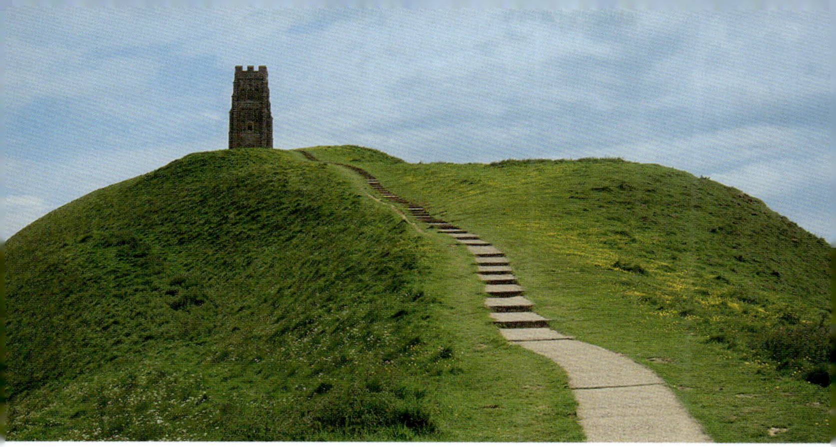

Von St. Michael's Chapel auf dem Glastonbury Tor steht nur noch der Turm.

den wir sofort wieder über einen Zauntritt verlassen. Quer über die Wiese gelangen wir bergab zu einem weiteren Zauntritt und auf einen heckengesäumten Pfad. Wo dieser uns auf Wiesengelände entlässt, orientieren wir uns an der Hecke oberhalb und begleiten sie entlang der Wiese. Dann gehen wir durch eine gehölzgesäumte Brache, biegen dahinter halb rechts ab **(3)** und halten auf den oberen (rechten) Rand des gegenüberliegenden Gehölzes zu. Im Gehölz sind einige Zauntritte zu überwinden, bis wir über eine Weide (Orientierungshilfe: Zauntritt 50 m rechts neben der Scheune gegenüber) bei **Wick (4)** einen Feldweg erreichen. Dort links, anschließend um eine Rechtskurve und – statt weiter dem abknickenden Feldweg zu folgen – geradeaus über einen Zauntritt **(5)**. Am Hanggrund überqueren wir einen Bach mittels Steg und stoßen anschließend auf einen Pfad, der halb links quer über eine Weide führt. Auf den anschließenden Feldweg biegen wir links ab und erreichen nach 300 m ein Teersträßchen, auf dem wir rechts gehen **(6)** und an Höhe gewinnen. 100 m hinter einer Einmündung einer breiteren Straße finden wir links **(7)** den Aufstieg zum **Glastonbury Tor (8)** auf einem angelegten Weg bzw. über Treppen. Vom Gipfel steigen wir, ebenfalls über Treppen, nach Südwesten ab. Auf dem Sträßchen am Hangfuß kurz links und auf der Hauptstraße rechts **(9)**. Nach wenigen Metern passieren wir Chalice Well (»Kelchquelle«) zu unserer Rechten und folgen geradeaus der Chilkwell Street, die nach ca. 800 m wieder auf die High Street in **Glastonbury (1)** trifft.

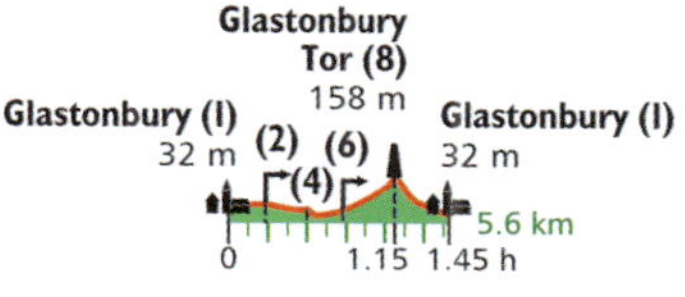

48 Cheddar Gorge und Black Down

3.50 Std.

Zwischen Karstschlucht und Heidelandschaft

Cheddar Gorge ist die eindrücklichste Karstschlucht Südenglands, doch ist der Blick von der Oberkante der Felsen und weit über das Vorland nur einer der interessanten Aspekte dieser Wanderung. Trockentäler mit blütenreicher Kalkflora kontrastieren mit der kargen Heidevegetation auf den Höhen der Mendip Hills, zudem lassen sich Relikte mittelalterlichen Bleibergbaus entdecken.

Ausgangspunkt: Seitenstreifen bei der Infotafel »Velvet Bottom«, 300 m südöstlich der Kirche von Charterhouse. Auf Höhe Kingsdown von der B 3371 nach Norden abbiegen. Nach 1,5 km in einer Linkskurve auf dem Seitenstreifen parken. Bei Anfahrt mit dem Bus: Start in Cheddar.
Höhenunterschied: 400 Hm.
Anforderungen: Tour auf abschnittsweise steinigen Gebirgspfaden, stellenweise feucht. Trittsicherheit ist erforderlich. Die Felsen der Cheddar Gorge sind ungesichert; wer einen Abstecher dorthin unternimmt, sollte schwindelfrei sein.
Einkehr: Zahlreiche Möglichkeiten in Cheddar.
Karte: Explorer Series 141 Cheddar Gorge & Mendip Hills West oder Landranger Series 182 Weston-super-Mare.

Nördlich der Kurve findet sich die Infotafel **»Velvet Bottom« (1)**, bei der wir links auf einen Feldweg abbiegen. Bei einer T-Kreuzung nach ca. 1,7 km halten wir uns links **(2)** und gehen auf einem steinigen Weg abwärts. Hinter der B 3131 **(3)** geht es im Wald zügig den Hang hinauf. Bei einer Gabelung kurz hinter einem Törchen am Oberhang gehen wir rechts. Bald befinden wir uns oberhalb der Felsen und folgen dem Hauptweg hinunter zu einem Aussichtsturm, vor dem wir halb links abbiegen. Wir erreichen ein Teersträßchen, gehen bei einer T-Kreuzung rechts und auf der Hauptstraße von **Cheddar (4)** kurz links. Hinter der Brücke nehmen wir das Sträßchen rechts, das bald in einen Fußweg übergeht, der einige Gebäude links umkurvt. Wo er wieder auf die Hauptstraße mündet, entdecken wir nach wenigen Metern einen zwischen Häusern versteckten Feldweg links **(5)**. Einen »Per-

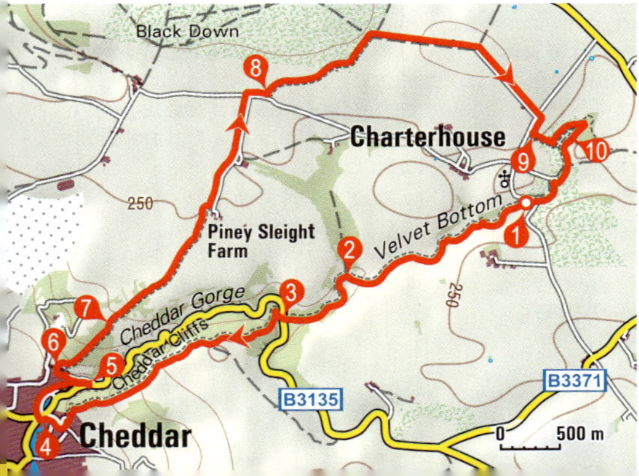

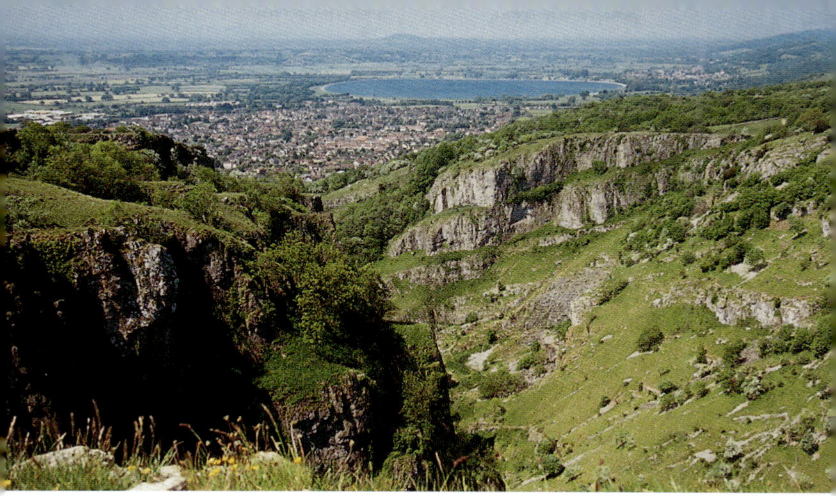

Karstschlucht Cheddar Gorge mit dem Ort Cheddar.

missive Footpath« nach rechts ignorieren wir, entscheiden uns erst am höchsten Punkt vor einem Haus für ein Pfädchen rechts **(6)** und machen beim Erreichen einer Straße eine scharfe Spitzkehre nach rechts. Nun geht es durch Wald zügig aufwärts. Hinter einem Mauertritt **(7)** steigen wir mit der Mauer zu unserer Rechten weiter bergauf. Am Oberhang steigen wir über einen weiteren Mauertritt (jetzt mit der Mauer links) und stoßen auf die Piney Sleight Farm, die wir links passieren. Auf der Zufahrt gehen wir bis zu einer Querstraße. Dort rechts. Nach 200 m finden wir links einen »Bridlepath« **(8)**, der nach knapp 100 m halb rechts abknickt und den Hang schräg hinauf führt. Hinter dem nächsten Zaun halb links. Hinter einem weiteren Zaun erwartet uns Heideland. Wir folgen dem Zaun zunächst rechts und dann in einem Bogen nach links und gelangen an eine Kreuzung. Wir steuern rechts eine Anhöhe an und gehen von dort auf einem Sträßchen abwärts. Auf einer Querstraße biegen wir rechts und nach 150 m auf einen Fußpfad links ab **(9)**. Im Talgrund überqueren wir einen Schlackendamm, nehmen dahinter einen Pfad nach links zu einem Teich und den Relikten der **Bleiminen (10)** und biegen scharf rechts auf einen Grusweg ab. Wir folgen ihm, passieren einen Parkplatz und stoßen nach einer Rechtskurve links auf einen »Permissive Bridlepath«. Auf ihm gelangen wir wieder zurück zur Infotafel **»Velvet Bottom« (1)**.

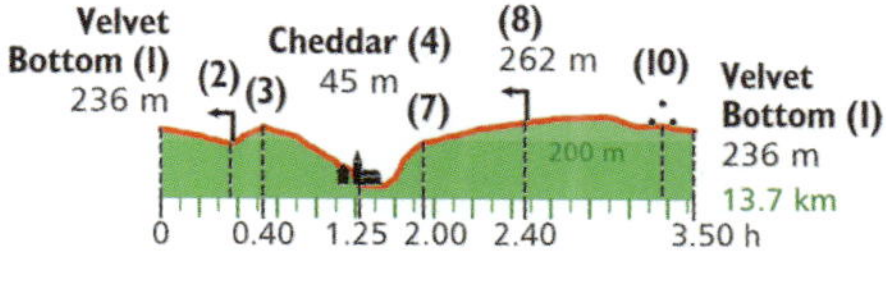

49 Brean Down und Brean Fort

1.30 Std.

Eine Halbinsel mit vielseitigen Attraktionen

Brean Down besteht aus einem felsigen Höhenrücken, der als schmale Halbinsel in den Mouth of the Severn hinausragt. Steinzeitliche Erdwälle sind dort ebenso zu entdecken wie römische Siedlungsreste, doch das Hauptaugenmerk verdienen Verteidigungsanlagen aus dem 19. Jh., die sich an der Landspitze befinden und der Abwehr einer französischen Invasion dienen sollten. Bizarr geformte Weißdornbüsche lassen keine Frage hinsichtlich der Hauptwindrichtung offen, Magerrasen sorgen vor allem im Mai und Juni für einen bunten Blütenflor. Zudem bietet sich ein guter Ausblick auf Weston-super-Mare, die vorgelagerte Inseln und bei guter Sicht bis zu den walisischen Höhen im Norden.

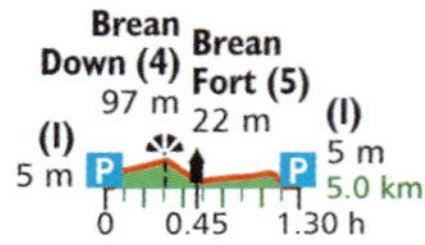

Ausgangspunkt: Parkplatz (NT, gebührenpflichtig) unweit des südlichen Hangfußes des Brean Down. Auf der Höhe von Lympsham von der A 370 nach Brean abbiegen. In Brean nach Norden bis zum Ende der öffentlichen Straße fahren.

Höhenunterschied: 150 Hm.
Anforderungen: Einfache Wanderung auf Gras- und Feldwegen, Treppen.
Einkehr: Keine.
Karte: Landranger Series 182 Weston-super-Mare.

Ruine des Mannschaftsquartiers im Brean Fort.

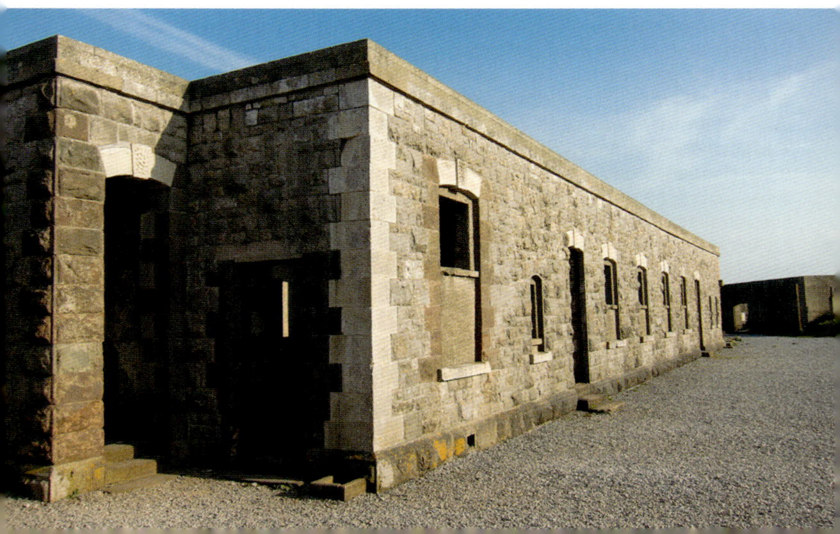

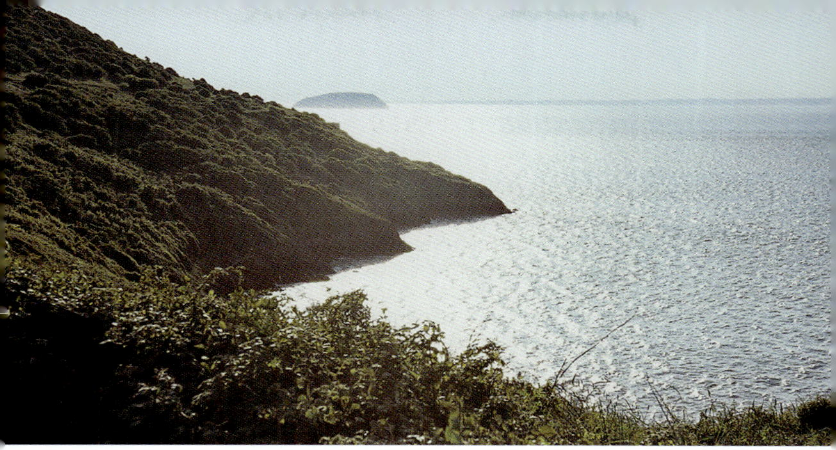

Entlang der Nordküste von Brean Down geht der Blick zur Insel Steep Holm.

Vom **Parkplatz (1)** gehen wir nach Norden, nehmen bei einer Verzweigung den linken Weg **(2)** und steigen gleich darauf auf Treppen den Hang hinauf. An der Oberkante biegen wir links ab **(3)** und gehen auf einem Grasweg den Höhenrücken entlang. Zunächst erreichen wir eine kleine Senke, bevor der Weg zum höchsten Punkt ansteigt. Dabei können wir sowohl den Hauptweg als auch einen Trampelpfad weiter links nutzen, der näher an der Hangkante verläuft. Von dem mit einem Trig-Point versehenen höchsten Punkt der **Brean Down (4)** geht es hangabwärts, wobei wir nicht den Pfad links entlang der Felsrippe wählen, sondern halb rechts über Wiesengelände zum **Brean Fort (5)** absteigen. Wir betreten das Fort und erkunden vorsichtig die Baulichkeiten, z. B. das ehemalige Mannschaftsquartier (links), das Haus des Kommandeurs (rechts) sowie Pulvermagazin und Geschützstellungen. Zurück wählen wir einen breiten Feldweg, der leicht ansteigend am Nordhang des Brean Down entlang führt. An seinem höchsten Punkt kommen wir an eisenzeitlichen Erdwällen (**6**, rechts) sowie weiteren militärischen Baulichkeiten (links) vorbei, bevor der Weg einen scharfen Rechtsknick beschreibt **(7)** und hangabwärts führt. Am Hangfuß biegen wir rechts auf einen Querweg ab **(8)** und erreichen nach Kurzem wieder den **Parkplatz (1)**.

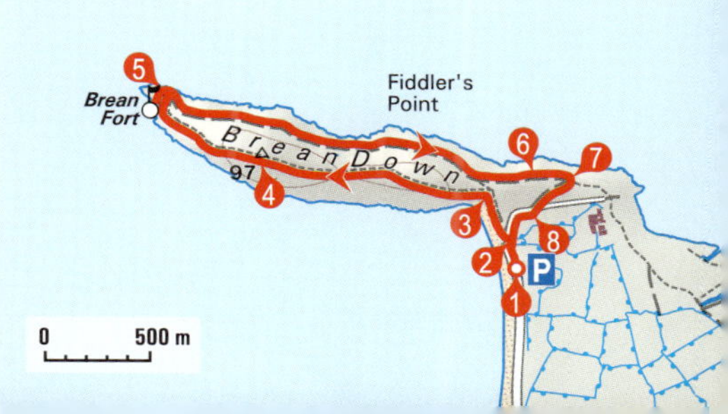

TOP **50**

Quantock Hills

3.30 Std.

Unterwegs in einem »Exmoor im Kleinen«

Die Quantock Hills bilden ein flächenmäßig überschaubares Hügelland, sind aber hinsichtlich Flora und Fauna ein »Exmoor im Kleinen« und somit ein sehr lohnendes Wanderziel. Sie besitzen im Gegensatz zum Exmoor zudem den Vorteil, dass sich von ihren Höhen Ausblicke in (fast) alle Richtungen erschließen. Nicht nur die südwestlich und östlich vorgelagerten Täler und Ebenen, sondern vor allem auch die Küste im Norden sind fast immer in Sichtweite.

Ausgangspunkt: Parkplatz am westlichen Ortsrand von Holford. In Holford von der A 39 zum Combe House Hotel abbiegen, durch das Örtchen hindurch und bei einer Gabelung rechts in Richtung »Parking 150 y« abzweigen. Parkplatz links.
Höhenunterschied: 320 Hm.
Anforderungen: Wald- und Wiesenwege, abschnittsweise steinig. Aufgrund der vielen unmarkierten Wege und Pfade etwas unübersichtlich. Nicht zu empfehlen bei schlechter Sicht.
Einkehr: Keine.
Karte: Explorer Series 140 Quantock Hills & Bridgwater oder Landranger Series 181 Minehead & Brendon Hills.

An der Parkplatzeinfahrt in **Holford (1)** folgen wir zunächst links dem Wegweiser »Hodder's Combe«. Der Feldweg erreicht den Wald und wir wählen bei einer Verzweigung die linke Alternative. Wir wandern durch Hodder's

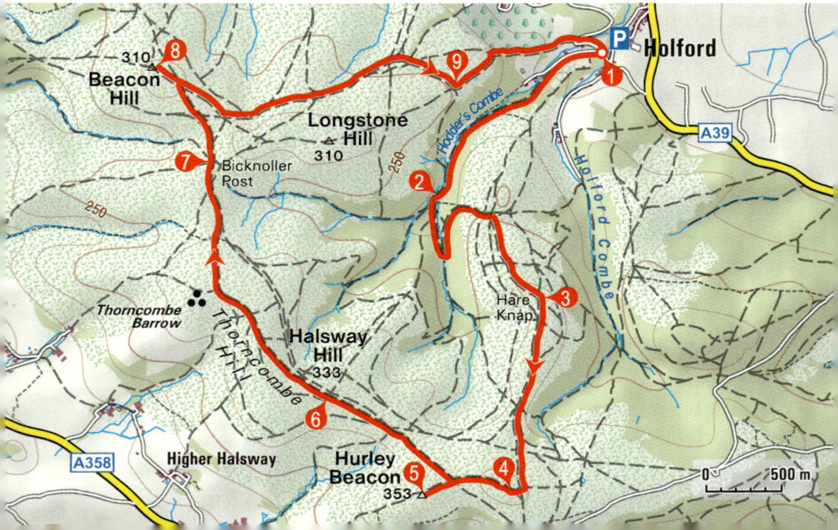

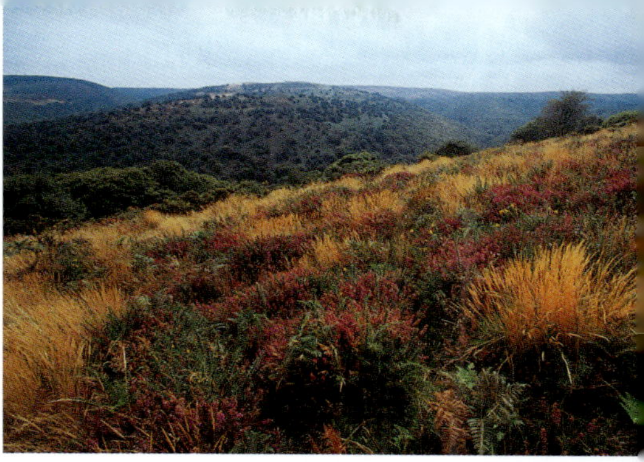

Ein Hauch von Herbst färbt die Vegetation am Longstone Hill.

Combe aufwärts bis zu der Stelle, an der von links ein Seitental einmündet, in das wir hineingehen **(2)**. Unweit dahinter erklimmt ein abzweigender Pfad den linken Hang. Am Oberhang verlassen wir den Wald, stoßen auf dem Höhenrücken auf einen Querweg und gehen rechts. Wir peilen den höchsten Punkt, **Hare Knap (3)**, an und biegen 200 m dahinter halb rechts auf eine breite Fahrspur ab. In einem Sattel wählen wir den Hauptweg halb links, verlassen ihn aber nach 250 m rechts auf einem aufwärts führenden steinigen Pfad nach Süden. Am Oberhang biegen wir rechts zu einem Trig-Point am **Black Hill (4)** ab, gehen geradeaus daran vorbei und erreichen eine Kreuzung. Zunächst machen wir hier geradeaus einen Abstecher zum **Hurley Beacon (5)**, anschließend schlagen wir den Weg in Richtung Nordwesten ein. In einem Sattel nehmen wir einen der beiden aufwärts führenden Wege und entscheiden uns – kurz nachdem sie sich wieder vereinigen – für einen Wiesenweg halb links **(6)**, der die Höhe hält und sogar ein bisschen ansteigt. Wir wandern den Rücken entlang, bevor wir hinter einem Rechtsbogen wieder an Höhe verlieren und den Feldweg rechter Hand ansteuern. Beim Kreuzungspunkt am **Bicknoller Post (7)** halten wir uns geradeaus und aufwärts. Dabei interessieren uns Abzweigungen rechts oder links ebenso wenig wie eine querende Fahrspur. Erst auf der Anhöhe biegen wir halb links zum **Beacon Hill (8)** mit seinem Trig-Point ab.

Dort kehren wir um, gehen 250 m zurück und dann geradeaus über den Ankunftsweg hinweg. Wir treffen auf einen Feldweg, dem wir links mit Abwärtstendenz folgen. Wo er auf eine Waldkante trifft, halten wir uns mit etwas Höhengewinn halb rechts. Erst auf der Höhe des Geländerückens angelangt, wählen wir den linken Weg **(9)** und verlieren zügig an Höhe. Im Schutz einer Baumreihe biegen wir rechts ab. Dieser Weg mündet auf ein Teersträßchen, das uns geradeaus zurück zum Parkplatz in **Holford (1)** bringt.

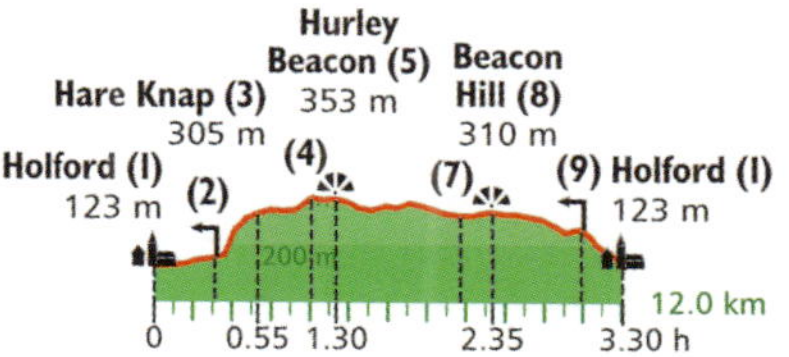

51 Kilve Beach

2.10 Std.

Ein Anziehungspunkt für Fans von Rock-Pooling und Fossilien

Dieser Spaziergang führt durch das nördliche Vorland der Quantock Hills zur Küste. Dabei sind nicht nur die – allerdings nicht besonders hohen – Klippen ein landschaftlich reizvoller Anziehungspunkt, sondern vor allem die vorgelagerte, flache Felsküste, die bei Ebbe vom Meer freigegeben wird. Bei immerhin durchschnittlich 8 m Tidenhub kommt auf diese Weise ein Wasserwechselbereich von mehreren hundert Metern Breite zustande, der bei Niedrigwasser sowohl für passioniertes Rock-Pooling (Was lebt da alles in den bei Ebbe zurückbleibenden Tümpeln?) als auch für Fossilienliebhaber einiges zu bieten hat.

Ausgangspunkt: Parkplatz am westlichen Ortsrand von Kilve.
Höhenunterschied: 160 Hm.
Anforderungen: Wiesen- und Feldwege, schmale Pfade und Teerwege, drei Zauntritte (Tendenz zu »rot«). Am Strand Gezeiten beachten!
Variante: Bei Niedrigwasser: Zwischen WP 6 und WP 7 am Stand entlang, dann felsig-steinig und u. U. glitschig (»rot«).
Einkehr: Chantry Tea Gardens (Außenbewirtung, nur bei trockenem Wetter), The Hood Arms in Kilve.
Karte: Explorer Series 140 Quantock Hills & Bridgwater.

Vom Parkplatz in **Kilve (1)** nehmen wir das schmale Pfädchen hangaufwärts nach Westen, parallel zur A 39, und durchqueren nach 250 m ein Törchen rechts. Auf der anderen Seite der A 39 nutzen wir in einer Einfahrt links einen Zauntritt **(2)** und steuern auf eine Hecke zu. Hinter dem Heckendurchschlupf geht es rechts und an der Hecke entlang. Am Wald behalten wir die Richtung bei und wandern zunächst am Waldrand entlang, später im Waldinneren (Markierung) nach Norden. Am nördlichen Waldrand treffen wir auf einen Querweg **(3)**, dem wir links nach **East Quantoxhead (4)** folgen. Auf dem dortigen Teersträßchen gehen wir rechts, verlassen es aber nach wenigen Schritten links und nehmen Kurs auf die Kirche. Vor dem Törchen zum Kirchhof bie-

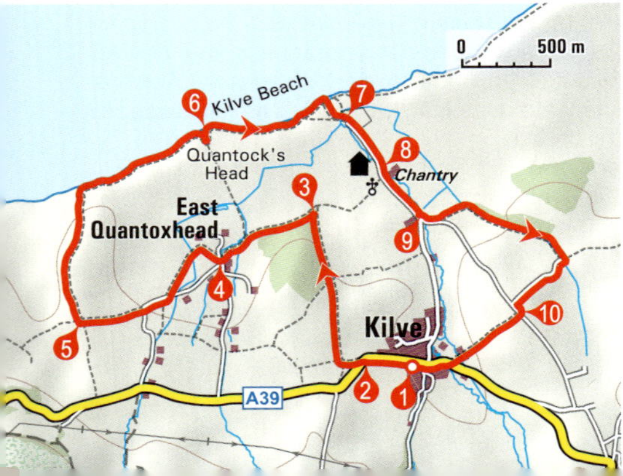

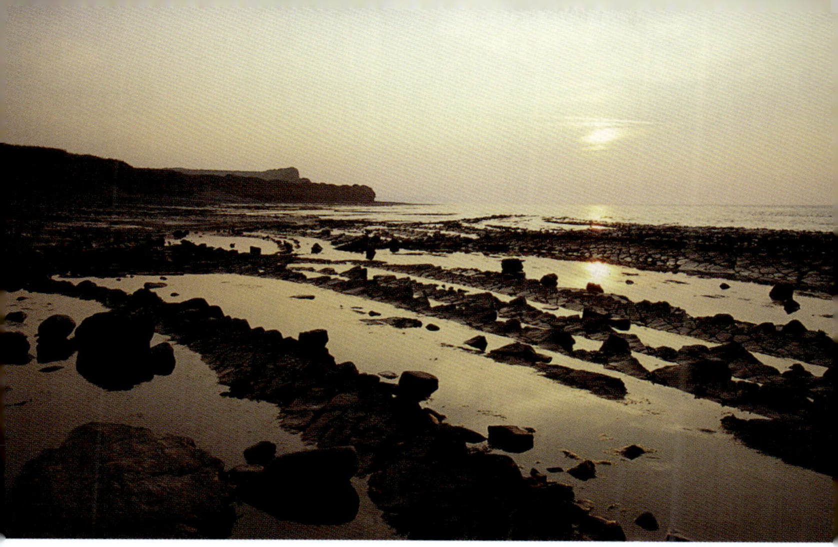

Ebbe und tiefstehende Sonne setzen die Kalkbänke vorteilhaft ins Licht.

gen wir links ab und steuern zunächst ein breites Tor in der Hecke und anschließend ein Törchen diagonal auf der anderen Seite der Weide an. Auf dem Teerweg rechts. Wo dieser links abknickt, setzen wir unseren Weg geradeaus und aufwärts fort. Am höchsten Punkt des Feldwegs weist uns eine Wegmarkierung nach rechts **(5)** und an der Hecke entlang. Oberhalb der Steilküste biegen wir rechts auf den Küstenpfad ab. Nach knapp 1 km haben wir bei Niedrigwasser die Möglichkeit, über eine Treppe in einem Einschnitt zum **Kilve Beach (6)** zu gelangen.
Anschließend geht es oberhalb der Steilküste geradeaus weiter bis zu einem Kieselstrand. Dort orientieren wir uns landeinwärts, erreichen ein Teersträßchen **(7)** und gehen aufwärts an **Chantry (8)** vorbei. 300 m dahinter biegen wir links in die **Hill Top Lane (9)** und nach weiteren 150 m links auf einen Feldweg ab. Wo er auf einen Acker mündet, treten wir rechts durch ein Tor und marschieren am Waldrand entlang bis zu einem einzelnen Haus. Dem dortigen Sträßchen folgen wir rechts aufwärts. Auf der Anhöhe halten wir uns links und finden nach 50 m rechts ein »Bridleway«-Schild **(10)** vor. Der Pfad bringt uns hinunter zur Hauptstraße von Kilve, auf der wir geradeaus zur **Parkplatzeinfahrt (1)** linker Hand gelangen.

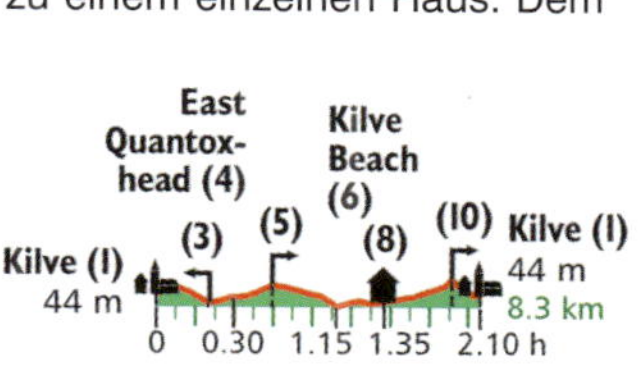

52 Hurlstone Point

4.30 Std.

An der wildesten Küste Somersets

Die Tour umfasst – je nach Sichtweise und Laufrichtung – den ersten bzw. letzten Abschnitt des 1013 km langen South West Coast Path und gleichzeitig den wildesten Teil, den die Küste Somersets zu bieten hat. Schmale Pfade schlängeln sich an der Oberkante der Steilküste entlang und ermöglichen – wenn man den Blick denn vom nächsten Schritt lösen kann – weite Ausblicke über den Bristolkanal. Am Hurlstone Point formen die Klippen und der Strand eindrucksvolle Kontraste. Auf dem Rückweg berührt die Wanderung bildhübsche Dörfer mit reetgedeckten Cottages.

Ausgangspunkt: Parkplatz am North Hill. In der Stadtmitte von Minehead in Richtung North Hill abbiegen und der Straße 3,5 km aufwärts folgen. Etwa 600 m nach Passieren des Waldes auf der rechten Seite auf den Parkplatz fahren. Bei Anreise mit dem Bus: Start in Allerford.
Höhenunterschied: 500 Hm.
Anforderungen: Wanderung auf Wiesen- und Waldwegen sowie auf schmalen Pfaden am Steilhang. Daher sind Trittsicherheit und etwas Schwindelfreiheit erforderlich. Ein Abschnitt über lose Kiesel.
Hinweis: Aufgrund starker Strömungen ist der Strand nicht zum Baden geeignet.
Einkehr: Tearooms in Bossington und Selworthy.
Karte: Explorer Series OL9 Exmoor.

Wenige Meter nördlich des Parkplatzes am **North Hill (1)** verläuft der »South West Coast Path«, dem wir nach links folgen. Nach 300 m biegen wir rechts ab (**2**; »Alternative Rugged Coast Path«) und wählen bei einer Gabelung nach weiteren 300 m den linken Weg. Hinter einem Törchen zwingt uns die

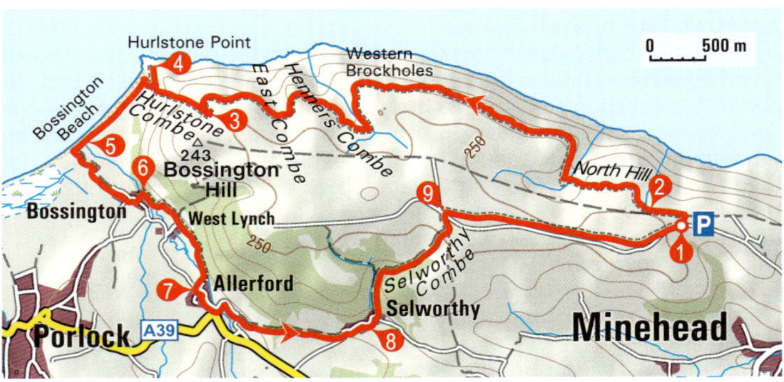

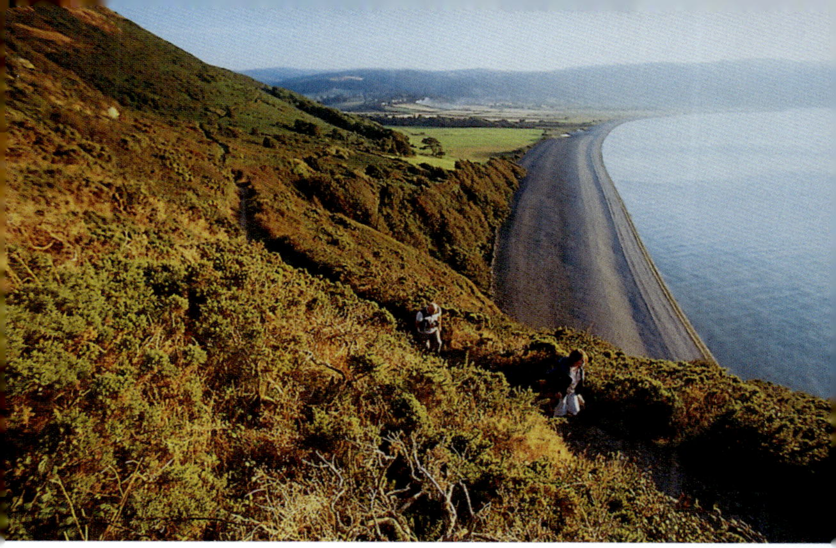

Die Abendsonne streift Hurlstone Point und Bossington Beach.

Grexy Combe zu einem kräftigen Ab- und Wiederanstieg. Anschließend geht es mit geringeren Höhenunterschieden an der Oberkante des Steilhangs entlang. An den Western Brockholes schwenkt der Pfad ins Inland und fällt zur Henner's Combe ab. Hinter einem kurzen Anstieg schwenkt der Weg im Bogen links zur East Combe. Westlich davon, wenige Meter hinter einem von oben einmündenden Pfad, wählen wir den Wiesenweg halb links. Oberhalb der **Hurlstone Combe (3)**, wo sich mehrere Wege kreuzen, orientieren wir uns bei einem Wegweiser in Richtung »Coast Path Porlock« und steigen kräftig nach Nordwesten ab. Am Unterhang nehmen wir rechts einen dem Richtungsweiser »Lynch« gegenüberliegenden Pfad und machen einen Abstecher zu den Ruinen am **Hurlstone Point (4)**.
Zurück zunächst auf demselben Weg, dann aber bei einer Gabelung rechts. Kurz darauf wählen wir bei einer Abzweigung den Pfad scharf rechts; er bringt uns steil hinunter zum **Bossington Beach (5)**, den wir in Richtung Südwesten auf losen Kieseln entlangwandern. Wir finden nach 1 km einen links abzweigenden

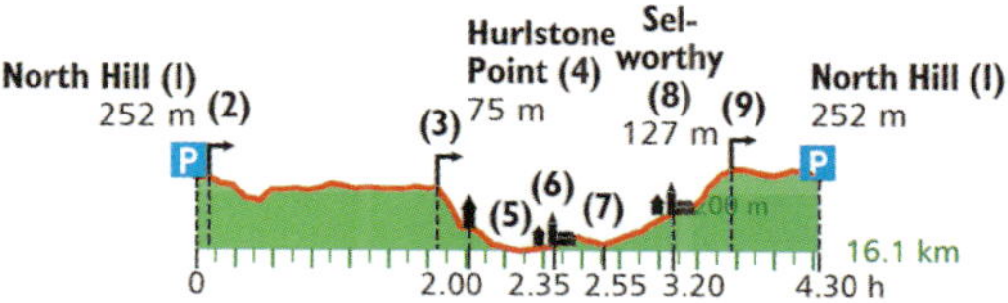

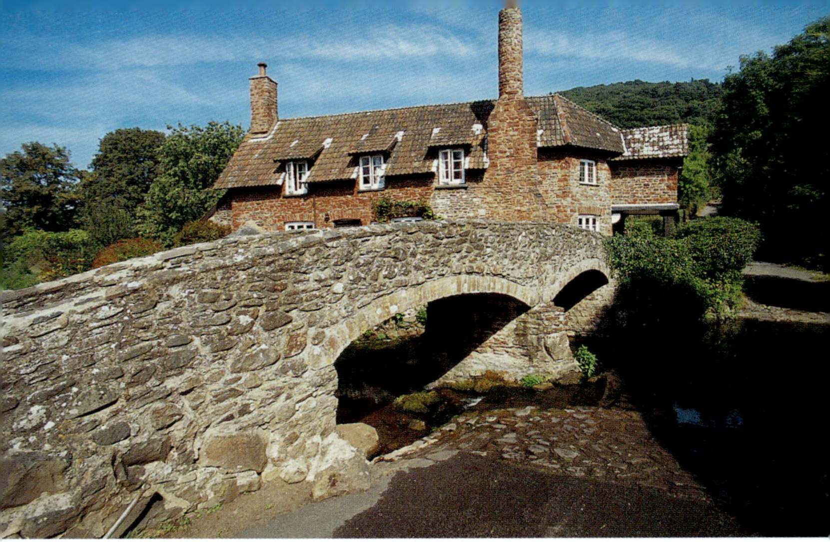

Allerford und seine historische Packhorse Bridge sind eine Augenweide.

Feldweg und gelangen auf ihm nach **Bossington (6)**. In der Ortsmitte gehen wir nach links, über den Parkplatz und über einen Steg und halten uns sowohl unmittelbar dahinter (»Selworthy«) als auch nach weiteren 30 m rechts. Wir verfolgen das schmale, mehrfach abknickende Pfädchen durch Wald und über Weiden und lassen Abzweigungen unbeachtet. Bei einer Kreuzung gehen wir geradeaus in Richtung Allerford. Bei einer Gabelung im Wald wählen wir den Weg halb rechts (»Allerford«), erreichen den Ortsrand von **Allerford (7)** und biegen links auf das Teersträßchen ab. In der Dorfmitte überqueren wir links die Packhorse Bridge und folgen dem Sträßchen aufwärts und nach rechts. Wo es eine weitere Rechtskurve beschreibt, betreten wir geradeaus einen schmalen Feldweg und gelangen auf ihm nach **Selworthy (8)**. Auf der dortigen Straße links. Am oberen Ortsrand knickt die Straße rechts ab, während wir uns auf einem Pfad geradeaus orientieren und in einem Bachtal aufwärts gehen. Bei einer Gabelung nehmen wir den rechten Pfad (»Selworthy Combe«) und lassen uns 200 m dahinter von einem blauen Pfosten nach halb links lotsen. Zunächst noch im Wald, bald aber im Offenland geht es den Hang hinauf. Am Oberhang biegen wir auf einen querenden Saumpfad links ab und kreuzen eine Straße. 50 m dahinter wählen wir die Wegspur rechts **(9)**, die mit wechselndem Abstand die Straße begleitet und dabei zwischenzeitlich zum Grasweg und zum Trampelpfad mutiert. Über eine Hügelkuppe erreichen wir wieder den **Parkplatz (1)**.

Horner Wood und Dunkery Beacon

4.00 Std.

53

Durch Traubeneichenwald und über Heiden auf die höchste Erhebung des Exmoors

Horner Wood und Dunkery Beacon sind Schutzgebiete von nationaler Bedeutung. Ausschlaggebend dafür ist v. a. der enorme Flechtenreichtum (über 200 Arten) im Horner Wood, der überwiegend aus Traubeneichen besteht und die tief eingeschnittenen Bachtäler bedeckt. Es ist v. a. die hohe Luftfeuchtigkeit, die für optimale Wuchsbedingungen sorgt. Doch nicht nur Flechten-Experten kommen bei dieser Wanderung auf ihre Kosten, denn auf den Heiden der Höhenrücken sind regelmäßig Bussard, Kolkrabe und Merlin zu beobachten und auch Rotwild und Exmoor-Ponys geben sich die Ehre. Vom höchsten Punkt des Exmoors, Dunkery Beacon, öffnet sich ein 360°-Panorama mit Blick auf Wales im Norden, die Quantock Hills im Osten, die Ausläufer des Exmoors im Süden und die Hügel Devons im Westen.

Ausgangspunkt: Parkplatz am nördlichen Dorfrand von Horner (gebührenpflichtig – NT). 500 m östlich des Ortsrandes von Porlock von der A 39 nach Süden abbiegen (»Luccombe, Horner«) und ca. 1 km bis Horner fahren.
Höhenunterschied: 500 Hm.

Anforderungen: Unebene Wege und Pfade, abschnittsweise steinig, punktuell feucht. Kurzzeitig auch Teerstraße (1,5 km).
Einkehr: Unterwegs keine, zwei Möglichkeiten in Horner.
Karte: Explorer Series OL9 Exmoor.

Auf dem Weg zum Dunkery Hill lassen sich mit etwas Glück Exmoor-Ponys entdecken.

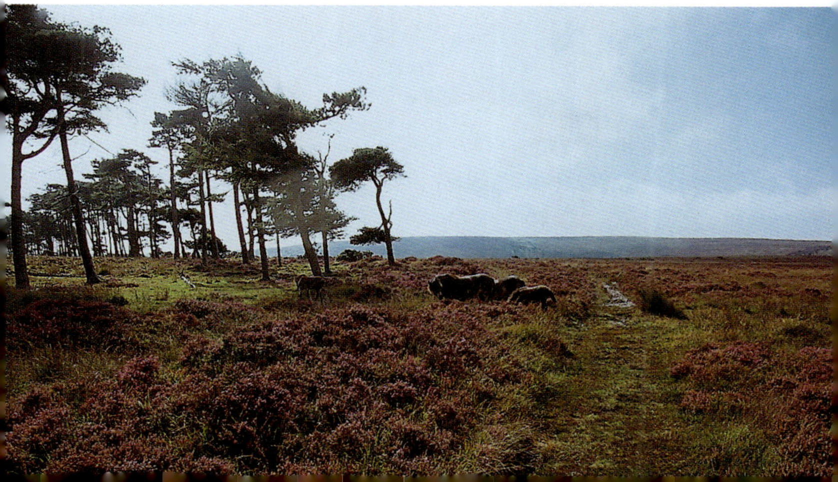

Am oberen Ende des **Parkplatzes (1)** gehen wir zunächst durch einen schmalen Durchlass und dann auf der Straße rechts. Auf den nächsten Feldweg biegen wir links ab (»Horner Wood«), überqueren nach 200 m eine Steinbrücke und wandern auf einem breiten Pfad im Tal nach Süden. Bei Wegalternativen halten wir uns eher bachnah links, bleiben aber auf der westlichen Seite des Bachs. Wir folgen dem Rechtsbogen des Tals und entdecken unweit dahinter einen Fußpfad halb links. Wir kommen nach knapp 1 km zu einem **Steg (2)**, überqueren ihn und orientieren uns auf der anderen Uferseite am Wegweiser »Stoke Pero« nach rechts. Nun steigen wir zügig im Wald aufwärts und gelangen am Oberhang zu einem Querweg. Dort ebenfalls rechts (»Stoke Pero«). Kurz geht es noch durch Wald, bevor wir durch ein Tor Offenland betreten. Schließlich erreichen wir auf einem von Hecken gesäumten Pfad **Stoke Pero (3)** und sein Kirchlein (13. Jh.).
Auf dem Sträßchen biegen wir links ab. 200 m hinter einer scharfen Linkskurve entdecken wir rechts eine Traktorspur **(4)**. Auf ihr peilen wir ein lückiges Feldgehölz auf dem Stoke Pero Common an, hinter dem der Weg links abknickt. Wir kreuzen ein Teersträßchen **(5)** und setzen unseren Weg anschließend auf einem Feldweg mit etwas Höhenverlust fort. Hinter einer Bachkehle steigt der Weg wieder an und wir wählen bei einer Gabelung den halb rechts wegführenden Pfad **(6)**. Wir ersteigen den Höhenrücken, gehen bei einer Kreuzung links und erreichen **Dunkery Beacon (7)**.

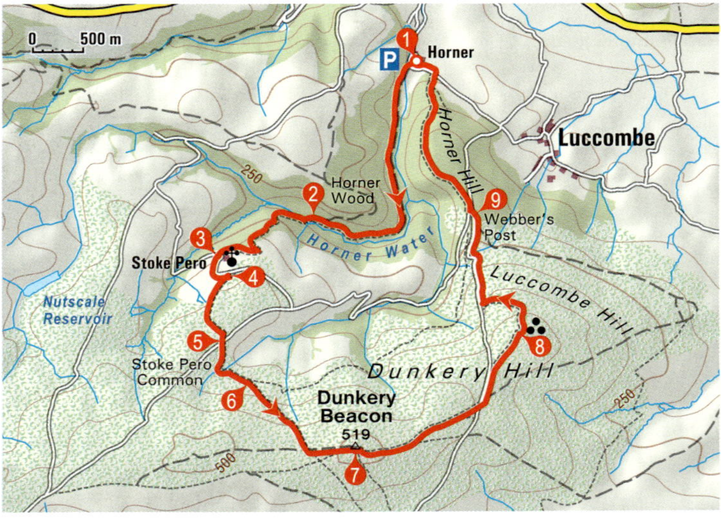

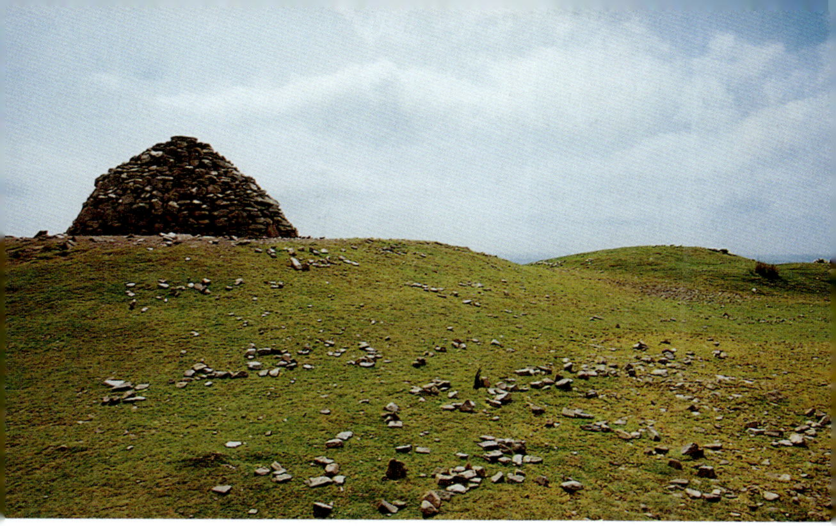

Ein großer Steinkegel krönt den Gipfel des Dunkery Beacon.

Von dort setzen wir den Weg in Richtung Osten fort. Auf der Straße links. Nach 300 m bietet sich die Möglichkeit, auf einer Wegspur halb rechts mehrere flache Steinhaufen (Tumuli) anzusteuern. Hinter dem ersten **Tumulus (8)** trifft der Pfad auf einen sehr schmalen Querweg, auf den wir links abbiegen. Nun geht es den heidebedeckten Hang hinunter, wobei wir den Kirchturm von Luccombe als Orientierung zu Hilfe nehmen.

Bald schwenkt das Pfädchen aber nach links und hält wieder auf die Straße zu. Auf ihr gehen wir abwärts. Bevor die Straße wieder etwas ansteigt, biegen wir links zu einem Parkplatz am **Webber's Post (9)** ab. Dort entscheiden wir uns für den zweiten Weg rechts (schmaler weißer Pfeil). Sowohl bei der ersten wie auch zweiten Gabelung gehen wir halb links und kommen zu einer Schutzhütte. Im Folgenden halten wir uns geradeaus und wandern mit zunächst geringer, dann stärkerer Neigung abwärts. Bei einer Verzweigung am Mittelhang laufen wir kurz rechts (»Horner«), dann links. Nun geht es kräftig im Wald abwärts. Am Unterhang durchqueren wir ein Tor. Das Teersträßchen unterhalb bringt uns links zurück zum Parkplatz in **Horner (1)**.

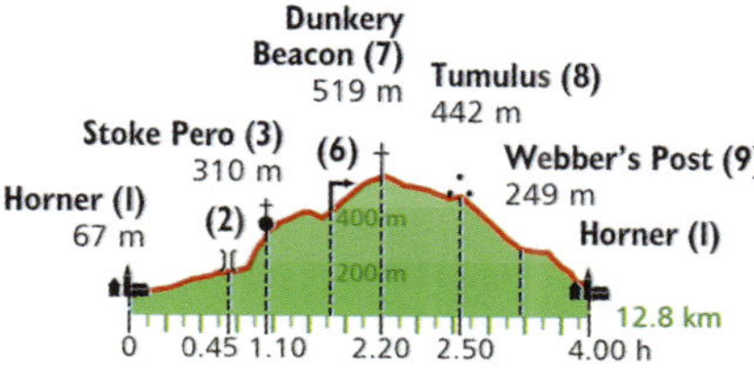

54 Tarr Steps

2.40 Std.

Zu einer außergewöhnlichen Brückenkonstruktion

Die Wanderung führt vom Winsford Hill hinunter ins Tal des River Barle, zu den Tarr Steps und dann am Fluss entlang. Die Tarr Steps sind eines der wenigen verbliebenen Beispiele einer primitiven Brückenkonstruktion, den sogenannten »Clapper Bridges«. Die Konstruktion funktioniert ohne Mörtel und Zement, allein aufgrund des Gewichts der Steine, insbesondere der mächtigen Decksteine, die bis zu zwei Tonnen wiegen. Die Existenz der Tarr Steps lässt sich bis ins Mittelalter zurückverfolgen, doch die Herkunft des Namens vom keltischen Wortstamm »tochar« (causeway, i. e. Damm) legt den Schluss nahe, dass für die Ursprungskonstruktion ein wesentlich früherer Zeitpunkt anzunehmen ist.

Ausgangspunkt: Parkmöglichkeit an der B 3223 am Winsford Hill. Von der Kreuzung zwischen B 3223 und Ortsverbindungsstraße Winsford–Withypool 1 km nach Südosten fahren. Erste Parkmöglichkeit auf der linken Seite, gegenüber dem »Footpath«-Wegweiser »Withypool«; zusätzliche Parkmöglichkeiten im weiteren Straßenverlauf.
Höhenunterschied: 230 Hm.
Anforderungen: Wiesenwege, Feldwege und Waldpfade, letztere streckenweise steinig und ruppig. Nicht durchführbar bei Hochwasser.
Einkehr: Tarr Farm Inn.
Karte: Explorer Series OL9 Exmoor.

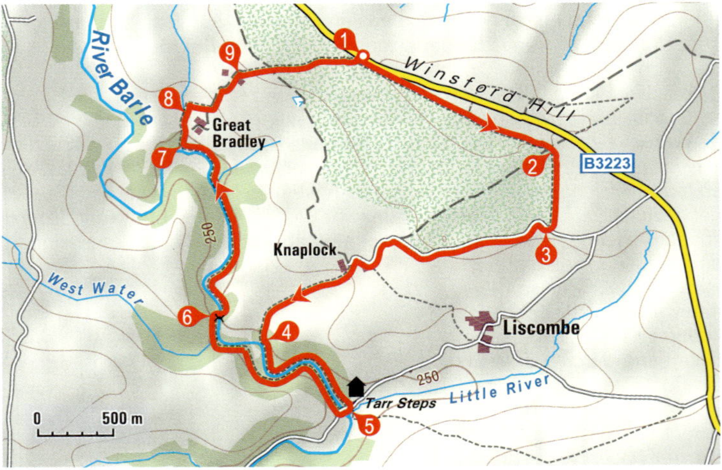

Gegenüber der **Parkmöglichkeit (1)** gehen wir auf dem schmalen Feldweg 50 m abwärts und biegen dann scharf links auf einen Wiesenweg ab. Zuerst mit geringer Steigung, dann abwärts erreichen wir eine schwach ausgeprägte Senke, in der wir uns für den rechtwinklig abzweigenden Wiesenweg entscheiden **(2)**. Er mündet auf einen breiten Feldweg **(3)**, auf dem wir rechts nach 1 km zu einem Siedlungsrand gelangen. Wir folgen dem Feldweg dort zunächst durch eine Rechts-, dann eine Linkskurve, gehen dann geradeaus zwischen den Häusern von **Knaplock** hindurch und behalten diese Richtung bei (»Bridlepath Tarr Steps«), ohne auf Fußwegschilder nach links zu achten. Die Fahrspur senkt sich geradeaus hinunter zum Barle-Tal und weist dabei einen steinigen, hohlwegartigen Abschnitt auf. Am Hangfuß nehmen wir den ausgetretenen Weg nach links **(4)** und entdecken nach 1 km die **Tarr Steps (5)** rechter Hand. Wir nutzen sie, um auf die andere Flussseite zu gelangen und biegen gleich dahinter rechts ab (»Circular Walk«). Abwechselnd dicht am Fluss und am Unterhang entlang erreichen wir einen Steg über den River Barle **(6)**, den wir überqueren. Dahinter links. Nun schließt sich ein ruppiger Abschnitt, buchstäblich über Stock und Stein, an. Eine Fahrspur rechts lassen wir unbeachtet und folgen dem Fluss weitere 600 m. Auch ein zweiter Feldweg nach rechts interessiert uns nicht, vielmehr überqueren wir geradeaus einen kleinen Steg und halten uns erst dahinter rechts. Dort finden wir den **Wegweiser »Winsford Hill« (7)**, der uns aufwärts weist. Auf einem Querweg kurz rechts, bevor wir unseren Weg links (d. h. rechts des Bachs) nach oben fortsetzen. Oberhalb von **Great Bradley (8)** mündet der Pfad auf ein Sträßchen, auf das wir links abbiegen. Wo es am Oberhang links abknickt, nehmen wir den Wiesenweg rechts **(9)**, der sich nach wenigen Metern teilt: Wir entscheiden uns für die linke Alternative und erreichen bergauf wieder den Ausgangspunkt auf dem **Winsford Hill (1)**.

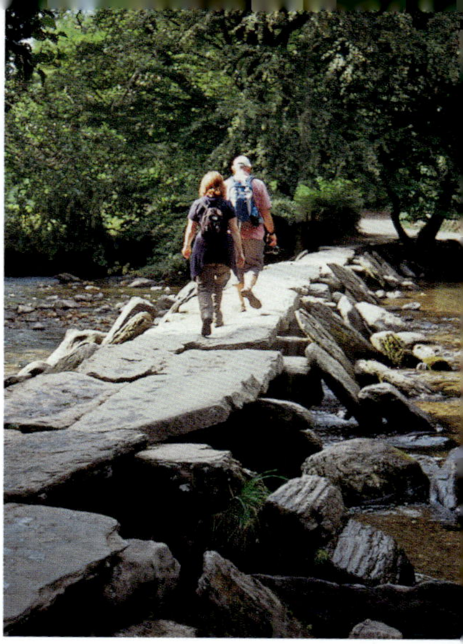

Tarr Steps.

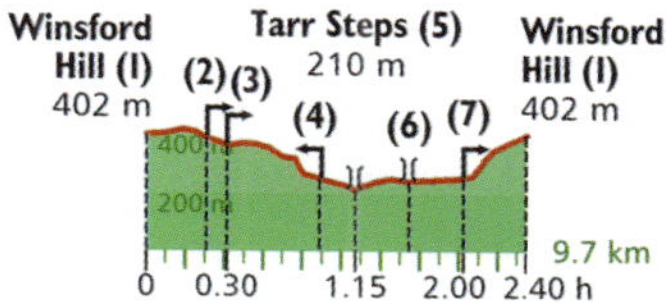

TOP

55 River Barle bei Simonsbath

3.20 Std.

Auf einsamen Wegen durch ein entlegenes Bachtal

Von Simonsbath aus fließt der River Barle durch ein abgelegenes Tal, das nur durch einen Fußpfad erschlossen wird. Jede der zahlreichen Biegungen stachelt die Neugier an und man möchte erkunden, was sich wohl dahinter verbirgt. Die Wanderung folgt den Flusswindungen abwärts, umrundet einen Hügel mit eisenzeitlichen Erdwällen, Cow Castle, und führt über Heide- und durch Heckenlandschaften wieder zurück zum Ausgangspunkt.

Ausgangspunkt: Parkplatz in Simonsbath (gebührenpflichtig).
Höhenunterschied: 250 Hm.
Anforderungen: Schmale, überwiegend einfache Pfade und Wiesenwege, nur punktuell etwas steinig und nass (Tendenz zu »rot«). Nicht durchführbar bei Hochwasser.
Einkehr: Unterwegs keine Möglichkeit; lediglich das Exmoor Forest Inn in Simonsbath.
Karte: Explorer Series OL9 Exmoor.

Vom Parkplatz in **Simonsbath (1)** geht es zurück zur Hauptstraße und dort rechts. Gegenüber dem »Exmoor Forest Inn« zweigt ein schmaler Fußpfad halb links ab. Bei einer Kreuzung nach knapp 100 m orientieren wir uns ge-

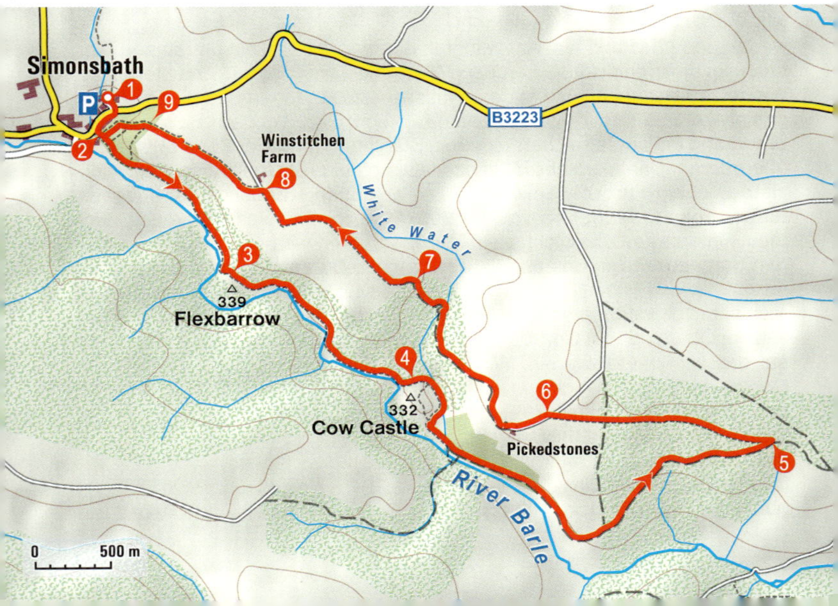

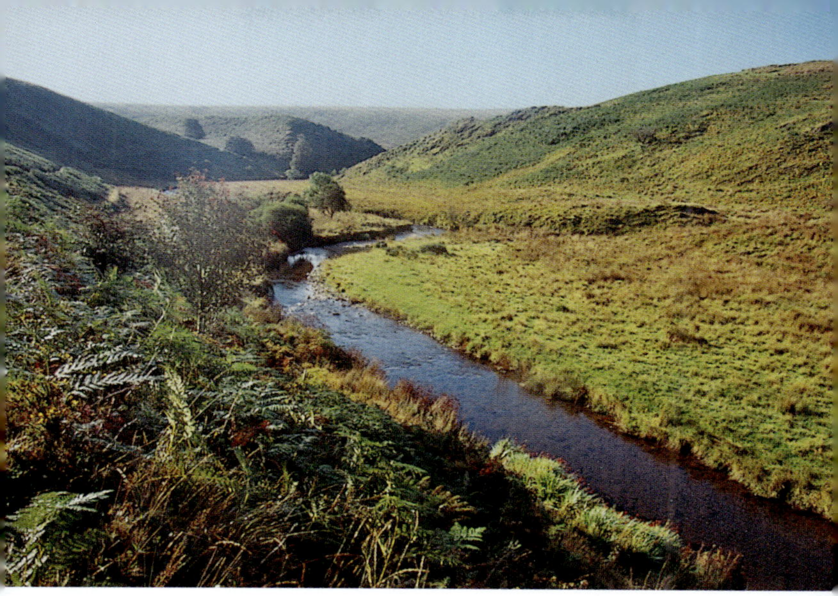

Der River Barle schlängelt sich durch ein abgelegenes Tal.

radeaus in Richtung »Cow Castle« **(2)**. Der schmale Pfad führt zunächst durch Buchenwald, dann in offenem Gelände am Unterhang des Barle-Tals entlang. Wir umgehen einen Hügel mit einem kurzen Anstieg und setzen dann den Weg im Tal fort **(3)**. An einer Stelle passiert der Weg eine Engstelle zwischen steilem Hang und Bach, die aber bei normalem Wasserstand problemlos zu passieren ist. Unweit dahinter umrunden wir den Hügel, auf dem der eisenzeitliche Ringwall **Cow Castle (4)** thront, auf der flussfernen, nordöstlichen Seite.

Wieder zurück im Haupttal, streben wir auf einen Fichtenwald zu und gehen geradeaus durch ihn hindurch. Mit leicht ansteigender Tendenz erreichen wir wieder Offenland, wo der Wiesenweg nun mit stärkerer Steigung (ein »Bridlepath«-Wegweser nach links interessiert uns nicht) den Hang schräg hinaufkurvt. Am Oberhang treffen wir auf eine Gabelung mit Wegweiser (**5**; »Simonsbath via Pickedstones«) und biegen scharf links ab. Zunächst über Heide, hinter einem Tor dann auf kaum sichtbarer Wegspur gerade-

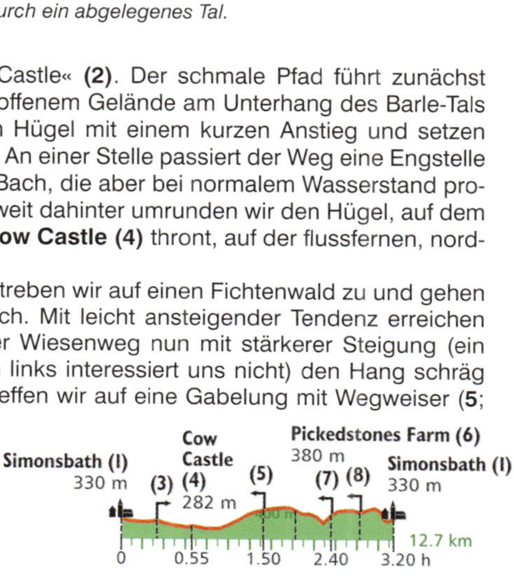

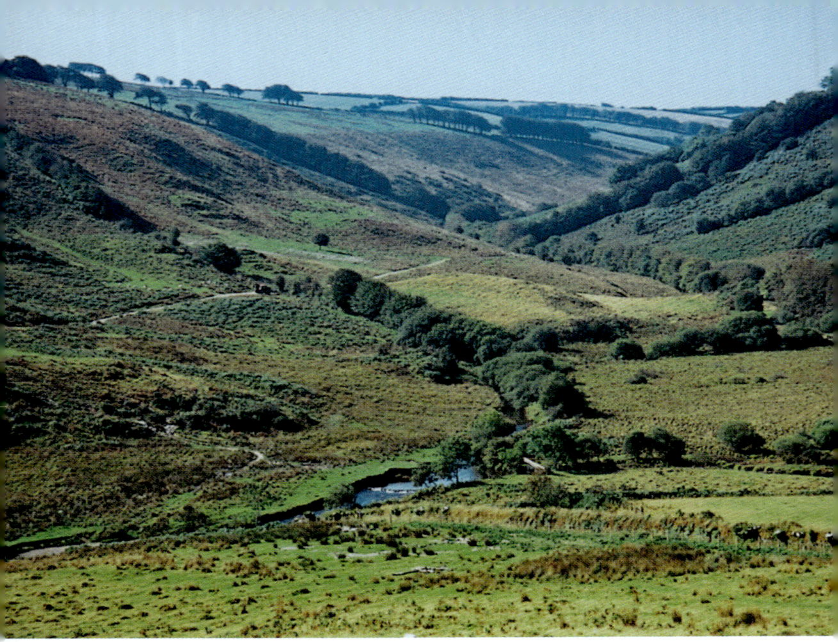

Wildromantisch mündet ein kleiner Bach in den River Barle.

aus über Weiden mündet unser Pfad auf einen Teerweg, dem wir nach links folgen. Wir laufen unterhalb an der **Pickedstones Farm (6)** vorbei (Markierung) und halten uns hinter dem nächsten Tor halb rechts. Bald weitet sich der Pfad zu einem schmalen Feldweg, der in ein Seitental hinunter taucht und auf der anderen Seite wieder ansteigt. Am Oberhang gehen wir an der Markierung nach links **(7)** und orientieren uns an einer Hecke, die uns rechter Hand begleitet. Hinter einem Rechtsknick (Wegweiser), steuern wir auf die **Winstitchen Farm** zu, gehen aber vor Erreichen der Straße halb links **(8)** und nach 100 m durch ein Törchen rechts. Wir marschieren – erneut mit einer Hecke rechter Hand – den Hang hinauf und am oberen Ende der Weide durch ein Tor. Anschließend behalten wir unsere bisherige Richtung bis zu dem vor uns liegenden Waldrand bei und gehen dabei abwechselnd rechts und links von Mauern und Hecken. Im Wald wählen wir den Pfad geradeaus **(9)**, der bald einen Linksbogen beschreibt. Er mündet auf einen Querweg, dem wir rechts abwärts folgen. Am Hangfuß stoßen wir auf einen bereits bekannten Wegweiser **(2)** und finden rechts (»Simonsbath Car Park«) zurück nach **Simonsbath (1)**.

4.15 Std.

Doone Valley und Tom's Hill 56

Auf den Spuren einer romantischen Lovestory

Das Badgworthy Valley und die einsamen Höhen des Exmoors waren seit jeher Rückzugsraum für Banditen und Schmuggler, die Stoff für teils wahre, teils erfundene schaurige Geschichten lieferten. Kein Wunder also, dass sich der Romanautor R. D. Blackmore dieses Themas annahm und die Liebesgeschichte von Lorna Doone im Badgworthy Valley ansiedelte. Sein Roman wurde ein Bestseller und lockte nach seinem Erscheinen im Jahr 1869 so viele Touristen an die Schauplätze dieser Romanze, dass der Autor entsetzt das Weite suchte. Sogar die Bezeichnung »Doone Country«, die heute auf den Karten zu finden ist, ist auf diesen Roman zurückzuführen (das Badgworthy Water fließt also nicht mehr im Badgworthy Valley, sondern im Doone Valley, das sich im Doone Country befindet). Auch diese Wanderung folgt den Spuren der Roman-Protagonisten in das wildromantische Bachtal hinein und an der ehemaligen Siedlung Badgworthy vorbei. Darüber hinaus stehen Tom's Hill und die Weiten des Exmoors auf dem Programm. Die Tour schließt mit einer weiten Aussicht über den Bristolkanal.

Ausgangspunkt: Parkplatz County Gate, direkt an der A 39.
Höhenunterschied: 370 Hm.
Anforderungen: Breite und schmale, streckenweise steinige Pfade. Abschnittsweise moorig und nass, teilweise ohne Wegspur; daher ist im mittleren Tourdrittel ein gutes Orientierungsvermögen erforderlich (Tendenz zu »schwarz«). Nicht durchführbar bei Hochwasser und schlechter Sicht.
Variante: Fahrzeug in Malmsmead abstellen und von dort aus loslaufen. Zurück auf dem Sträßchen zwischen Oareford und Malmsmead. Die Tour verkürzt sich dadurch um 3 km bzw. um 1 Std.
Einkehr: Lorna Doone Farm in Malmsmead und Cloud Farm im Doone Valley.
Karte: Explorer Series OL9 Exmoor.

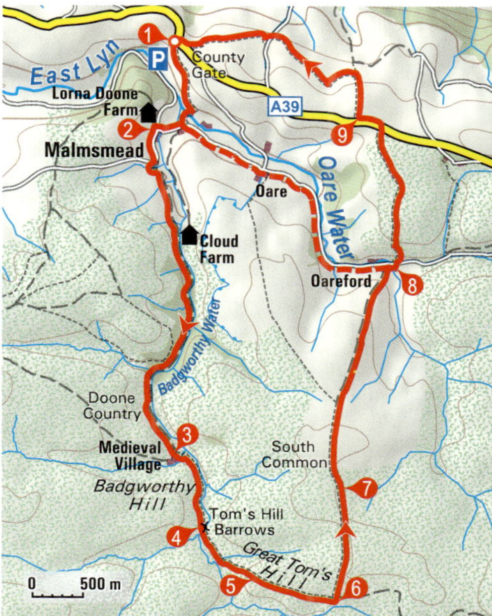

Wir entdecken östlich der Parkplatzeinfahrt **County Gate (1)** den Saumpfad nach Malmsmead, gehen abwärts und überqueren im Tal einen Steg. Auf dem Sträßchen geht es rechts und in **Malmsmead (2)** an der Lorna Doone Farm auf einem weiteren Sträßchen links. Wo dieses nach 300 m nach rechts schwenkt, setzen wir unseren Weg geradeaus auf einem Feldweg bzw. einer Fahrspur mit leichtem Auf und Ab fort (gelegentliche blaue Markierung). Auf Höhe der Cloud Farm erreichen wir bewaldetes Gelände und wandern auf breit ausgetretenem Weg unter knorrigen Eichen am Bach entlang. Bei einer Verzweigung orientieren wir uns bachnah links. Hinter einem Steg wird der Weg deutlich schmaler und der Wald lichtet sich. Am Wegweiser »Tom's Hill«, der sich im Bereich der Wüstung **Badgworthy (3)** befindet (ein Abstecher nach rechts bringt uns zu Resten von Grundmauern), biegen wir links ab und wandern im Talgrund weiter nach Süden.
Nach knapp 1 km gehen wir über eine kleine **Holzbrücke (4)** und folgen dem Pfad über einen kleinen Geländerücken, bevor wir einen etwas kräftigeren Anstieg in Angriff nehmen. Am Oberhang überqueren wir eine Mauer **(5)**. Der Pfad führt anschließend etwas von der Mauer fort und über moorigen Untergrund. Vor einer Reihe von alten Buchen zweigt an einem Wegweiser der Pfad links in Richtung Oareford ab **(6)**. An einer quer verlaufenden Mauer (Achtung, an dieser Stelle ist kein Verlass auf die OS-Karte, Ausgabe 2008, sie zeigt den Mauerdurchlass an der falschen Stelle, nämlich zu weit westlich) treffen wir erneut auf einen Wegweiser und halten uns weitere

Von County Gate öffnet sich der Blick auf Oare Valley und Doone Valley.

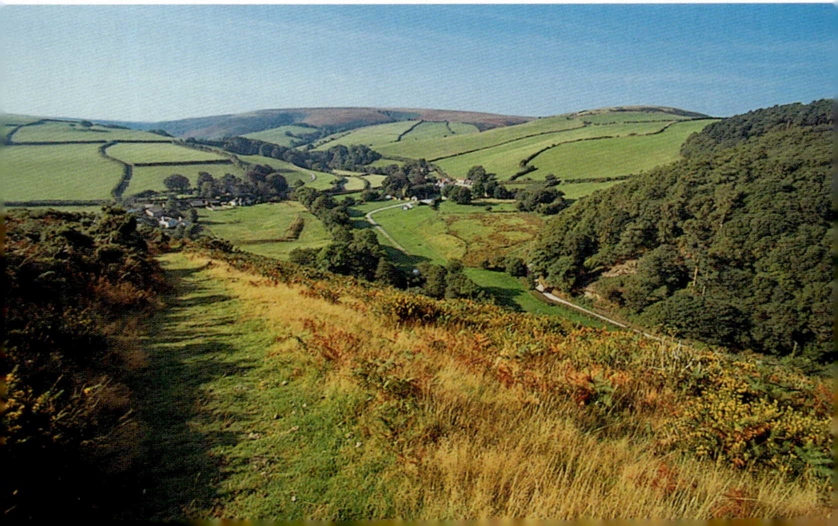

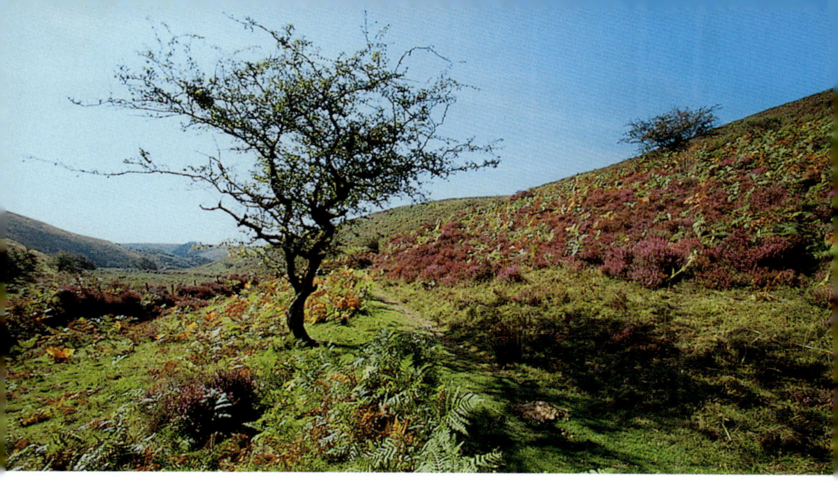

Im Spätsommer dominieren Purpurtöne die Heideflächen im Doone Valley.

300 m auf einem schwach erkennbaren Grasweg geradeaus. Dann aufpassen: Nicht nach links abdriften, sondern geradeaus ohne Wegspur strikten Nordkurs steuern!
Wir verlassen die Heide bei einem schmalen Durchlass (**7**; »Oare, Oareford«) und gelangen mit einem Zaun linker Hand zu einem darin befindlichen breiten Tor, das wir durchqueren. Mit einem kleinen Linksschwenk (gegenüber unserer bisherigen Gehrichtung) überqueren wir die Weide und wählen an deren unterem Ende das rechte der beiden Tore. Eine zunächst undeutliche, später besser ausgeprägte Fahrspur leitet uns geradeaus hinunter nach **Oareford (8)**. Dort gehen wir auf der Straße rechts und peilen nach 50 m links einen Steg an. Dahinter geht es in steilen Serpentinen hangaufwärts. Am Oberhang gelangen wir geradeaus auf eine Fahrspur, die nach 1 km auf die A 39 mündet. Dort kurz links und beim Wegweiser »Broomstreet Farm« rechts **(9)**. Am Zaun entlang marschieren wir über die Weide und kommen abwärts zu einem Querweg (»County Gate«). Dort links. Wir wandern oberhalb der Mauer entlang, kreuzen einen Teerweg geradeaus und erreichen mit leichter Aufwärtstendenz auf einem Feldweg wieder den **Parkplatz (1)**.

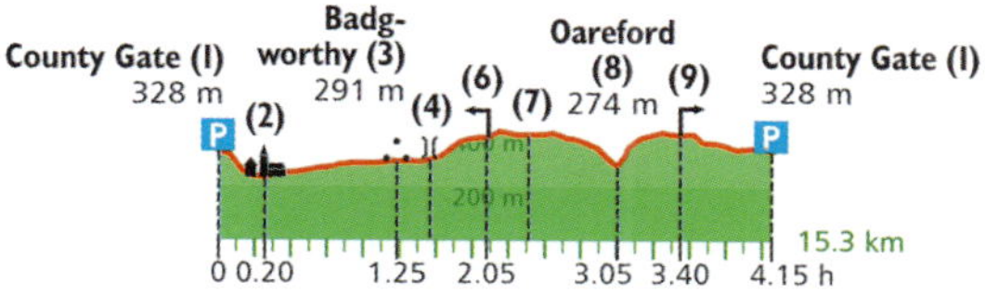

Geografische Begriffe im Wanderführer und auf Karten

adj.	adjacent; bei Bushaltestellen: neben, auf derselben Straßenseite
AONB	Area of Outstanding Natural Beauty, Gebiet von herausragender Naturschönheit
bank	Flussufer, aber auch lang gestreckte oder terrassenförmige Verebnung
barrow	größeres Hügelgrab
beach	flaches Ufer aus Sand, Kieseln oder Fels
beacon	Leucht-, Signalfeuer; Hügel mit einem Leucht- oder Signalfeuer
beck	kleiner Bach
bight	Bucht
bottom	Talboden, Grund eines (Trocken-)Tals
brow	Oberkante oder Geländekante eines Hangs oder Abbruchs
cairn	Steinmännchen (zur Markierung)
canal	Kanal
castle	Burg, Schloss; aber auch ringförmiger (prähistorischer) Wall
causeway	Damm, lineare Anschüttung
channel	natürlicher schmaler Meeresarm, Meerenge
chase	Areal, in dem eine königliche Jagd existierte
Civil Parish	kommunale Verwaltungseinheit, Gemeinde
cliff	Klippe, Felswand
co(o)mbe	Tälchen, Senke
common	Allmende
coppice	im weiteren Sinn: Wäldchen; im engeren Sinn: Niederwald
cove	Felsnische oder kleine, von Felsen oder Hügeln eingefasste Bucht
CP	s. Civil Parish
Danger Area	Gefahrengebiet, militärisches Übungsgelände
down, downs	Hügel, Hügelland
drift, drove	Trift, Weg zum Treiben von Vieh
dyke	(wasserführender) Graben, aber auch lineares Erdwerk prähistorischer Herkunft oder natürliche, gestreckte Geländemulde mit steilen Hängen
earthwork	Erdwerk, Gräben oder Aufwallungen prähistorischen oder mittelalterlichen Ursprungs
escarpment	Steilabbruch, Steilanstieg, steil aufragende Hügelkette oder Höhenzug
estuary	Ästuar, vom Tidenstrom geprägter Mündungsbereich eines Flusses ins Meer
FB, FBs	Footbridge(s); Fußgängerbrücke(n), Steg(e)
folly	wörtlich »Narretei«; Bauwerk, das ausschließlich der Verschönerung der Landschaft dient, z. B. Säulen, Obelisken
flood wall	Hochwasserdeich (an einem Fluss)
ford	Furt
gap	Lücke, Spalte, Einschnitt
glen	kleines Tal
green	Anger
harbour	geschützte, natürliche Meeresbucht mit schmaler Zufahrt
head	ins Meer hinausragendes Vorland, aber auch markanter Hügel
henge	prähistorischer Steinkreis mit waagrechten Decksteinen
hide	(Vogel-)Beobachtungshütte
knap(p)	aus dem Altenglischen: Hügelkuppe, Hügelrücken, Gipfel

levels	ebenes, meist feuchtes Schwemmland
lock	(Kanal-)Schleuse
low tide	Ebbe, Niedrigwasserstand
marsh	Marsch, Marschland
me(a)re	kleines Stillgewässer
moat	Wassergraben um ein Schloss oder eine Burg
moated castle	Wasserschloss
mooring	Anlege-/Liegestelle für Schiffe
mound	künstlicher (prähistorischer) Erdhügel, Rundhügelgrab
National Park	Nationalpark
navigation	Kanal, für die Schifffahrt ausgebauter Fluss
NNR	National Nature Reserve, Naturschutzgebiet mit nationaler Bedeutung
oast	für Zentral-Kent typische kegelförmige Bauten, die zur Darre des Hopfens dienten
PC	Public Convenience, öffentliche Toilettenanlage
PH	Public House, Pub bzw. Gasthaus
pit	Grube, Abgrabung
plain	Ebene
ridge	Rücken, Kamm
ring	ringförmige prähistorische Wallanlage
RSPB-reserve	Vogelschutzgebiet der Royal Society for the Protection of Birds
sea wall	Hochwasserdeich (am Meer)
spinney	Wäldchen, Feldgehölz, Dickicht
SSSI	Site of Special Scientific Interest (Schutzgebietsstatus); Areal von besonderer wissenschaftlicher Bedeutung
stone circle	Steinkreis
strip lynchet	prähistorische, schmale Ackerterrasse
tor	aus dem Cornischen: »twr«, markante Erhebung, Hügel
tout	hoch aufragende Klippe an der Küste, Ausguck
trig-point	Abkürzung für Trigonometrical Point, Vermessungspunkt in Form eines vierkantigen Kegels
tumulus	(kleines) Rundhügelgrab
vale	kleines Tal
water	Fließ- oder Stillgewässer
weald	aus dem Altenglischen: Wald, heute Bezeichnung für den zentralen Bereich Kents
well	Quelle

Die Sonne versinkt hinter Foreland Point, von Bossington Beach (Tour 52) aus gesehen.

Stichwortverzeichnis

Umschlagbild:
Blick über die Coastguard Cottages auf die Seven Sisters (Tour 7).

Bild im Innentitel:
Weltnaturerbe Jurassic Coast westlich von St. Aldhelm's Head (Tour 39).

Alle 114 Fotos stammen von der Autorin.

Kartografie:
56 Wanderkärtchen im Maßstab 1:25.000 bis 1:100.000
Geodaten © OpenStreetMap und Mitwirkende,
kartografisches Design: Freytag & Berndt Prag, www.freytagberndt.cz
sowie zwei Übersichtskarten im Maßstab 1:2.000.000 und 1:3.500.000
© Freytag & Berndt, Wien

Die Ausarbeitung aller in diesem Führer beschriebenen Wanderungen erfolgte nach bestem Wissen und Gewissen der Autorin. Die Benützung dieses Führers geschieht auf eigenes Risiko. Soweit gesetzlich zulässig, wird eine Haftung für etwaige Unfälle und Schäden jeder Art aus keinem Rechtsgrund übernommen.

2., aktualisierte Auflage 2018

ISBN 978-3-7633-4465-9

Wir freuen uns über jeden Korrekturhinweis zu diesem Wanderführer!
Bitte per E-Mail an: leserzuschrift@rother.de

BERGVERLAG ROTHER · München
D-82041 Oberhaching · Keltenring 17 · Tel. +49 89 608669-0 · www.rother.de